KB275627

한국사를 보다

한국사를 보다 5

1판 1쇄 발행 2011년 8월 24일
1판 16쇄 발행 2023년 5월 5일

지은이 박찬영, 정호일 **펴낸이** 박찬영 **편집** 안주영, 황민지, 이호영, 박민규
그림 문수민 **마케팅** 조병훈, 박민규, 최진주, 김도언 **디자인** 이재호, 박시내, 박민정, 김선주, 한은경
발행처 (주)리베르스쿨 **주소** 서울특별시 성동구 왕십리로 58 서울숲포휴 11층
등록번호 제2013-16호 **전화** 02-790-0587, 0588 **팩스** 02-790-0589 **홈페이지** www.liber.site
커뮤니티 blog.naver.com/liber_book(블로그), cafe.naver.com/talkinbook(카페)
e-mail skyblue7410@hanmail.net **ISBN** 978-89-6582-010-9(세트), 978-89-6582-017-8(04900)
Copyright ⓒ PCY

리베르(Liber 전원의 신)는 자유와 지성을 상징합니다.

한국사를 보다

5

일제강점기
현대

(주)리베르스쿨

머리말

스토리텔링으로 풀어 쓴 초중고 한국사의 모든 것!
─역사가 깨어나 말을 하다

『한국사를 보다』에는 초등학교와 중학교 교과서는 물론 고등학교 교과서의
내용까지 충실히 반영돼 있습니다. 풍부한 이미지와 다양한 스토리텔링으로
우리 역사를 소개하고 있어 교과서만으로 이해할 수 없는 내용도 쉽고 재미
있게 공부할 수 있을 것입니다.

초·중등 교과서에는 주요한 역사적인 사실들이 교과 과정에 따라 분산되
어 실려 있는 경우가 많습니다. 많은 내용을 소개하려다 보니 교과서의 내용
이 간략해져 전체적인 흐름을 파악하기도 쉽지 않습니다. 또한 교과서에는
서술의 특성상 배경이 되는 내용이 빠져 있는 경우가 많아 그 자체만으로는
이해하기 어렵습니다.

고등학교 역사 교과서가 재미없게 느껴지는 이유는 어려운 용어가 많이 나
오기 때문입니다. 하지만 고등학교 역사 교과 과정도 결국 초등학교와 중학
교 교과 과정에서 배우지 않은 새로운 내용이 일부 추가된 것에 불과합니다.
어려운 용어는 다양한 배경지식과 역사적 의미를 제시해 누구나 쉽게 이해할
수 있도록 구성했습니다.

시대별로 주제를 정해 통사적으로 접근한 이 책에는 역사적 사실과 관련된
일화와 인물들이 빠짐없이 소개되어 있고 분야별로 정리돼 있어 교과서 속

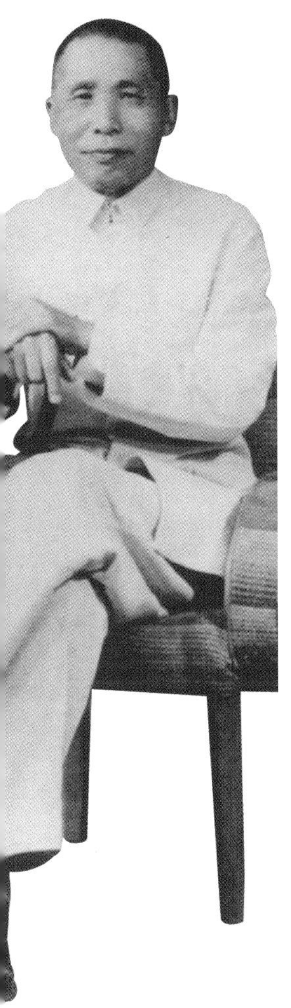

배경지식에 쉽게 접근할 수 있습니다. 게다가 초·중등 교과서의 내용을 면밀하게 분석해 선택적으로 선행 학습을 하며 읽을 수 있도록 했습니다. 특히 '이것만 알면 시험 걱정 끝'에서는 꼭 알아야 할 본문 내용을 체계적으로 정리해 내신과 수능 대비에도 도움이 되도록 했습니다. '생각해 보세요'에서는 논술 시험과 수행 평가에 도움이 될 수 있도록 역사적 문제의식을 일깨우는 데 초점을 맞추었습니다.

이 책에는 초·중등 한국사 교과서의 모든 것이 스토리텔링 방식으로 녹아 있습니다. 하지만 교과서의 내용뿐 아니라 앞으로 교과서에 꼭 수록해야 할 우리의 잃어버린 역사를 소개하는 작업도 게을리하지 않았습니다. 단군 조선, 랴오허 문명 등이 그러합니다. 고인돌, 한사군의 위치, 광개토호태왕릉비와 칠지도, 신라의 한반도 남부 통일, 화랑 제도, 위화도 회군, 이순신의 죽음 등 논란이 많은 내용도 고증 자료와 유물에 근거해 새롭게 서술했습니다.

이 책은 잃어버린 우리의 역사를 유물과 유적을 통해 복원하고, 역사의 고비마다 담겨 있는 의미를 재해석하는 데 주안점을 두었습니다. 역사는 암기하는 과목이 아니라 생각하는 과목이기 때문입니다. 유물과 유적은 오늘날까지 살아 있는 역사적 증거입니다. 그래서인지 최근에는 체험 학습이 강조되고 있고, 각종 시험에서도 유물과 유적 사진을 제시하는 문제가 자주 출제되고 있습니다.

지상(紙上) 최대의 한국사 박물관!
―이것이 바로 살아 있는 역사 여행이다

유물과 유적을 바로 눈앞에서 보듯이 되살리기 위해 수년 동안 전국을 누비며 확인한 역사의 현장을 사진과 글로 생생하게 담았습니다. 관련 사진은 현장에서 직접 찍은 수만 컷의 사진 중에서 선별하거나 여러 기관의 도움을 받아 수록한 것입니다. 그동안 학교에서 한국사 공부를 하면서 머리로만 생각했던 것을 이 책에서는 눈으로 확인하는 기쁨을 누릴 수 있을 것입니다. 최근의 시험 경향이 자료 분석에 있다는 점을 감안할 때 이런 방식의 학습 습관은 초등학교 때부터 길러야 합니다.

　사진과 그림은 내용의 이해를 도울 뿐 아니라 역사의 현장을 재현하는 복원도 역할을 합니다. 또한 시각적으로 한국사의 주요 사항을 정리할 수 있습니다. 역사의 현장을 여행할 때는 이 책의 이미지들을 떠올리며 '온 세상이 공부의 마당'이라는 깨달음을 얻을 수도 있을 것입니다.

　이 책에서는 역사적 사건이 일어난 장소의 위치를 확인하기 위해 매 과마다 지도를 실었습니다. 한국사를 세계사와 연계해 파악할 수 있도록 세계사 개요와 함께 당시의 세계사 지도도 함께 실었습니다. 주요 사건이 일어난 장소와 연도를 지도에서 확인하면 관련 내용을 정확하게 떠올릴 수 있을 것입니다.

지도는 단지 독서의 효율성 때문에 활용하는 것은 아닙니다. 지도를 통해 우리가 살고 있는 이 땅에서 무슨 일이 일어났는지 반추해 볼 수 있습니다. 역사적 장소에 대해 미리 알고 찾아간다면 유적 하나하나가 좀 더 현실감 있게 다가올 것입니다. 바로 이것이 살아 있는 한국사 여행이 아닐까요?

이 책에 한국사의 모든 것을 담기 위해 노력했지만 접근하기 힘든 유물도 간혹 있었습니다. 하지만 많은 기관이 자료 협조에 흔쾌히 도움을 주셨습니다. 이 지면을 빌려 관계자들에게 깊은 감사를 드립니다. 독자들이 다양한 자료를 보며 우리의 유물·유적에 대한 이해와 관심을 높이고 현장을 직접 방문하는 계기로 삼기를 바랍니다. 또한 『한국사를 보다』 시리즈를 우수 저작 당선작으로 뽑아 주신 문화부 산하 한국간행물윤리위원회의 심사 위원들에게도 감사의 마음을 전합니다.

이 책은 초등학생부터 일반인까지 누구나 즐길 수 있는 '한국사의 모든 것'일 뿐 아니라 다양하고 알찬 현장 학습 자료라고 자부합니다. 한국사를 공부하는 학생은 물론, 한국사를 새로운 시각으로 바라보고자 하는 일반 독자들에게도 많은 도움이 되기를 기대합니다.

지은이 씀

차례

 8장 현대

'한국사를 보다' 전 5권

〈1권〉 제1장 선사 시대와 고조선 시대 | 제2장 삼국시대 〈2권〉 제3장 남북국 시대와 후삼국 시대 | 제4장 고려 시대
〈3권〉 제5장 조선 시대 上   〈4권〉 제6장 조선 시대 下   〈5권〉 제7장 일제 강점기 | 제8장 현대

 7 일제 강점기

    뒤늦게 식민지 확보 쟁탈전에 뛰어든 독일, 오스트리아 등은 영국, 프랑스 등을 상대로 1914년에 제1차 세계 대전을 일으킵니다. 중립을 지키던 미국이 연합국 측에 가담하고 독일의 대공세가 실패하면서 제1차 세계 대전은 막을 내리게 되지요. 러시아에서는 차르의 전제 정치에 항거한 노동자와 농민이 제정을 무너뜨리고 1917년 사회주의 정부를 수립했어요.

    제1차 세계 대전 이후인 1929년 미국에서는 경제 공황이 일어납니다. 전쟁이 끝나면서 전쟁 특수라는 선물이 사라졌기 때문이에요. 주식 투기의 거품이 걷히면서 주가가 폭락하고 대량 실업과 불황에 시달리게 된 것이지요. 그 결과 세계적으로 사회 불안이 심화됩니다. 특히 독일의 경우 패전국의 불리한 상황 때문에 경제 사정이 더욱 악화됐고 실업자 수도 늘어나 극도의 혼란에 빠져들었어요.

    이런 와중에 독일에서는 아돌프 히틀러의 나치즘, 이탈리아에서는 베니토 무솔리니의 파시즘, 일본에서는 군국주의가 대두되었어요. 결국 1939년 독일이 선전 포고도 없이 폴란드를 침공하고 영국과 프랑스가 독일에 선전 포고를 합니다. 이렇게 시작된 제2차 세계 대전은 이탈리아가 영국과 프랑스에 선전 포고를 하고, 일본이 미국을 기습 공격함으로써 전 세계로 확산됐어요.

−1,000　0　1,000
GAS
알래스카
캐나다
미국
대서양
러시아
쿠바
멕시코
영국
독일
한국
파나마
프랑스
이탈리아
중국
일본
포르투갈
태평양
영령 인도
필리핀
네덜란드령 동인도
벨기에령
콩고
마다가스카르
오스트레일리아
(영 연방)
뉴질랜드
(영 자치령)
대서양
인도양
독일령
남서아프리카
남아프리카
연방
독일의 침략
러시아의 침략
미국의 침략

일제 강점기의 세계

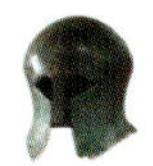

1 민족 본능의 분출, 3·1운동 |
무단 통치와 문화 통치

제 1차 세계 대전이 끝난 직후 미국 대통령 윌슨은 "각 민족의 운명은 그 민족이 스스로 결정하게 하자."라고 제안했어요. 이 민족 자결주의 원칙의 영향을 받아 3·1 운동이 일어났습니다. 일본은 3·1 운동을 공공질서를 문란하게 하는 '조선 만세 소요 사건'으로 간주했어요. 경기도 경찰부 부장을 지낸 지바는 『조선 독립운동 비화』에서 3·1 운동을 '민족 본능의 분출'이라고 평가하기도 했지요. 우리 사학계에서는 3·1 운동이 중국의 5·4 운동에 영향을 주었고, 인도와 인도네시아 독립운동에 지대한 영향을 끼쳤다고 평가하고 있어요. 3·1 운동은 독립을 하려면 조직적으로 결사 항전해야만 한다는 의식도 일깨워 주었습니다. 이런 인식을 바탕으로 임시 정부를 세우려는 노력이 활발히 전개되었어요.

- **1919년** 2월 일본 유학생 400여 명이 도쿄 한복판에서 독립을 선언한 2 · 8 독립 선언이 일어나다.
- **1919년** 3월 민족 자결주의의 영향을 받아 3 · 1 운동이 일어나다.
- **1919년** 9월 상하이에 대한민국 임시 정부를 수립하다.

조선인은 때려야 말을 듣는다 – 헌병 경찰제

1910년 8월 22일 총리대신 이완용과 조선 총독 데라우치 사이에 한일 합병 조약이 체결됩니다. 일제는 이 조약에 '대한 제국 황제는 조선에 관한 일체의 통치권을 완전하고도 영구히 일본 천황에게 양여한다'는 내용을 명시했어요. 이렇게 주권을 완전히 빼앗아 한반도를 식민지로 전락시킨 후 조선을 직접 통치하기 위해 조선 총독부를 설치하지요.

일본은 러일 전쟁 이후 조선에 대한 지배권을 인정받고, 오로지 조선을 병합하기 위해 치달아 왔던 것입니다. 그래서 전국 곳곳에서 의병 전쟁과 애국 계몽 운동이 거세게 일어났어요. 일제는 의병 대토벌을 단행하는 과정에서 의병뿐만 아니라 무고한 백성들까지 잔인하게 살육했습니다. 1907년 7월에는 언론 통제를 위한 신문지법과 집회 결사를 금지하는 보안법을 공포하고, 〈황성신문〉이나 〈대한매일신보〉 등 항일 신문을 폐간하기에 이르지요.

이것으로는 부족했는지 1910년 6월에는 헌병 경찰제를 실시해 공포 분위기를 조성했어요. 헌병 경찰제란 군대의 경찰인 헌병이 경찰을 지휘하고 경찰의 업무까지 간여하는 제도입니다.

헌병 경찰은 첩보 수집과 의병 토벌은 물론, 산림 감시, 정치 협조, 농사의 개량 등 행정 업무까지 간여했어요. 또한 헌병 경찰은 정식 재판 절차를 거치지 않고도 조선인에게 벌금을 물리거나 구류 처분을 할 수 있었습니다. 군인인 헌병이 경찰권과 사법권을 휘두르게 된 것이지요. 조선 총독부에 총독으로 임명된 자는 하나같이 육군이나 해군 대장 출신이었어요. 이들은 행정권, 사법권, 군사권 등에 걸쳐 전권을 행사했지요.

이완용(위)과 데라우치 마사타케

1910년 8월 22일 이완용과 데라우치 사이에 한일 합병 조약이 체결되었다.

태형

죄인의 볼기를 작은 형장으로
치던 형벌을 태형이라고 한다.
이 형벌은 1920년까지 존속
했다. 사진은 바지를 벗기고
형틀에 묶은 채 볼기를 치고
있는 모습이다.

이렇듯 일제는 가혹한 통치 체계를 세워 놓고도 대외적으로는 조선인도 정치에 참여하고 있다고 호도하기 위해 총독부의 부속 관청인 중추원을 설치했습니다. 총독에게 자문을 하는 기관인 중추원은 3 · 1 운동 이전까지 한 번도 소집된 적이 없었던 형식적인 기구였어요.

일제는 식민 지배에 순종하는 조선인을 만들기 위해 교원에게도 제복을 입고 칼을 차도록 했습니다. 1911년 제1차 조선 교육령을 발표해 일본어 사용을 강요하고 사립 학교와 서당 등 민족 교육 기관을 억압했어요. 또한 조선인에게는 고등 교육을 받을 기회를 주지 않고 부려 먹기에 적당한 초보적인 내용만을 가르쳤지요. 광복 때까지 의무 교육이 실시되지 않아 조선인의 문맹률이 80%에 달했답니다.

1912년 3월에는 조선 태형령을 공포해 갑오개혁 때 폐지된 태형까지 부활시켰습니다. 어이없게도 "조선 사람과 명태는 두들겨 패야 한다.”는 것이 태형을 부활한 이유였지요. 총독부는 합법적으로 한국의 독립운동가는 물론 일반 형사범까지도 가혹한 태형으로 다스렸어요. 조선 태형령 시행 규칙에는 구체적인 방법까지 기재되어 있습니다.

조선 태형령

제1조 3개월 이하의 징역 또는 구류에 처해야 할 자는 그 정상에 따라 태형에 처할 수 있다.

제11조 태형은 감옥 또는 즉결 처분 관서에서 비밀리에 행한다.

제13조 본령은 조선인에 한해 적용한다.

시행 규칙

제1조 태형은 수형자를 형판에 엎드리게 하고, 그자의 양팔을 벌리게 해 형판에 묶고 양다리도 같이 묶은 후 볼기 부분을 노출시켜 태로 친다.

제12조 집행 중 수형자가 비명을 지를 우려가 있을 때는 물로 적신 천으로 입을 막는다.

조선 태형령에서 가장 비인간적인 부분은 시행 방법보다는 '본령은 조선인에 한한다'는 조항이에요. 태형령은 조선에 거주하는 일본인에게는 해당되지 않았지요. 일본인은 조선인에게 어떤 나쁜 짓을 하더라도 형식적인 처벌에 그쳤어요. 한마디로 조선인은 식민 지배에 순응하는 도구에 지나지 않았던 것이지요.

정치 활동도 할 수 없고, 집회와 결사의 자유도 박탈당했고, 신문의 발행도 금지당한 민족이 무슨 일을 할 수 있을까요? 일제의 탄압은 오히려 민족의 자각을 일깨워 주었어요. 1910년대에 나라 안팎에서 불처럼 번진 항일 운동은 3 · 1 운동으로 이어집니다.

일제, 끝내 조선을 병탄하다

1909년 10월 26일 안중근 장군이 이토 히로부미를 암살한 일을 비롯해 의병의 교전 등 투쟁이
계속 이어졌지만, 1910년 8월 29일 한일 합병 조약이 공포되었다. 이로써 대한 제국은 일제의
식민지가 되었다.

(왼쪽) 남산의 통감부 관사
1910년 8월 22일 이곳에서 총리대신 이완용과 조선 총독
데라우치가 한일 합병 조약을 체결했다.

(아래) 남산 통감부 건물
초대 통감 이토 히로부미가 통감부 건물 앞에서 연설을
하고 있다.

경복궁에 걸린 일장기 1910년 8월 29일부터 일제는 경복궁 근정전에 일장기를 걸었다.

국권 피탈(한일 합병) 한일 합병 직후에 덕수궁 석조전 앞에서 왕실 일원과 통감부 관리들이 함께 촬영한 사진이다. 앞줄 가운데가 고종이고 그 오른쪽이 순종이다. 고종의 왼쪽이 영친왕이고, 영친왕 옆이 조선 총독 데라우치다.

데라우치 조선 총독의 부임 행렬 1910년 7월 23일 조선 총독부 초대 총독으로 부임한 데라우치는 국권을 탈취한 뒤 무단 통치를 단행했다.

조선 총독부 건물을 철거하다

1910년부터 일제가 남산의 통감부 청사를 조선 총독부 청사로 사용하다가 1926년 경복궁 근정
전 앞에 총독부 청사를 신축했다. 광복 이후에는 군정청으로 사용되면서 중앙청이라고 불리다
가 1986년 국립중앙박물관으로 개조되었다.

(왼쪽) 남산의 통감부 청사
1907년 남산 왜성대에 건립되었다. 1910년
부터 1926년까지 조선 총독부 청사로 사용
되었다.

(아래) 조선 총독부(1932년)
1910년 국권 침탈 이후부터 1945년 광복까
지 조선에 대한 수탈과 억압을 총지휘하던
기관이었다.

조선 총독부 건물이 철거되기 직전의 경복궁

경복궁 근정문 앞을 조선 총독부 건물이 가로막고 있다. 이로써 일본이 조선을 대신하고 있다는 무언의 메시지를 보냈다.

조선 총독부 건물이 철거된 후의 경복궁

1995년 김영삼 정부가 일제의 잔재를 청산하기 위해 청사를 철거했고, 2010년 8월 15일 광화문이 복원되어 일반에 공개되었다.

1910년대 국내외 항일 운동

강제 합병 이후 일제의 탄압이 심해지면서 국내에서의 비밀 결사 운동은 여의치 않았습니다. 강압적인 헌병 경찰의 통치하에서 독립운동은 조심스러울 수밖에 없었을 거예요. 1907년에 조직되어 애국 계몽 운동을 펼쳤던 신민회는 1911년에 해산되었지요.

결국 대부분의 독립운동가들은 직접적인 탄압을 피해 국경 지대나 만주, 연해주 등으로 터전을 옮겼어요. 물론 국내에 남아 비밀 조직의 형태로 운영되기도 했지요. 1910년대에 국내 비밀 결사 단체 중에서 가장 중요한 단체가 바로 대한독립의군부와 대한 광복회입니다.

임병찬이 고종 황제의 밀명으로 1912년 의병 세력과 유생들을 결합해 조직한 대한독립의군부는 의병 활동이 활발했던 호남을 중심으로 중·남부 지방 및 평안도까지 활동 무대를 넓혀 갔어요. 이 단체는 일본 정부와 조선 총독부에 국권 반환 요구서를 발송하려 했지만 사전에 발각돼 결국 임병찬은 순국하고 맙니다. 만약 국권 회복에 성공했다면 고종 황제를 다시 옹립할 수 있었겠지요.

간도의 한국인
일제 강점기에 가난과 감시 속에서도 간도의 한국인들은 독립군 부대의 활동을 지원했다.

1915년에 결성된 대한 광복회는 만주의 독립군 기지 건설과 사관 학교를 통한 독립군 양성을 위해 군자금 모집과 친일파 처단에 나섰습니다. 대한 광복회에서 활동한 인물로는 박상진과 김좌진이 있습니다. 경상도 지역에서 활약한 군대식 조직인 대한 광복회는 각 도는 물론 만주에도 지부가 설치되어 있었어요. 대한 광복회의 강령을 보면 국내 비밀 결사 운동과 국외 무장 투쟁이 서로 연결되어 있었다는 것을 잘 알 수 있습니다.

대한 광복회 강령

1. 부호의 의연금을 모금하고 일본인이 불법 징수하는 세금을 압수해 무장을 준비한다.
2. 남북 만주에 사관학교를 설치해 독립 전사를 양성한다.
3. 종래의 의병 및 만주 이주민을 소집해 훈련한다.
4. 중국과 러시아에 의뢰해 무기를 구입한다.
5. 일인 고관 및 한인 반역자를 처단하는 행형부를 둔다.

이러한 단체가 거국적인 투쟁을 위해 무장 역량을 갖추어 나가는 가운데 국권을 회복한 이후 정부의 모습에 대해서도 대체적으로 합의가 이루어지고 있었습니다. 농민층에 의해 의병 전쟁이 벌어지는 상황에서 왕을 다시 세우는 복벽주의는 통할 수 없게 되었어요. 그래서 귀결점은 국민이 나라의 주인으로서 주권을 행사하는 민주 공화제가 될 수밖에 없었지요.

대한독립의군부는 복벽주의를, 대한 광복회는 신민회와 마찬가지로 공화정을 지향하는 단체였어요. 이들 비밀 결사들은 교육 기관과 종교 조직을 기반으로 교사나 학생, 종교인은 물론이고 농민과 노동자까지 연결해 3·1 운동의 불씨를 지폈습니다.

19세기 말부터 간도와 연해주에는 한국인 이주민의 수가 급증해 집단촌이 형성되었어요. 이 일대에 정착해 항일 활동을 전개하는 동포들을 기반으로 독립운동 기지를 건설한 단체가 신민회입니다. 그러나 105인 사건으로 신민회가 와해되자 의병 운동과 애국 계몽 운동이 국내를 떠나 국외에서 한자리에 모이게 되었어요. 자연스럽게 의병 운동 계열과 애국 계몽 운동 계열이 서로 힘을 합치게 되었지요.

애국 계몽 운동가들은 의병의 투쟁 노선을 받아들여 독립 전쟁론을 선택했고, 의병들은 신민회의 공화주의 정치 이념을 수용하게 되었어요. 국외에서 독립운동 기지 건설이 진행되면서 3대 근대 민족 사상이라고 할 수 있는 동학, 위정척사, 개화사상의 일체화가 이루어졌지요.

대표적인 독립운동 기지로는 이회영과 이상룡이 세운 서간도의 삼원보, 이상설과 이승희가 세운 소련·만주 접경 지역인 밀산부의 한흥동, 연해주 블라디보스토크 일대의 신한촌 등을 꼽을 수 있습니다.

당시 조선에서 재벌로 통했던 이시영, 이회영 등 이씨 6형제는 삼원보를 후원하는 경학사와 부민단을 만들었어요. 신민회 회원이었던 이들은 국외 독립운동 기지 건설을 위해 재산을 모두 내다 팔아 요즘 돈으로 800억 원에 가까운 자금을 마련합니다. 집안의 노비를 다 풀어 주고 삼원보 지역의 미개척지로 건너와 경학사와 부민단을 만든 것이지요. 이 경학사와 부민단을 통해 삼원보에 독립군 지휘관을 양성하는 신흥 무관 학교가 세워졌어요.

이씨 6형제는 어마어마한 재산을 모두 다 팔아 치우고 그 돈을 독

삼원보
1911년에 신민회가 중국의 랴오닝성 류허현에 세운 최초의 해외 독립군 기지다. 이회영과 이상룡, 김동삼 등이 중심이 되어 나라 밖에 독립운동 기지를 건설하고 청년들을 이주시켜 독립 전쟁에 대비할 목적으로 세웠다. 3·1 운동 이후 독립군은 삼원보를 거점으로 무력 항쟁을 펼쳤다.

립운동을 위해 3년 만에 다 써 버리지만, 이들의 숭고한 바람은 결코 헛되지 않았습니다. 신흥 무관 학교를 기반으로 한 서로 군정서가 국내 및 서간도 지역의 일제 통치 기관을 습격·파괴하고 민족 반역자와 친일파를 처단하는 등 독립 투쟁을 전개했기 때문이에요.

이시영(1869~1953년)
신흥 무관 학교에서 독립군을 양성할 무렵의 모습이다. 이시영과 이회영을 포함한 6형제는 삼원보를 후원하는 경학사와 부민단을 만들었다.

서간도에 서로 군정서가 있었다면 북간도에는 중광단이 후원하여 만든 북로 군정서가 있었습니다. 대한 국민회가 후원한 대한 독립군도 있었어요. 북로 군정서는 김좌진이, 대한 독립군은 홍범도가 이끌었지요.

연해주 블라디보스토크에는 1907년 이준, 이위종과 함께 헤이그 특사로 파견되었던 이상설의 주도로 1914년에 대한 광복군 정부가 세워지지만 곧 없어졌어요. 그 뒤를 이어 1919년 손병희를 중심으로 대한 국민 의회가 창설됩니다. 중국 관내의 상하이에는 대한민국 임시 정부의 전신인 신한청년당이 있었어요. 신한청년당에서는 1919년 파리 강화 회의에 김규식을 파견하지요.

3·1운동의 싹이 트다

이렇게 국외에서 일제의 가혹한 탄압에 맞서기 위한 노력이 진행되는 가운데 국내에서도 새로운 변화가 일어났어요. 바로 농민들의 투쟁과 노동자들의 등장이지요. 외세의 침략과 경제적 수탈에 가장 큰 피해와 고통을 겪은 계층은 바로 농민이었습니다. 농민들은 토지 조사 사업이 시작되면서 토지와 임야를 약탈당하고, 각종 명목의 조세 수탈에 시달려야 했어요. 농민들은 토지를 되찾기 위해 토지 분쟁 등 다양한 투쟁을 벌였습니다. 토지 조사 사업이 마무리된 1918년경에 들어서면서 농민들의 투쟁은 점차 폭력적인 형태를 띠게 되었어요.

식민 지배 초기에는 노동자가 얼마 되지 않았지만 일제에 의해 사회 간접 자본의 투자가 이루어지면서 토목과 건설, 부두, 교통 등에서 노동자의 수가 점차 증가하게 되었습니다. 조직도 초기에는 공제회나 계(契) 같은 상호 부조나 친목을 도모하는 것들이 많았지만 점차 노동자 단체가 결성되면서 노동 쟁의를 전개하는 방향으로 발전했어요. 1912년에는 파업 건수 6건에 약 1,500여 명의 노동자들이 파업에 참여했지만 1918년에 이르러서는 파업 건수 50건에 약 6,000여 명이 참가했습니다.

이런 상황에서 투쟁 의욕을 더욱 고무시키는 사건이 연이어 발생했어요. 바로 제1차 세계 대전과 러시아 혁명입니다.

제1차 세계 대전은 자본주의가 발전하면서 필연적으로 발생한 사건이에요. 원래 자본주의 사회에서는 산업 자본들 간에 치열한 경쟁이 이

노동자 단체 결성

일제 강점기에 노동자들은 낮은 임금과 장시간의 힘겨운 노동에 시달리며 광산, 부두, 건설 현장 등에서 일했다. 노동자들은 일제의 부당한 대우에 맞서기 위해 노동자 단체를 결성하기 시작했다.

루어지고 그 과정에서 점차 독점 자본이 형성되어 갑니다. 그런데 이 독점 자본은 계속 독점 이윤을 확보하기 위해 새 시장을 필요로 하게 되고 자연히 다른 나라의 영토를 침략하는 길로 나가게 돼요. 결국 자본주의의 발전은 필연적으로 제국주의의 길로 나가게 되는 것이지요.

식민지가 모두 개척되면 후발 제국주의 국가가 차지할 식민지가 남아 있지 않을 거예요. 식민지를 확보하기 위해서는 식민지를 다시 빼앗아 올 수밖에 없겠지요. 따라서 제국주의 국가 간에 식민지 재분할을 놓고 전쟁이 벌어진 것입니다. 독일이 뒤늦게 식민지 확보 경쟁에 뛰어들면서 제국주의 국가 간에 갈등과 대립이 빚어지다가 결국 무력 충돌로 이어졌어요. 이것이 바로 1914년 7월부터 1918년 11월까지 벌어진 제1차 세계 대전의 배경입니다.

4년에 걸친 전쟁이 끝나자 승전국들은 전후 처리 문제와 새로운 세계 질서 재편을 논의하기 위해 1919년 1월 파리 강화 회의를 개최했어요. 1918년 1월 8일 미국 대통령 윌슨이 상하 양원 합동 회의 연설에서 제창했던 14개조 평화안을 바탕으로 전후 처리의 내용이 합의됐는데, 파리 강화 회의에서 민족 자결주의 원칙이 거론됐지요.

파리 강화 회의에서 결의한 민족 자결주의는 우리나라에는 해당되지 않았어요. 일본이 승전국이었기 때문이지요. 파리 강화 회의에서는 패전국이 차지한 식민지를 어떻게 재편할 것인가에 초점이 맞춰져 있었어요. 자신들의 식민지를 독립시킬 생각이 없었던 승전국들은 패전국의 식민지를 어떤 식으로 처리할지에 대해서만 고심했습니다. 민족 자결주의 원칙은 패전국의 식민지를 처리하는 데에만 적용된 것이지요.

승전국들은 패전국의 식민지를 독립시킨 다음에 그곳을 자신들이

토머스 우드로 윌슨
(1856~1924년)
미국의 제28대 대통령이다. 조지 워싱턴의 고립주의를 버리고 유럽의 문제에 맨 처음 관심을 갖기 시작했다. 미국이 제1차 세계 대전에 참전하는 데 주도적인 역할을 했고, 이 기간에 비밀 외교의 폐지와 민족 자결주의를 제창했다. 1919년 국제 연맹의 창설에 이바지해 노벨 평화상을 받았다.

차지하려는 야욕을 숨기고 있었을지도 모릅니다. 사실이 그럴지라도 민족 자결주의가 거론된 이상 식민지 국가들은 독립의 정당성을 주장할 수 있게 됐어요.

제1차 세계 대전이 벌어지고 있을 때 세계사의 한 페이지를 장식한 또 하나의 사건이 일어납니다. 바로 1917년 러시아에서 일어난 10월 혁명이에요. 제국주의 국가가 서로 식민지 재분할 전쟁을 벌일 때 러시아 혁명의 지도자였던 레닌은 2월 혁명을 거쳐 10월 혁명을 성공시켜 세계 최초로 사회주의 국가를 탄생시킵니다. 그런데 이 사회주의 국가는 탄생하자마자 제국주의 국가의 포위를 받으며 고립됐어요.

고립에서 벗어나기 위해 사회주의 지도자들은 노동자와 농민의 이익을 대변하는 국가를 주장했습니다. 반제국주의적인 입장은 물론이고 약소민족의 해방과 독립을 적극 지지하는 정책까지 폈어요. 1919년 3월에 코민테른(제3 인터내셔널)을 결성한 것도 바로 이런 노력의 일환이지요. 물론 여기에는 전 세계를 공산화하려는 목적이 담겨 있었어요. 패전국의 민족에게만 해당됐던 윌슨의 민족 자결주의와는 달리 모든 약소민족의 완전한 독립과 해방을 지지하는 사회주의 국가의 탄생에 식민 지배를 받고 있던 민족들은 한껏 고무되었지요.

이런 국제 정세의 분위기를 탄다면 독립운동을 거국적으로 전개하기 위한 활동이 활발하게 이루어질 거예요. 이런 움직임은 활동이 자유로운 해외에서 먼저 일어났지요.

1918년 11월에 만주와 연해주, 중국, 미국 등 해외에서 활동 중인 독립운동가 39명의 명의로 작성한 대한 독립 선언서(무오 독립 선언서)가 발표됐습니다. 중국에 망명해 있던 여운형 등은 1918년 8월 상하이에서 신한청년당을 조직한 후 다음 해 1월에 김규식을 파리 강화

회의에 대표로 파견해 독립을 호소하려고 했어요.

이런 활동들이 진행되는 가운데 1919년 2월 8일에는 일본 유학생 400여 명이 도쿄 한복판에서 독립 선언서를 발표했습니다. 일본에서의 이런 활동은 국내의 분위기를 더욱 자극했지요.

옥 속에서도 만세를 부르다

국내에서는 천도교와 기독교 등 종교계와 학생들을 중심으로 독립운동을 전개할 준비가 갖춰지고 있었어요. 그러던 중 1919년 1월22일에 고종이 서거합니다. 일제가 고종을 독살했다는 소문이 퍼지면서 국민들의 분노가 들끓게 되지요. 거국적인 독립 만세 시위를 준비했던 민족 대표와 학생들은 고종의 국장일인 3월 3일을 기해 독립 시위를 펼치기로 계획합니다. 정확히 말하면 국장일보다 이틀 앞선 3월1일 정오에 파고다 공원에 모여 독립 선언서를 발표한 다음 전국적인

태화관 건물
1919년 3월 1일 오후 2시 민족
대표 33인 중 29인이 태화관에
모여 독립 선언식을 거행했다.

독립 시위를 진행하기로 했어요.

하지만 민족 대표 33인 중 29인은 돌연 파고다 공원이 아니라 서울시 종로구 인사동의 중국 요릿집인 태화관으로 발길을 돌려 버립니다. 파고다 공원에 너무 많은 인파가 몰려들어 시위가 과격하게 진행될까 봐 두려웠던 거예요. 그러면서 자기들끼리 은밀하게 독립 선언서를 낭독하고 만세 삼창을 부른 다음 모두 일본 경찰에 연행됐습니다. 은밀하게 진행했는데 왜 일본 경찰에 잡혀갔을까요? 민족 대표들은 독립 선언식을 가질 것이라고 미리 자진 신고를 했기 때문에 일본 경찰이 대기하고 있다가 체포한 것이지요.

3·1 독립 선언서의 처음 부분은 다음과 같습니다.

1. 우리는 이에 조선이 독립국임과 조선인이 자주민임을 선언하노라. 이 선언을 세계 온 나라에 알리어 인류 평등의 크고 바른 도리를 분명히 하고, 이것을 후손들에게 깨우쳐 우리 민족이 자기의 힘으로 살아가는 정당한 권리를 길이 지녀 누리게 하려는 것이다.

2. 반만 년이나 이어 온 우리 역사의 권위에 의지해 독립을 선언하는 것이며, 이천만 민중의 정성된 마음을 모아서 이 선언을 널리 펴서 밝히는 바이며, 민족의 한결같은 자유 발전을 위해 이것을 주장하는 것이며, 누구나 자유와 평등을 누려야 한다는 인류적 양심이 드러나 온 세계가 올바르게 바뀌는 커다란 기회와 운수에 발맞추어 나아가기 위해 이를 내세워 보이는 것이니, 이 독립 선언은 하늘의 밝은 명령이며, 민족 자결주의에로 옮아가는 시대의 큰 형세이며, 온 인류가 함께 살아갈 권리를 실현하려는 정당한

움직임이므로 천하의 무엇이든지 우리의 이 독립 선언을 가로막고 억누르지 못할 것이다.

같은 시각 파고다 공원에서는 학생 대표 정재용의 힘찬 독립 선언서 낭독이 끝났어요. 그러자 수많은 학생들과 시민들은 "대한 독립 만세", "일본인과 일본 군대는 물러가라."라고 외치며 노도처럼 시내로 나아갔지요. 시위대는 순식간에 불어나 서울의 전 시가지를 메웠고, 그 물결은 전국 방방곡곡으로 급속히 퍼졌어요.

이 물결에는 그 어떤 정견이나 신앙, 성별, 재산상의 차이가 없었습니다. 학생들은 동맹 휴학을 결행했고, 상인과 농민들까지 시위에 참가했어요. 이러한 거국적인 시위는 해외 동포들에게도 영향을 주었습니다. 만주나 연해주 등 동포들이 많이 거주하는 곳에서 대규모 시위가 전개되었지요. 국내외에 걸쳐 전 민족이 독립 시위에 나선 거예요.

하지만 일제는 평화적인 방법으로 전개되는 만세 시위를 극단적으로 탄압했습니다. 일제는 헌병과 경찰, 군대를 총동원해 시위자들을 닥치는 대로 사살하거나 투옥시켰어요. 심지어 일본도와 작두로 시위자의 목을 잘라 전시하기도 했지요.

유관순 열사도 열아홉 꽃다운 나이에 옥사했습니다. 유관순은 천안, 연기, 청주, 진천 등지의 학교와 교회 등을 방문해 만세 운동을 준비했어요. 충청남도 천안군 병천면 아우내 장날, 유관순은 장터 어귀에서 밤새 만든 태극기를 만세 시위운동에 참여하러 모여드는 사람들에게 나누어 주었습니다. 정오가 되자 유관순은 3,000여 군중 앞에서 열변을 토해 냈어요.

"우리는 10년 동안 나라 없는 백성으로 온갖 압제와 설움을 참고 살아왔습니다. 지금 세계의 여러 약소민족들은 자기 나라의 독립을 위

서울 탑골 공원
(사적 제354호)
일제에 대한 최대 규모의 민족 저항 운동이었던 3·1 운동이 시작된 곳이다. 3·1 운동 당시 학생들이 독립 선언서를 낭독하고 독립 만세를 외쳤다. 당시에는 파고다 공원이라 불렸는데, 1992년 탑골이라는 옛 지명을 따서 탑골 공원으로 개칭되었다.

해 일어서고 있습니다. 나라 없는 백성을 어찌 백성이라 하겠습니까.
우리도 독립 만세를 불러 나라를 되찾읍시다."

결국 유관순은 일본 헌병대에 체포되고 맙니다. 5년형을 선고받은
유관순은 서대문 형무소에서 복역 중 고문으로 인한 방광 파열로 옥
사했어요. 유관순은 옥 속에서도 만세를 부르다가 숨을 거두었다고
합니다.

일제의 가혹한 탄압을 보여 주는 또 다른 사례 중 하나가 바로 제암
리 학살 사건이에요. 1919년 4월15일 경기도 화성의 제암리에 들어
온 일본 군대는 다짜고짜 동네 사람들을 교회에 모이게 한 다음 문을
걸어 잠그고 불을 질렀습니다. 사람들이 뛰어나오자 일제히 총격을
가해 부녀자를 포함한 30여 명을 학살했어요.

민족 대표 33인

각 단체에서 개별적으로 이루어졌던 민족 독립 운동은 일정한 한계가 있었으므로 각 단체를 묶는 대연합 전선이 절실히 필요했다. 천도교와 기독교는 1919년 3·1 운동의 초기 단계에서 민족 대연합 전선을 형성하는 데 중추적인 역할을 했다. 독립 선언서는 천도교 측의 독립 선언서 원고 지침에 따라 최남선이 기초했다.

3·1운동

기미독립운동이라고도 하는 3·1 운동은 대한
제국의 초대 황제인 고종의 독살설이 직접적인
계기가 되었다. 고종의 인산일인 1919년 3월 3
일보다 이틀 앞선 3월 1일에 전국적으로 봉기
했고, 시위는 약 2개월 동안 계속되었다. 일제
의 기록에 의하면 집회인 수가 202만여 명, 사
망자 수가 7,509명, 구속된 자가 4만 7,000여
명이었다고 한다.

서울 종로에서 만세를 외치는 시민들

3·1 운동에 나선 시위대 1919년 3월 1일 고종의 인산을 애도하기 위해 거리로 나온 시민들이 독립 선언서 낭독 소식을 접하자 순식간에
시위 군중으로 변했다.

시민을 위협하는 일본 경찰

제암리 학살 사건 1919년 4월 15일 경기도 수원군 향남면(지금의 화성시 향남읍) 제암리의 제암리 교회에서 일어난 학살 사건이다. 이 사건은 제암리 청년들이 1919년 4월 5일 발안 장날을 기해 일으킨 만세 운동에 대한 일제의 복수였다. 이 사건으로 23명이 학살되었고, 제암리 마을의 31가구가 불탔다.

서대문 형무소(사적 제324호, 서울시 서대문구)

일제가 조선 침략에 저항하는 애국지사들을 투옥하기 위해 1907년에 지은 감옥이다. 1919년 3·1
운동 때 손병희와 유관순을 포함한 3,000여 명의 조선인들이 한꺼번에 이 형무소에 수용되었다.
사진 오른쪽 맨 끝의 건물이 유관순 열사가 옥사한 곳이다. 광복 이후 정치적 격변과 민주화 운동
과정에서도 고난과 아픔을 간직한 역사의 현장이다. 1988년 사적지로 지정되어 서대문 독립공원
으로 조성되었다.

유관순 열사(1902~1920년)**와 유관순 열사 생가**

유관순은 이화 학당 고등과 재학 중에 3·1 운동에 참가했다. 3·1 운동 후 고향으로 내려가 만세 시위를 비밀리에 협의
하고, 4월 2일 아우내 장터에 모인 3,000명의 군중에게 태극기를 나눠 주며 시위를 주도했다. 왼쪽 사진은 당시 수형
기록부에 남아 있던 것이다. 유관순은 1920년 19세의 나이로 서대문 형무소에서 고문 끝에 옥사했다. 유관순 열사 유적
(사적 제230호)의 하나인 생가는 충청남도 천안시 동남구 병천면에 있다.

늑대의 탈을 쓴 문화 통치

거국적으로 전개됐던 3·1 운동은 일제의 탄압을 이기지 못하고 결국 막을 내리게 됩니다. 하지만 무단 통치로는 한민족을 지배하기가 어렵다는 것을 깨달은 일제는 한민족의 문화와 관습을 존중한다는 내용의 문화 정책을 내세우지요.

이는 기만적인 정책이지만 무단 통치에 비해 통치 방식이 완화된 것은 사실입니다. 일제는 교육의 기회를 확대해 준다고 선전했고, 한글로 된 신문의 간행을 허가했어요. 일본인만 임명되던 총독부의 관리에 한국인도 임명했고, 헌병 경찰제를 보통 경찰제로 바꾸었지요. 하지만 일제의 문화 정책은 내막을 들여다보면 친일파를 길러 우리 민족을 분열시키려는 교활한 정책이라는 것을 알 수 있어요.

3·1 운동 이후 문화 통치로 바꾸면서 헌병 대신 경찰이 치안 업무를 맡게 되었지만 일제의 탄압은 더욱 교묘해졌습니다. 1919년에는 736개였던 주재소가 1920년에는 2,746개로 늘어났어요. 경찰관의 수도 6,387명에서 2만 134명으로 세 배 이상이나 늘었지요. 또한 특고 형사와 밀정을 강화해 사상운동을 악랄하게 탄압했어요.

1920년대에는 세계 자본주의가 발전하면서 식민지 조선에도 문화 통치라는 미명하에 자본주의가 스며들기 시작했어요. 서양의 자본주의 문화가 들어와 한국인의 정신과 문화도 크게 바뀌기 시작했지요.

일제 강점기 때 서울은 청계천을 중심으로 일본 사람들이 주로 사는 남촌과 한국 사람들이 주로 사는 북촌으로 나누어져 있었어요. 남촌은 오늘날의 충무로인 본정통과 명동인 명치정이 중심이었습니다. 본정통과 명치정 일대는 진고개라고 불렸어요. 1920년대 말 진고개 거리에는 은행, 백화점, 극장, 카페, 고급 상점, 음식점 등이 즐비했고,

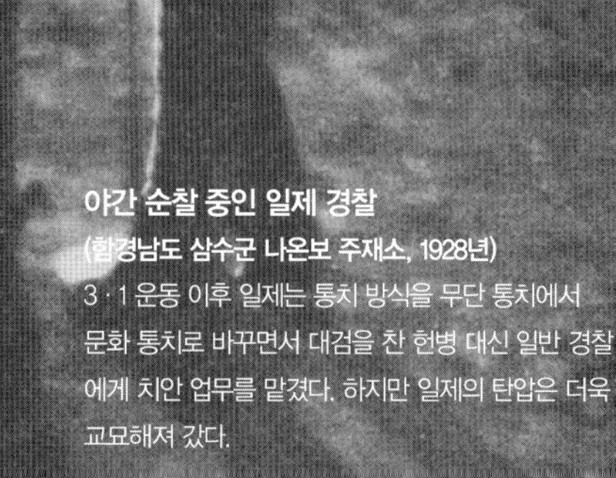

야간 순찰 중인 일제 경찰
(함경남도 삼수군 나온보 주재소, 1928년)
3·1 운동 이후 일제는 통치 방식을 무단 통치에서
문화 통치로 바꾸면서 대검을 찬 헌병 대신 일반 경찰
에게 치안 업무를 맡겼다. 하지만 일제의 탄압은 더욱
교묘해져 갔다.

일본 사람들은 물론 호기심 많은 조선 사람들로 넘쳐 났지요.

백화점이나 음식점의 일본 상인들은 특유의 싹싹한 태도로 손님을 끌었고, 한국인들은 넋을 놓고 구경했어요. 당시에는 '서울 구경' 하면 진고개에 가서 좋은 물건을 사고 맛이 있는 음식을 먹는 것을 의미했을 정도였지요.

서구 문화가 확산되면서 1920년대 후반에는 근대적인 소비문화를 즐기는 '모던 보이'와 '모던 걸'이 등장합니다. '모던'은 교육받은 서울의 젊은이들 사이에서 유행어가 되었지요.

모던 보이는 삐죽삐죽한 맥고모자를 눌러쓰고 짧은 지팡이를 팔에 걸었고, 양복저고리에 나팔바지를 입고 다녔어요. 모던 걸은 단발머리에 양장을 하고, 구두, 양산, 손가방, 손목시계 등으로 치장을 했지요. 모던 걸은 무릎까지 오는 치마를 입고 종아리를 드러냈는데, 기성세대들은 노출이 심하다고 생각해 달갑게 여기지 않았어요.

대한민국 임시 정부가 수립되다

3·1 운동은 무단 통치에서 문화 통치로 바뀌는 계기가 되었을 뿐 아니라 만주 지방에 있던 독립운동가들과 상하이로 망명한 독립운동가들이 대한민국 임시 정부를 수립하도록 자극했어요. 또한 제국주의 지배하에서 고통을 겪던 전 세계 식민지 국가의 민중에게도 희망을 심어 주었지요. 1929년에 일본에 들른 인도의 시성 타고르는 3·1 운동의 숭고한 정신을 다음과 같이 노래했어요.

> 일찍이 아시아의 황금 시기에
>
> 빛나던 등불의 하나이던 코리아
>
> 그 등불 다시 한 번 켜지는 날에
>
> 너는 동방의 밝은 빛이 되리라

당시 영국의 식민지였던 인도의 시인 타고르에게 3·1 운동은 동방의 빛이었어요. 1945년 일본이 패망한 이후 승전국들은 이런 한국의 뜻을 받아들여 대한민국을 독립 국가로 인정한 것입니다. 그래서 민족 구성원 한 사람 한 사람의 만세 소리가 소중한 의미를 지니는 것이지요.

3·1 운동은 독립을 위해 우리가 어떻게 해야 하는지 과제를 던져 주었습니다. 우선 청원이나 구걸에 의해서는 독립할 수 없다는 사실을 일깨워 주었어요. 하지만 조직적으로 결사 항전하려면 전 민족을 대표할 조직이 필요했습니다. 그래서 3·1 운동을 기점으로 임시 정부를 세우려는 노력이 곳곳에서 전개됐지요.

1919년 3월부터 4월에 걸쳐 여러 개의 임시 정부가 수립됐어요. 이 가운데 영향력이 가장 큰 조직은 연해주 지역의 대한 국민 의회와 상하이의 대한민국 임시 정부, 그리고 서울의 한성 정부였지요.

상하이의 임시 정부는 한성 정부의 법통을 계승하면서 대한 국민 의회를 흡수해 1919년 9월15일 최초의 민주 공화제인 대한민국 임시 정부를 수립했어요. 초대 대통령은 이승만이었고, 만주와 연해주 지역의 지지를 받는 이동휘가 국무총리가 됐지요.

독립 전쟁론을 내세운 이동휘 세력은 간도나 연해주 지역으로 거점을 옮길 것을 주장했어요. 하지만 이승만을 비롯한 외교 독립론자들은 국제도시인 상하이가 일제의 영향력이 미치지 않고 세계 여러 나라와의 외교 활동이 편리한 곳이어서 민족 지도자들이 모여 독립 투쟁을 도모하기에 적합한 지역이라고 주장했습니다. 결국 외교 독립론자의 주장대로 상하이가 임시 정부의 거점이 됐어요.

대한민국 임시 정부가 수립된 것은 3 · 1 운동이 가져다준 커다란 성과입니다. 대한민국 임시 정부는 민주주의에 입각한 근대적 헌법을 갖추고, 민주 공화제와 대통령제를 채택했어요. 또 입법 기관인 임시 의정원, 사법 기관인 법원, 행정 기관인 국무원을 두어 삼권 분립 헌정 체제를 갖추었지요. 초기의 임시 정부는 국내외의 민족 독립운동을 조직적으로 추진하는 중추 기관의 역할을 담당했어요.

대한민국 임시 정부는 미국에 구미 위원부를 설치해 미국 정부와 국민에게 한국의 독립을 호소했어요. 구미(歐美)는 유럽과 미국을 가리키므로 구미 위원부는 유럽과 미국을 상대로 외교 활동을 했습니다. 특히 미국을 상대로 외교 활동을 펼쳐 일정 부분 한국의 독립 문제를 국제 여론화하는 데 기여했어요. 이승만은 광복 이전부터 구미 위원부의 책임자로 활동했는데, 이때부터 초대 대통령에 선출될 수

이승만 환영식
1920년 12월 28일 이승만이 대한민국 임시 정부 대통령의 자격으로 중국 상하이에 도착한 뒤 열린 환영식 사진이다. 왼쪽부터 손정도, 이동녕, 이시영, 이동휘, 이승만, 안창호, 박은식, 신규식이다.

있는 기반을 다졌다고 볼 수 있지요.

임시 정부는 김규식을 파리 강화 회의에 민족 대표로 파견해 한국의 독립을 주장하려 했지만 김규식은 본회의 참석을 거부당해 공식적인 발언을 할 수 없었어요. 게다가 이승만이 1919년 2월 한국의 위임 통치를 청원하는 문서를 미국 국무성에 보낸 것으로 알려져 임시 정부는 정쟁의 소용돌이에 빠지게 됐지요. 파리 강화 회의에 참석한 각국 대표들은 김규식에게 "조선 사람들은 독립운동을 한다면서 무슨 이유로 위임 통치를 청원한 이승만을 대통령으로 선출했느냐."라며 핀잔을 주었어요. 이런 상황이다 보니 김규식은 제대로 발언권을 행사할 수 없었지요.

민족 사학자 신채호도 이승만을 신랄하게 통박했어요.

"외국의 도움을 받아 독립을 쟁취하게 되더라도 그것은 또다시 도움을 준 나라의 노예가 되는 것을 면할 길이 없다. 외교론에 의한 독립이라는 것도 알고 보면 지배 국가를 갑에서 을로 바꾸는 것에 불과하다."

임시 정부는 독립 자금을 전달하기 위해 행정 조직인 연통제와 정보 조직인 교통국을 만듭니다. 물건을 파는 상점처럼 위장한 단둥의 이륭양행과 부산의 백산상회가 임시 정부의 자금줄 역할을 했어요.

임시 정부는 애국 공채를 발행했고 기관지로 〈독립신문〉을 간행했습니다. 독립 협회의 〈독립신문〉과 임시 정부의 〈독립신문〉은 이름만 같지 다른 신문이에요. 임시 정부는 사료 편찬소까지 두어 『한일 관계 사료집』을 간행하기도 했지요.

당시 임시 정부에는 다양한 입장을 가진 사람들이 많았습니다. 대

통령 이승만은 외교 독립론자였고, 국무총리 이동휘는 무장 투쟁론자였으며, 내무 총장 안창호는 실력 양성론자였어요.

이런 상황에서 서로 군정서나 북로 군정서 등 무장 독립 단체와 사회주의 계열인 한인 사회당도 임시 정부에 참여했습니다. 이런 참여 의식은 사상과 정견에 관계없이 온 민족이 독립 만세 시위를 벌였던 3·1 운동의 성과라고 할 수 있어요.

모든 세력이 일제와 결사 항전을 치르려면 노동자와 농민의 호응을 얻어야 했습니다. 당시에 하층민의 절대다수는 농민층이었고, 노동자 또한 새로운 세력으로 등장하고 있었기 때문이에요. 이들과 힘을 합치지 못하면 온 민족의 결사 항전은 불가능한 상황이었지요.

그런데 시간이 지나면서 임시 정부를 연결하던 연통제와 교통국 조직이 와해돼 임시 정부는 자금난과 인력난을 동시에 겪게 됩니다. 임시 정부는 상하이에 있었기 때문에 만주와 연해주 지역의 동포들에게도 지원을 받을 수 없었어요. 상하이에 임시 정부의 본부를 둔 것은 외교에 무게 중심을 두기 위해서였는데, 사실 외교적인 성과라고 할 만한 것이 없었지요.

무장 투쟁을 주장한 대한 국민 의회 쪽 사람들은 이승만의 청원 사건에 대해 "지금 조국 땅에서는 백성들이 신음하고 있는데 당신들이 여기 와서 한 것이 무엇이냐? 일제에 직접 타격을 가해야 하는 것 아니냐."라고 비난하면서 임시 정부를 빠져나가려고 했어요.

임시 정부의 외교 성과에 불만이 많았던 무장 투쟁론자들이 임시 정부의 대대적인 개편을 주장하자 1923년 상하이에서 국민 대표 회의가 열렸습니다. 핵심 쟁점은 임시 정부의 존속 여부였지요.

창조파로 불린 무장 투쟁론자들은 기존의 임시 정부를 인정하려들

연통제
대한민국 임시 정부가 국내의 독립운동을 연결하기 위해 설치한 비밀 연락 조직이다. 정부 문서와 명령 전달, 군자금의 송부, 정보 보고 등의 임무를 맡았다.

교통국
대한민국 임시 정부의 통신 기관이다. 정보의 수집과 분석, 교환, 연락 등의 업무를 관장했다.

대한민국 임시 정부 입구

대한민국 임시 정부
3·1 운동 이후 일본의 한반도 강제 점령을 부인하고 나라 안팎을
통할해 통치하며 항일 투쟁을 지휘하기 위한 목적으로 1919년 4월 11
일 중국 상하이에서 발족되었다. 각지에 설립된 한국의 임시 정부들을
통합해 설립되었다. 삼권 분립의 민주 공화 정부로서 외교에 중점을
두기 위해 상하이에 본부를 두어 상하이 임시 정부라고도 했다.

지 않았고, 개조파로 불린 외교 독립론자들은 기존의 임시 정부를 개편하는 선에서 유지하려 했어요. 하지만 합일점을 찾지 못한 채 국민 대표 회의는 결렬되고 말지요.

이러한 갈등 속에서 많은 독립운동가들이 임시 정부에서 이탈하게 됩니다. 결국 1925년에 이승만이 탄핵되고 그 뒤를 박은식이 잇게 돼요. 임시 정부는 개헌을 통해 국무령 체제로 바뀝니다. 대통령제의 문제를 개선하기 위해 의원 내각제로 바꾼 것이 바로 국무령 체제이지요.

무장 투쟁파는 만주로, 외교파인 이승만과 실력 양성파인 안창호는 미국으로 떠나 버렸어요. 창조파인 신채호는 무정부주의에 관심을 기울이기도 했지요. 이렇게 힘이 빠진 임시 정부를 되살리기 위해 노력한 인물이 바로 김구입니다. 김구는 1931년 임시 정부의 존재를 부각시키기 위해 한인 애국단이라는 비밀 조직을 만들었어요. 한인 애국단의 이봉창과 윤봉길이 큰일을 해내지요.

결론적으로 온 민족이 독립 시위에 나섰던 3 · 1 운동은 일제의 탄압에 의해 성공하지는 못했지만, 우리 민족의 독립이 필연적 과제임을 세계만방에 확인시킨 민족적 쾌거였습니다. 이로 인해 수립된 상하이 임시 정부는 독립뿐만 아니라 독립 이후 나라의 주인인 국민이 주권을 어떻게 행사할 수 있도록 할 것인지에 대한 시대적 과제를 떠안게 되었지요.

7-1 무단 통치와 문화 통치

1 헌병 경찰제

• **조선 총독부 설치** 현역 대장 중에서 임명된 총독은 행정 · 입법 · 사법 · 군대 통수권 장악, 총독부 고위 관리는 일본인이 독점

• **헌병 경찰 제도 시행** 헌병이 세금 징수나 검열 등 일반 행정 업무까지 관여, 즉결 처분권 행사(구류 · 태형 · 3개월 이하 징역 등의 범죄에 적용), 일본군 2개 사단을 전국에 배치하고 교원에게도 제복을 입고 칼을 차게 함

• **자유 억압** 출판 · 언론 · 결사의 자유 박탈, 〈황성신문〉· 〈대한매일신보〉 등 한국인 발행 신문 폐간, 애국 계몽 단체 해산

• **우민화 교육** 제1차 조선 교육령(1911년) → 일본어 사용 강요, 보통 교육과 실업 교육에 치중, 사립 학교와 서당 등 민족 교육 기관 억압, 고등 교육 기회 박탈, 광복 때까지 의무 교육이 실시되지 않아 문맹률이 80%에 달했음

• **의병의 해외 이동** 강압 통치 하에서 민족 지도자들은 해외로 망명하고 의병들도 만주 지방과 러시아의 연해주 등지로 옮김

2 1910년대의 항일 운동

• **대한독립의군부**(1912년) 임병찬 등 유림이 고종의 비밀 명령으로 조직, 복벽주의(나라를 되찾아 왕을 다시 세우겠다는 주장)에 따라 고종 복위를 목표로 의병 봉기 계획 → 조선 총독부에 국권 반환 요구서를 보내려다가 발각되어 해체

• **대한 광복회**(1915년) 박상진 · 김좌진 등을 중심으로 하는 무장 군사 조직, 공화정 지향, 군자금 마련을 위해 친일 부호 처단

• **삼원보**(1911년) 신민회가 중심이 되어 이동녕, 이회영 등이 서간도에 독립운동 기지 설립 → 이씨 6형제가 삼원보 후원 단체인 경학사와 부민단을 조직 → 독립군 지휘관을 양성하는 신흥 무관 학교 설립 → 서로 군정서 조직

• **대한 광복군 정부**(1914년) 연해주 블라디보스토크에 헤이그 특사로 파견되었던 이상설의 주도로 대한 광복군 정부가 세워지지만 곧 없어짐. 뒤를 이어 1919년 손병희를 중심으로 준 임시 정부인 대한 국민 의회가 창설

3 3·1 운동의 배경

- **민족 자결주의 제창** 파리 강화 회의에서 미국 대통령 윌슨이 제창 → 대한민국 임시 정부의 전신인 상하이의 신한청년당은 1919년 김규식을 파리 강화 회의에 파견
- **대한 독립 선언** 만주에서 독립 선언서 발표
- **2·8 독립 선언** 일본 유학생들은 도쿄에서 조선 청년 독립단을 조직하고 한국의 독립을 요구하는 독립 선언서와 결의문을 발표(3·1 운동 촉발)
- **고종의 서거** 1918년 말부터 손병희, 이승훈,한용운 등 종교계를 중심으로 세계정세의 변화를 지켜보면서 학생 단체와 연결하여 거족적인 독립운동 준비 → 1919년 초 을사늑약에 끝까지 반대했던 고종의 서거와 독살 소문이 퍼져 민심을 자극

4 3·1 운동의 전개

- **준비** 최남선이 독립 선언문을 작성해 천도교 측에서 인쇄, 3월 1일 이전에 전국 주요 도시에 비밀리에 배포
- **발발** 민족 대표 33인 중 29인이 1919년 3월 1일 태화관에서 독립 선언식을 가짐.같은 시각에 학생과 시민들은 파고다 공원에 모여 독립 선언서를 낭독하고 독립 만세 시위를 벌임
- **확산** 토지 조사 사업 피해 농민 가담, 경찰서나 헌병대 등이 습격해 비폭력 평화 시위에서 무력 투쟁으로 변화 → 일본군은 화성 제암리 주민들을 교회에 가둔 채 불을 지르고 총격을 가함
- **의의** 독립운동이 국내외에서 더욱 다양하게 전개되고, 그 결과 대한민국 임시 정부가 수립됨. 일제의 무단 통치에서 문화 통치로 전환 . 중국과 인도에서도 대규모 민족 운동이 전개

5 민족 분열을 위한 문화 통치

- **문화 통치로의 전환** 3·1 운동이 일어나자 일제는 무단 통치로는 한민족 지배가 어렵다는 것을 깨닫고 한민족의 문화와 관습을 존중한다는 문화 통치를 내세움 → 친일파를 길러 우리 민족을 분열시키려는 교활한 정책임
- **회유책** 한글로 된 신문 간행, 총독부의 관리에 한국인도 임명, 지방 자치제 시행(일부 친일 인사만 참여 허용)
- **헌병 경찰을 보통 경찰로 전환** 경찰 관서나 인원은 오히려 증가함. 치안 유지법을 제정해 국가 체제나 사유 재산 제도를 부정하는 사회주의자를 탄압
- **제2차 조선 교육령 제정** 보통학교 수업 연한을 6년으로 정했으나 여전히 4년인 경우가 많음

6 대한민국 임시 정부

- **배경** 3 · 1 운동 후 독립운동을 조직적으로 이끌어 갈 지도부의 필요성 대두
- **임시 정부 수립** 대한 국민 의회(블라디보스토크, 대통령 손병희), 대한민국 임시 정부(상하이, 국무총리 이승만), 한성 정부(서울, 집정관 총재 이승만)
- **임시 정부 통합** 한성 정부의 정통성을 계승하여 대한 국민 의회를 통합, 상하이의 대한민국 임시 정부가 탄생함(1919년 9월). 대통령은 이승만, 국무총리는 이동휘로 하는 삼권 분립(의정원, 국무원, 법원)의 민주 공화 정부 수립. 정부 위치가 상하이로 정해지면서 독립운동 노선이 외교 독립론으로 기울게 됨
- **지방 조직** 비밀 행정 조직망인 연통제를 실시하여 국내 각 지역의 독립운동을 지도하고 군자금 마련. 통신 기관인 교통국을 두어 정보의 수집과 연락 업무 담당
- **외교 활동** 신한청년당의 김규식을 파리 강화 회의에 민족 대표로 파견하여 한국의 독립을 주장함. 미국에 구미 위원부를 설치하여 미국 정부와 국민에게 한국의 독립을 호소
- **문화 활동** 〈독립신문〉 발행, 사료 편찬소를 두어 『한일 관계 사료집』 발간
- **군사 활동** 군무부 설치, 직할 부대(광복군 사령부) 편성. 군무부 산하에 서로 군정서와 북로 군정서 등을 편재
- **국민 대표 회의 소집** 이승만의 위임 통치 청원 제출 사실을 들어 임정 해산과 국민 대표 회의 소집 요구 → 창조파(신채호, 임정 해산 주장), 개조파(안창호, 임정 개편, 실력 양성 강조), 현상 유지파(김구, 임정 유지 주장)로 분파 → 독립운동 세력의 분열 심화, 국민 대표 회의 결렬 → 이승만을 탄핵하고 박은식을 2대 대통령으로 추대(1925년) → 집단 지도 체제로 개헌(1927년)

일제의 식민 지배는 우리 민족의 근대화에 기여했을까요?

1995년 일본 총무처 장관인 에토 다카미는 일제의 식민 지배에 대해 "일본이 좋은 일도 많이 했어요. 학교를 세우고 도로, 철도, 항만도 세웠잖아요."라고 말했습니다. 심지어 일본의 식민 통치가 한국의 근대화에 기여했다는 주장까지 나오고 있어요. 일본이 한국을 수탈한 것은 사실이지만 철도를 놓고 공장을 짓고 토지 정리를 하면서 결과적으로 농업을 근대화시켰고, 산업의 근대화도 가져왔다는 것입니다.

이 주장은 겉으로만 보면 그럴듯하게 보입니다. 하지만 여기에는 중요한 사실이 감추어져 있어요. 도로나 공장만 언급되고 주체인 사람에 대한 언급은 교묘하게 빠져 있지요. 도로나 공장은 다 사람의 필요에 의해 만들어진 것입니다. 따라서 어떤 이해관계를 가지고 있느냐에 따라 도로나 공장의 유용성이 결정되는 것이지요. 추구하는 목적이 다르면 애초에 지어졌던 도로나 공장도 애물단지가 될 수 있어요.

이는 식민 치하에 실시했던 토지 조사 사업과 산미 증식 계획, 그리고 병참 기지화 정책에 따른 중공업 건설이 어떤 목적으로 추진됐고, 결과가 어땠는지를 살펴보면 분명하게 확인할 수 있습니다.

농업 분야에서 추진된 토지 조사 사업과 산미 증식 계획은 조선의 쌀을 수탈하기 위한 목적에서 진행됐어요. 그 결과 농민들은 예전에 가지고 있었던 경작권마저 빼앗기면서 계약제 소작농으로 전락하고 말았지요. 또한 산미 증식 계획을 통해 쌀의 수확량이 늘었다고 하지만 이것 역시 쌀을 수탈하기 위한 목적에서 추진된 거예요. 게다가 쌀의 증산만을 강요했기 때문에 부가 가치가 높은 다양한 농산물의 생산이 가로막히는 현상도 나타났지요. 이런 농업 정책을 두고 어떻게 농업의 근대화에 기여했다고 말할 수 있을까요?

공업 분야 또한 근대화에 기여하지 못했어요. 일제는 이미 회사령을 공포해 민족 기업이 성장하는 것 자체를 막았습니다. 그러고는 1920년대에 들어와 일본 자본 진출을 유

리하게 하기 위해 회사령을 폐지하지요. 1930년대에 일제는 병참 기지화 정책에 따라 중화학 공업과 철, 석탄 등의 광업 분야에 집중 투자했어요. 이것을 놓고 근대화에 기여했다고 주장하지만, 대부분 침략 전쟁을 수행하기 위한 군수 산업과 관련된 것뿐입니다. 기형적으로 군수 산업만 확장해 경공업과 중공업이 유기적으로 연결되지 못했지요. 도로와 철도, 항만 시설 역시 자원과 식량을 약탈하고 대륙 침략을 용이하게 하기 위한 방편으로만 이용됐어요. 이렇듯 농업과 공업의 정책은 철저히 식민지 지배와 침탈을 위한 수단으로 활용됐습니다.

결국 일제가 한국의 근대화에 도움을 준 것이 아니라 우리 민족이 일제가 만들어 놓은 기형적 산업 관계를 떠안게 되었어요. 따라서 일제가 한국의 근대화에 기여했다는 주장은 사람을 주먹으로 때려 놓고 맷집이 좋아졌을 거라고 말하는 것과 다를 바가 없습니다. 응어리진 멍을 빼내는 고통은 당해 본 사람만이 알 거예요.

2 다양한 저항 운동이 등장하다 |
1920년대의 대중 운동

1910년대 저항 운동의 특징은 국내에서는 비밀 결사, 국외에서는 독립운동 기지 건설이었어요. 1920년대에는 대중 운동, 의열 투쟁, 실력 양성 운동, 쟁의 투쟁, 우리말과 역사 지키기 등 다양한 운동들이 등장합니다. 문화 통치라는 시대적 분위기 속에서 투쟁이 복잡한 양상으로 전개되지요. 물산 장려 운동, 민립 대학 설립 운동 등 실력 양성 운동이 실패하자 민족진영 내부에서는 자치론이 대두됩니다. 식민지 지배를 인정하는 자치론을 기회주의로 규정한 비타협적 민족주의자들은 사회주의자들과 연대해 1927년 신간회를 결성하지요. 신간회는 좌와 우의 대립이 극심한 상태에서 양 진영이 서로 손을 잡을 수 있는 가능성을 보여 주었어요.

- **1922년** 조만식을 중심으로 조선 물산 장려회가 설립되다.
- **1926년** 순종의 인산일에 6 · 10 만세 운동이 일어나다.
- **1927년** 비타협적인 민족주의 세력과 사회주의 세력이 통합해 신간회를 창립하다.
- **1929년** 일본인 학생의 조선인 여학생 희롱 사건으로 광주 학생 항일 운동이 일어나다.

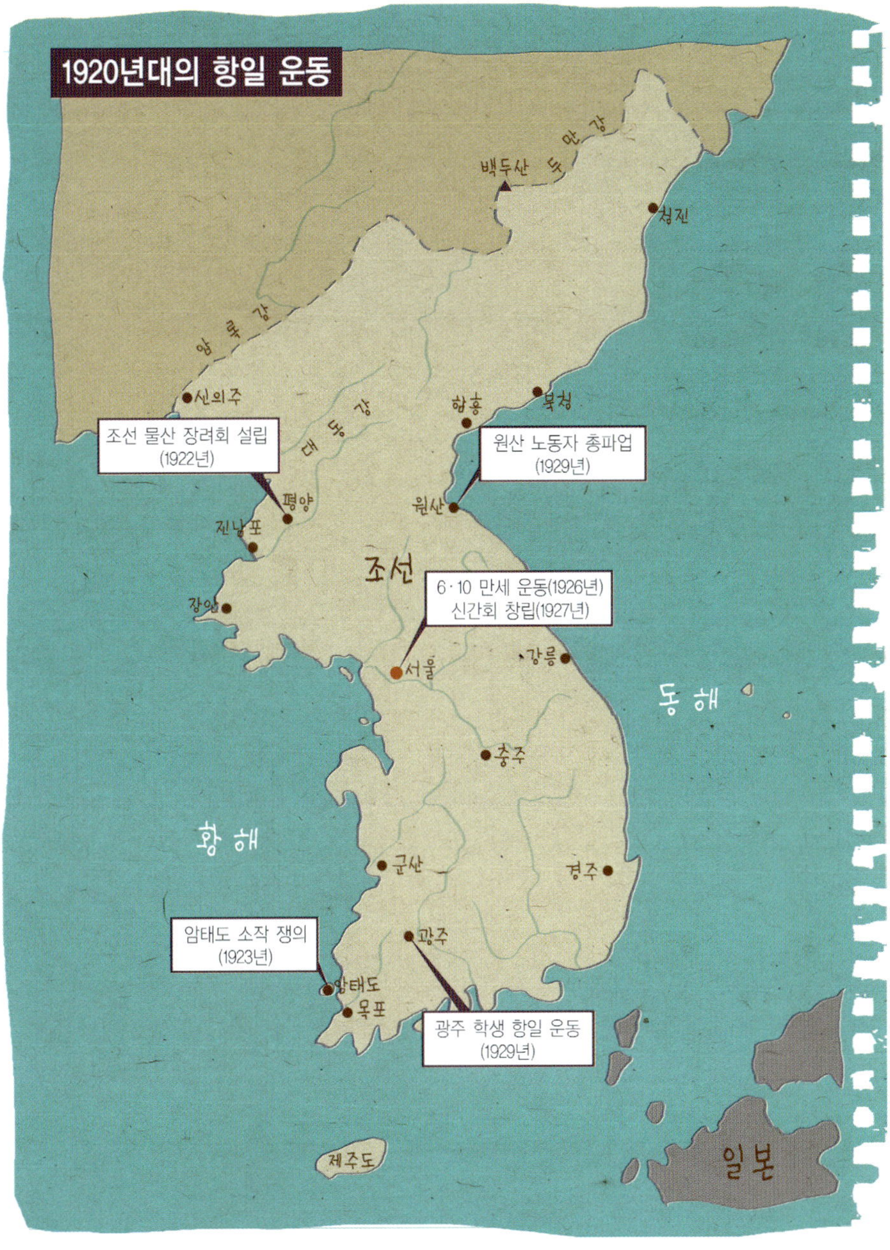

6·10 만세 운동과 광주 학생 항일 운동

3·1 운동 이후 일제의 식민 통치는 무단 통치에서 문화 통치로 전환됐습니다. 그래서 우리 민족이 독립운동을 추진하기에 더 좋은 여건이 마련됐다고 볼 수도 있어요. 하지만 민족 내부의 대립으로 민족주의 진영과 사회주의 진영으로 나뉘어 단합된 독립운동이 불가능했지요.

3·1 운동이 일어나기 2년 전인 1917년에는 인류 역사 최초로 공산주의 국가가 탄생했어요. 러시아의 국호가 소련(소비에트 사회주의 공화국 연방, USSR)으로 바뀐 것입니다. 소련의 공산화는 국경을 맞대고 있는 우리에게도 영향을 미쳤어요. 1920년대 들어 사회주의 사상이 본격적으로 유입된 것입니다. 사회주의 사상은 유산 계급 타도를 목표로 삼고 있었으므로 왕정을 유지하고 있던 일본으로서는 탄압하지 않을 수 없었겠지요.

그런데 민족주의 진영의 일부 인사들이 일제와 타협해 자치를 획득하고, 민족을 개조하자는 개량주의적 태도를 취했습니다. 일제의 문화 정책이 의도한 대로 민족 이간책이 먹혀든 거예요. 결국 1920년대 중반 민족주의 내부에서 분화가 일어나 이광수와 최린이 일제의 식민 지배를 인정하면서 본격적인 자치 운동에 나섰습니다. 이상재와 안재홍 등 다수파는 이들을 기회주의자로 비판하면서 사회주의자들과 민족 유일당을 조직했어요.

한편 고종 황제의 장례식에 맞추어 3·1 운동이 일어난 것처럼 대한 제국의 마지막 황제인 순종의 인산일인 1926년 6월 10일을 기해 6·10 만세 운동이 일어났습니다. 6·10 만세 운동은 민족주의 진영과 사회주의 진영 사이의 대립을 해소하는 좋은 계기가 됐어요. 3·1

6 · 10 만세 운동

1926년 4월 25일에 승하한 조선 마지막 왕인 순종 황제의 국장이 6월 10일에 치러졌다. 이날을 기해 6 · 10 만세 운동이 일어났다. 당시 일제 관헌들이 시위를 막기 위해 삼엄한 경계를 폈기 때문에 이 운동은 3 · 1 운동처럼 확산되지는 못했다.

운동이 민족 연합의 성격을 띠었다면 6 · 10 만세 운동은 학생들이 중심이 됐지요. 이 운동은 사회주의 계열이 일부 민족주의자들의 지원을 받아 추진했어요. 비록 규모는 작았지만 민족주의와 사회주의가 연대할 수 있는 가능성을 발견했답니다.

6 · 10 만세 운동은 민족 유일당 운동이 본격화되는 계기가 됐고, 그 결과 이듬해에 신간회가 창립되었어요. 사회주의 계열의 거사 계획은 사전에 누설되는 바람에 실행되지 못했고, 만세 운동은 학생들을 중심으로 전개되었지요. 6 · 10 만세 운동은 학생들이 독립 투쟁의 주역으로서 역할을 수행할 수 있다는 역사적 의미를 띠고 있습니다.

이렇게 통합된 독립운동의 분위기가 형성된 가운데 광주 학생 항일

운동이 일어납니다. 통학 열차가 나주역 구내에 머무르고 있었을 때 일본인 학생이 조선인 여학생의 댕기를 잡고 희롱했는데, 이를 보고 격분한 광주 고등 보통학교 2학년 학생 박준채 군이 일본인 학생에게 폭행을 가한 것이 사건의 발단이 되었어요. 열차 안에서 조선인 학생과 일본인 학생의 난투극이 벌어졌는데, 이 충돌은 학생들이 하차한 뒤에도 이어졌지요.

사건은 여기에서 멈출 수 있었지만 일본 경찰이 불씨를 건드리게 됩니다. 학생들 사이의 우발적인 충돌로 처리하면 문제가 없었을 텐데 일본 경찰은 조선 학생들만 검거하는 편파적인 조치를 취했어요. 이에 반발해 광주의 모든 학생들이 궐기했고, 일반 국민들도 가세해 전국 규모의 항일 운동으로 확대됐습니다. 광주 지역에서 대규모 가두시위가 전개됐던 11월 3일은 학생의 날로 정해져 있어요.

물산 장려 운동

국내의 민족 운동은 경제적 · 사회적 · 문화적인 면에서 민족의 실력을 양성하는 방향으로 전개됐습니다. 하지만 3 · 1 운동이 좌절된 후 독립운동 진영 사이에서 이견이 드러나 민족주의 운동과 사회주의 운동으로 갈라졌지요. 민족주의 세력은 일제의 지배에서 벗어나 독립을 이루고 이후에는 자본주의 국가를 세우고자 했어요. 이를 위해 물산 장려 운동이나 민립 대학 설립 운동 같은 실력 양성 운동을 추진했습니다.

1920년을 전후해서 농업 경영과 상업 활동을 통해 부를 축적한 지주나 상인 중에서 회사 설립에 참여하는 한국인이 등장하기 시작했어요. 경성방직 주식회사와 여러 곳의 고무 공장, 평양의 메리야스 공장 등이 주가 됐지요.

한국인의 활발한 기업 활동에 힘입어 민족 기업을 육성해 경제 자립을 이루자는 욕구가 1920년대 초부터 물산 장려 운동으로 나타났습니다. 물산 장려 운동은 3 · 1 운동 후 개화한 근대 지식인층 및 대지주들이 중심이 되었어요. 이 운동은 일제의 경제적 수탈에 대항해서 민족의 산업과 자본을 육성해 자립을 꾀하자는 범국민적 민족 경제 자립 실천 운동입니다. 이를 위해 자급자족, 국산품 애용, 소비 절약 등을 내세웠지요.

물산 장려 운동은 조만식과 이상재를 중심으로 한 민족 지도자들이 주축이 돼 1920년 7월 20일 평양에서 조선 물산 장려회 발기인 대회를 열면서 시작되었습니다. 이 운동은 '내 살림

경성방직 주식회사
1919년 김성수가 설립한 회사다. 초기에는 판매 부진을 겪었으나 1930년대 이후 만주 시장으로 진출해 성장의 발판을 마련했다.

우리나라 최초의 화장품 광고 조선 물산 장려 운동을 선전하는 박가분 광고 전단이다. 오른쪽은 경성방직 태극성표 광목의 라벨이다.

국산품 애용 선전 광고 경성방직 주식회사가 만든 광고다.' 우리가 만든 것 우리가 쓰자'라는 문구가 들어 있다.

은 내 것으로'라는 구호를 내걸고 전국으로 확산됐어요. 자작회, 물산
장려회, 토산 애용 부인회 등의 단체들이 중심이 되어 이 운동을 이끌
었지요.

물산 장려 운동을 주도한 고당 조만식은 국산품 장려 운동을 펼쳤
습니다. 초기에는 민중들의 호응 속에 상당한 효과를 거두어 국산 광
목과 고무신이 품귀 현상을 빚기도 했어요. 하지만 민족 자본이 취약
해 새로운 회사나 공장의 설립이 이루어지지 않아 늘어난 수요를 감
당할 수 없었지요. 또한 새로운 물건이 생산되어도 춘궁기를 넘기지
못하고 굶어 죽는 사람이 나오는 상황에서 민중이 물건을 구매할 능
력이 없었어요. 게다가 국산품만 사용하다 보니 국산품 가격이 크게
폭등했고, 이는 상인과 자본가들의 배만 채워 주는 결과
를 초래했지요. 물산 장려 운동으로 인해 광목의 원료인
원사를 대 주는 일본 방적 공장의 매출이 갑자기 뛰어오
르기도 했어요.

그러자 사회주의 계열의 운동가들과 지각 있는 민중들
은 '물산 장려 운동은 자본가 계급이 자신들의 물건을 팔
려는 이기적인 운동'이라고 맹렬히 비판했습니다. 결국
이 운동은 1년 만에 시들해져 버렸어요. 그래서 일본도 물
산 장려 운동에 그다지 신경을 곤두세우지는 않았지요.

언론에서도 실력 양성 운동이 전개되었어요. 〈조선일
보〉는 문맹 퇴치를 위해 문자 보급 운동을 펼쳤고, 〈동아
일보〉는 브나로드 운동을 펼쳤지요. 브나로드는 러시아
어로 '민중 속으로'라는 뜻이에요. 심훈의 『상록수』는 이
브나로드 운동을 소재로 한 소설이랍니다.

민립 대학 설립 운동과 일제 강점기의 교육

민족 교육을 통한 실력 양성 운동도 전개됐습니다. 일제는 3 · 1 운동 이후 1922년 제2차 조선 교육령을 시행함으로써 일본인과 한국인의 동등한 교육과 교육 기회의 확대를 표방했어요. 하지만 초등 교육과 실업 교육에 한정됐고 고등 교육은 미미한 수준이었지요.

1911년에 제정된 제1차 조선 교육령의 가장 큰 특징은 일본인과 조선인의 차별이었습니다. 이때 보통학교의 수업 연한을 6년에서 4년으로 축소시켰어요. 물론 일본은 그대로였지요. 조선인에게는 식민지 백성으로 부려 먹는 데 필요한 것만 가르치면 된다는 거였어요.

하지만 제2차 조선 교육령에서는 조선과 일본의 학제가 동일해집니다. 초등 교육이 4년에서 6년으로 늘어나고 고등 교육도 가능해졌어요. 고등 교육은 대학 교육을 의미하고, 중등 교육은 중학교와 고등학교 교육을 의미합니다.

경성 제국 대학 본부 건물
1926년에 설립된 우리나라의 유일한 대학교였다. 100여 명의 독립운동기들이 민립 대학 설립 운동을 펼치면서 종합 대학을 설립하려 하자 일제가 이를 무마시키고 제국주의를 강화하기 위해 설립했다. 광복 후 경성 대학으로 바뀌었다가 1946년 국립 서울대학교로 바뀌었다.

민립 대학 설립 운동

윤치호, 남궁억, 박은식, 양기탁 등이 600만 원을 모아 민립 대학 기성회를 조직한 데서 비롯되었다. 그러나 뜻을 이루지 못하고 3·1 운동 이후에 다시 시도되어 이상재, 한용운 등이 조선 민립 대학 기성회를 결성했다. 민립 대학 설립 운동은 일제의 탄압으로 좌절되었지만 경성 제국 대학 설립에 촉진제 구실을 했다.

고등 교육이 가능해지자 우리 민족의 힘으로 대학을 설립하려는 민립 대학 설립 운동이 일어났어요. 이상재, 한용운, 이승훈, 송진우 등을 중심으로 조선 민립 대학 기성회를 조직하고, 민립 대학 설립을 위해 모금 운동을 전개했으나 일제의 억압과 간섭으로 실패하지요.

대신 일제는 회유책으로 경성 제국 대학을 설립했으나 이 대학은 한국인을 위한 교육 기관이 아니었어요. 1929년 법문학부 1회 졸업생 68명 가운데 한국인은 22명이었고, 이듬해 의학부 1회 졸업생 55명 가운데 한국인은 12명에 불과했으니까요.

실력 양성 운동의 주도자 가운데 송진우, 김성수, 최린, 이광수 등은 일본의 지배를 인정하면서 제한적인 자치를 주장하는 자치 운동으로 돌아섰고, 1930년대 후반부터는 적극적인 친일로 선회하게 돼요.

1938년에 시작된 제3차 조선 교육령에서는 전쟁 수행을 위한 교육이 등장하고, 보통학교는 다시 심상소학교로 바뀝니다. 이때는 조선어가 필수 과목에서 선택 과목으로 바뀌지요. 그러자 학교에서는 정부의 눈치를 보느라 사실상 조선어를 가르치지 못했어요. 1941년에는 심상소학교가 황국 신민 학교의 약자인 국민학교로 바뀝니다. 1943년에 발효된 제4차 조선 교육령에서는 전쟁 수행 교육을 더욱 강화하고 조선어 교육을 완전히 폐지했어요.

소작 쟁의와 노동 운동

농민과 노동자들은 일제의 경제적 수탈에 대항해 소작 쟁의와 노동 쟁의를 일으켰어요. 이는 경제 투쟁인 동시에 항일 독립운동의 성격을 지니고 있었지요. 소작 쟁의는 지주제가 상대적으로 발달한 전라도와 경상도에서 많이 일어났습니다. 특히 동양 척식 주식회사와 일본인 농장에서 대규모 쟁의가 잇따라 일어났어요.

1920년에 결성된 조선노동공제회는 소작인 조합 결성 등 농민 운동과 노동 운동에 큰 영향을 끼쳤는데, 1922년에는 소작인의 단결을 촉구하는 '소작인 선언'을 했지요. 1923년에 발생한 암태도(전라남도 신안) 소작 쟁의는 대표적인 농민 운동입니다. 암태도의 소작인들은 지주와 일본 경찰에 맞서 1년이나 투쟁을 벌여 소작료를 낮추었어요.

사람은 본연의 자유가 있고 본연의 평등이 있다. …… 현재 소작 제도는 각 지방에 따라 다르지만 대체로 수확한 곡물의 반 이상이 소작료가 되고 그 밖에 지세, 비료 값, 수리세 등을 일일이 정산하면 소작인의 소득은 0이 될 것이다. 그런즉 오늘날 소작인의 생활 상태는 완전히 비참한 지경에 이르렀다.

소작 문제는 소작인 자체의 자각이 아니면 안 될 것이오, 소작인의 자각은 지금 상태와 같이 개인의 행동으로 아무 조직적 단체가 없으면 문제의 이해를 연구할 기회는 없을 것이다. 따라서 아무 힘도 생기지 않을 것이며 아무 일도 되지 않을 것이다. 그러므로 소작 문제 해결은 반드시 소작인의 단결이 공고해야 할 것을 가장 굳세게 신념하고 이에 선언하노니, 조선의 소작인이여 단결하라, 단결해야 살 것이다.

- 소작인 선언, '조선의 소작인은 단결하라', 〈동아일보〉(1922년 7월 31일)

암태도 소작 쟁의 1923년 암태도의 소작인들은 지주에 맞서 1년여에 걸친 투쟁을 전개해 소작료를 낮추는 성과를 거두었다.

원산 총파업 1929년 1월 22일 원산 부두에서 2,000여 명의 노동자가 참여해 75일간 총파업을 전개했다. 이 파업은 일본인 현장 감독이 조선인 노동자를 구타한 사건이 발단이 되어 일어났다.

노동자들은 노동조합을 조직해 열악한 임금과 노동 환경의 개선을 주장하면서 일제 자본가들에게 대항했어요. 1921년 부산 부두 노동자들이 일으킨 대규모 연대 파업을 시작으로 전국 곳곳에서 노동 쟁의가 발생했습니다. 1929년에 벌어진 원산 총파업은 대표적인 노동 운동이에요. 일본인 현장 감독이 조선인을 구타하자 노동자들은 노동 조건 개선을 요구하며 4개월에 걸친 장기 파업에 돌입했지요. 원산 총파업이 전국적으로 번질 것을 두려워한 일제는 경찰을 동원해 무력으로 파업을 진압하고, 노동조합의 활동 자체를 불법화했어요.

좌우 세력의 합작, 신간회

민족주의 진영의 물산 장려 운동과 민립 대학 설립 운동은 모두 실패했습니다. 한계를 절감한 민족주의 진영 내부에서는 자치론이 대두하지요. 대표적인 인물인 이광수는 사설 「민족적 경륜」을 통해 일제의 식민 지배를 인정하고 그 안에서 자치권과 참정권을 얻어 나가자고 주장합니다. 비타협적 민족주의자들은 식민 지배를 인정하는 자치론을 기회주의로 규정했어요. 민족의 절대 독립을 바라는 민족주의자로서는 자치론을 결코 용인할 수 없었지요. 민족의 독립을 원하는 모든 세력을 하나로 결집시켜서 자치론의 주장을 막고, 민족의 독립을 거대한 흐름으로 형성시켜 나갈 필요가 있었어요.

1925년 일제는 치안 유지법을 발포하고, 더욱 강력하게 탄압하기 시작했습니다. 이런 상황에서 사회주의 진영은 노동자와 농민의 처지를 개선하기 위한 활동을 적극적으로 전개하기가 어려웠어요. 그래서 합법적인 공간을 확보하기 위해 물산 장려회 계통의 비타협적 민족주의자들과 만나는데, 이들의 만남이 바로 조선 민흥회예요. 조

선 민흥회의 영향을 받아 사회주의 계열은 1926년 11월 비타협적 민
족주의 세력과 적극적으로 제휴하겠다는 '정우회 선언'을 발표합니다.

먼저 우리 운동 자체가 벌써 종래의 국한되어 있던 경제적 투쟁의 형태
에서 보다 더 계급적·대중적·의식적 정치 형태로 비약하지 아니하면 안
될 전환기에 달한 것이다. 따라서 민족주의적 세력에 대해서는 그 부르주
아 민주주의적 성질을 명백하게 인식하는 동시에 과정적 동맹자적 성질도
충분히 승인해 그것이 타락하는 형태로 출현되지 아니하는 것에 한해는
적극적으로 제휴해 대중의 개량적 이익을 위해서도 종래의 소극적 태도를
버리고 분연히 싸워야 할 것이다.   – 〈조선일보〉(1926년 11월 17일)

정우회 선언을 계기로 홍명희, 안재홍, 이상재, 신채호 등 34명이
발기해 1927년 2월 민족 협동 전선인 신간회가 창립됐습니다. 전국
220개 군 가운데 150개 군에 지회가 결성됐고, 각계각층에서 4만여
명의 회원이 참석했어요.

신간회 해소를 주장한 팸플 릿, '조선 전위당 볼셰비키 를 위하여'

1931년 5월 창립 4년여 만에 신간회는 사실상 해체의 길을 걷게 되었다. 이후 새 단체를 조직하기 위한 논의를 진행하려 했으나 일제 경찰의 강압으로 완전히 해체되고 말았다.

코민테른

1919년 레닌의 주도 아래 결성된 각국 공산당들의 연합 이다. 제3 인터내셔널이라고도 한다. 식민지 민족 운동의 전략 과 전술 등을 제시해 한국인 사회주의자들의 활동에 큰 영향을 끼쳤다.

비타협적인 민족주의 세력과 사회주의 세력이 연대한 신간 회는 합법 단체이자 공개 단체였습니다. 신간회 탄생의 배경에 는 1917년에 일어난 러시아 혁명이 있었어요. 3·1 운동의 물 결에도 불구하고 윌슨의 민족 자결주의와 파리 강화 회의에 대 한 믿음이 허상이었음이 드러나자 사람들은 제국주의의 본질 에 대해 깨닫게 되었습니다. 이런 와중에 반제국주의를 내세운 소련의 약소민족 해방 지원에 대한 입장이 알려지면서 사회주 의는 연해주와 만주 일대의 독립운동가와 일본 유학생들 사이에 급 속히 확산되지요.

당시 사회주의 운동이 얼마나 활발했는지는 조선 총독부의 보고서 를 보면 알 수 있어요. '사회주의 사상을 바탕으로 한 각종 운동이 이 전의 민족 운동에 일종의 광명을 주는 듯하다. 3·1 운동의 좌절로 인 해 민족 운동이 한꺼번에 사회주의 운동으로 합류되기에 이르렀다' 고 파악할 정도였지요. 1925년 4월에 조선 공산당이 결성됐고, 1926 년에는 사회주의 사상 단체가 338개로 늘어났어요.

신간회는 한국인 본위의 교육 실시, 착취 기관 철폐 등을 주장했 고, 사회 운동도 적극적으로 지원했습니다. 특히 원산 노동자 총파업 지원, 갑산 화전민 학살 사건에 대한 진상 규명 운동을 전개했어요. 1929년에 광주 학생 항일 운동이 일어나자 현지에 조사단을 파견하 고, 조사 결과를 발표할 민중 대회를 준비했으나 경찰의 탄압으로 인 해 좌절됐지요.

결국 신간회는 1931년 해소되고 말아요. 계급성을 강조하는 국제 공산당 조직 코민테른이 민족 협동 전선의 해체를 지시해 사회주의 자들은 민족주의자들과 결별합니다. 게다가 새 집행부 일부가 자치

운동을 주장하던 타협론자들과 제휴하려 하자 각 지회에서 거세게 반발했어요. 안타깝게도 신간회는 더 나은 방향으로 나가기 위해 헤어져야 한다는 해소론자들의 주장에 의해 1931년 5월 전체 회의에서 해소안이 가결되고 맙니다. 신간회 해소 이후 민족 개량주의자인 최린과 송진우 등은 친일로 돌아섰고, 사회주의자들은 지하로 잠입해 비밀 투쟁을 전개하지요.

신간회는 비록 해체됐지만 민족의 역량을 하나로 모아 일제에 대항한 좌우익 연합 운동의 역할을 해냈어요. 이것은 항일 투쟁이라는 공동의 목표가 있었기 때문에 가능한 일이었지요.

1927년 5월 27일에는 신간회와 자매단체 성격을 지닌 근우회가 여성계의 민족 유일당으로 출범했습니다. 신간회와 마찬가지로 좌우익 합작 단체인 근우회는 전국을 순회하면서 강연회를 개최했고, 각종 사회 운동에도 적극적으로 참여했어요. 조선 여성의 공고한 단결과 지위 향상을 도모한 근우회에는 조선 여자 기독교 청년회 연합회의 유각경, 교육인 김활란, 언론인 최은희, 사회주의 계열 항일 운동가인 정칠성 등 각계각층의 여성 인사가 망라되어 있었지요. 근우회 취지문에는 여성 해방을 추구하는 내용이 담겨 있습니다.

인류 사회는 많은 불합리를 생산하는 동시에 그 해결을 우리에게 요구해 마지않는다. 여성 문제는 그중의 하나이다. 세계는 이 요구에 응해 분연하게 활동하고 있다. 세계 자매는 수천 년래의 악몽으로부터 깨어나 우리 앞에 가로막고 있는 모든 질곡을 분쇄하기 위해 싸워온 지 이미 오래이다.

이 역사적 · 세계적 혁명에서 낙오될 수 있으랴. 우리 사회에서도 여성 운동이 개신된 것은 또한 오래이다. 그러나 회고해 보면 여성 운동은 거의 분산되어 있었다. 그것에는 통일된 조직이 없었고, 통일된 목표와 지도 정

김활란(1899~1970년)
1923년 3월 김필례, 유각경 등과 함께 조선 여자 기독교 청년회(YWCA)를 창설하고, 1927년 5월 근우회 창립 회장을 맡는 등 1930년대 초까지 각종 사회 운동과 계몽 운동에 힘썼다. 하지만 1936년 전후에는 전시 체제에 매우 적극적인 친일 활동을 펼쳤다.

신도 없었다. 그러므로 그 운동은 효과를 충분히 내지 못했다.

우리는 운동의 실천으로부터 배운 것이 있으니, 우리가 실지로 우리 자체를 위해 우리 사회를 위해 분투하려면 우선 조선 자매 전체의 역량을 공고히 단결해 운동을 전반적으로 전개하지 않으면 아니 된다. 일어나라, 오라! 단결하자, 분투하자! 조선의 자매들아, 미래는 우리의 것이다!

신간회의 해소 결의는 근우회의 활동에 영향을 주었고 일제의 탄압도 잇따랐어요. 계급 투쟁을 통한 민중 해방을 주장하는 사회주의와 교육 활동을 통한 민중 계몽을 주장하는 기독교가 혼재된 근우회의 구성도 근본적인 한계를 드러낼 수밖에 없었지요. 사회주의 계열의 이탈로 결국 근우회도 1931년에 해체됩니다.

한민족 말살 정책

일제는 강화도 조약을 맺은 그 순간부터 우리 민족을 가혹하게 약탈하고 탄압했습니다. 자신들의 침략과 약탈을 정당화하기 위해 한 나라의 황후를 시해하는 일도 서슴지 않았어요. 그러니 을사늑약으로 국권을 강탈한 이후에 어떻게 행동했을지는 불을 보듯 뻔하지요.

우리 민족은 결코 일제의 식민 통치를 용인한 적이 없었어요. 따라서 일제가 스스로 물러가지 않는다면 독립을 쟁취하기 위해서 싸울 수밖에 없었지요. 우리 민족의 무장 투쟁은 일제의 한민족 말살 정책에 대한 결연한 맞대응이기도 했어요.

일제의 식민 지배는 단순히 식량이나 자원, 물자 등 경제적 약탈에만 그치지 않았습니다. 일제는 우리 민족 자체를 역사 속에서 말살하려고 했지요. 1937년에 일제는 중일 전쟁을 도발한 뒤 전시 체제에 돌입했고, 황국 신민화를 강요했어요.

일제는 우리 민족과 일본 민족의 뿌리가 같으니 하나가 되어야 한다는 식의 일선 동조론과 내선일체를 날조하더니 1936년 전국의 읍과 면마다 일본 왕족의 조상신을 모신 신사를 세워 참배하도록 강요했어요. 그리고 1937년 10월에는 황국 신민의 서사를 제창하도록 했지요. 1938년에는 아예 우리 민족의 언어와 글자를 쓰지 못하게 하더니 1940년에는 우리 민족의 고유한 성과 이름까지도 일본식으로 고치도록 창씨개명을 강요했어요.

일제의 횡포는 여기에서 멈추지 않았습니다. 일제는 자신들의 침략 전쟁에 우리 민족을 끌어들여 인적·물적 자원을 강제로 동원하고 수탈하면서 우리 민족의 역량을 소진시켰어요. 식민 치하에 공포된 국가 총동원법(1938년), 지원병 제도(1938년), 징용제(1944년) 등이 바로 그 근거입니다.

또한 일제는 1941년 수많은 조선인을 태평양 전쟁에 동원하기 위

여학생의 군사 교육
일제는 고등 보통학교 여학생들에게까지 목검술 군사 훈련을 시켰다.

(오른쪽) 결승선 도착 직전의 손기정 선수
일제가 한민족 말살 정책을 본격화하기 시작한
1936년에 베를린 올림픽 대회에서 손기정 선수
가 세계 신기록인 2시간 29분 19초 2로 마라톤
에서 우승했다는 낭보가 날아들었다.

(아래) 〈동아일보〉 일장기 말소 사건
일장기를 말소하기 전의 사진과 〈동아일보〉에서
일장기를 말소한 후의 사진이다.

해 홋카이도, 사할린, 남양 군도 등지의 탄광과 군수 공장, 철도 공사 장 등에 강제로 끌고 가 가혹한 중노동에 시달리게 했어요. 심지어 공 사가 끝난 후에는 기밀 누설 방지를 명목으로 집단 학살을 자행하기 도 했지요. 만주의 악명 높은 731부대는 한국인을 비롯한 전쟁 포로 3,000명을 마루타로 부르며 독가스, 화학 가스, 콜레라, 장티푸스 등 화학 무기와 세균 무기의 인체 실험 대상으로 사용했어요.

일제는 조선의 청년들을 전쟁의 총알받이로 끌고 가는 것도 모자라 14세 이상의 소년을 소년병으로 모집했습니다. 당시 학도병제와 징병 제로 21만 명의 젊은 한국인들이 전쟁터로 끌려갔는데, 대다수가 먼 이국땅에서 전사했어요. 1944년 8월에는 여자 정신 근로령을 발포해 최소 5만 명 이상의 여성들에게 일본군의 위안부 노릇을 강요하는 비 인도적인 만행까지 저질렀지요. 이 여성들을 성적 노리개로 학대한 뒤 증거를 남기지 않기 위해 폭사시키거나 수장시키기까 지 했어요. 동물에게도 할 수 없는 짓을 서슴지 않 고 한 것이지요.

이런 일제의 가혹한 탄압 아래에서 민족 산업을 육성하는 물산 장려 운동이나 교육 구국을 내세운 민립 대학 설립 운동 등이 제 대로 시행될 수 있었을까요? 예상대로 일제는 아무것도 허용하지 않았습니다. 이러한 상황에 서 무장 투쟁 외에는 방법이 없었어요. 당시 일 제는 조선 침략 이후 만주를 공격하고, 중일 전쟁을 일으켰으며, 태평양으로까지 전선을 확대해 나갔지요.

1936년에 손기정이 베를린 올림픽 대회 마라톤 경기에서 우 승해 부상으로 받은 청동 투구다. 베를린 올림픽 대회 이후 손기정 에게 전달되지 않고 베를린박물 관에 보관되어 있다가 그리스 브라디니 신문사의 주선으로 우리나라로 돌아오게 되었다.

신사 참배와
황국 신민화 정책

일제는 조선에 대해 단순히 식량이나 자원, 물자 등 경제적 약탈에 멈추지 않고, 조선 민족 자체를 역사 속에서 말살하려고 했다. 1936년에는 일본 왕족의 조상신인 신사를 세워 참배하도록 강요했고, 1937년 10월에는 황국 신민의 서사를 제창하도록 했다.

(오른쪽) 하늘에서 내려다본 남산의 조선 신사 (1935년)

(아래) **신사 참배** 일제 말기에 조선의 학생들은 일제의 민족 말살 정책에 따라 신사 참배를 강요당했다.

(오른쪽) 신사 참배
일본은 천황 이데올로기를
주입하기 위해 곳곳에 신사를
세우고 한국인들에게 참배를
강요했다.

(아래) 황국 신민의 선서
교사와 어린 학생들이 황국
신민의 선서를 암송하고 있다.

일제의 강제 징병

일제는 징병령을 발동해 조선의 청년들을 전쟁의 총알받이로 끌고 가는 것도 모자라 14세 이상의 소년을 소년병으로 모집했다. 당시 학도병제와 징병제로 21만 명의 조선인 젊은이들이 전쟁터로 끌려갔는데, 대다수가 먼 이국땅에서 전사했다.

(위) 징병제 실시를 독려하는 시위행진

1940년 일제는 어용 단체인 국민 총력 조선 연맹을 조직해 징병을 독려하고, 징병제 실시에 감사하는 시위행진을 벌이기도 했다.

(왼쪽) 징병 검사장을 시찰하는 이타가키 세이시로 조선군 사령관(1944년)

이타가키는 제2차 세계 대전이 끝난 뒤 전범 재판에서 교수형을 언도받았다.

학병으로 끌려가는 아들의 손을 잡고 무사 귀환을 기원하는 어머니

일제의 강제 징용

제2차 세계 대전 중 전쟁에 필요한 인력을 확보하기 위해 일제는 1938년 국가 총동원 법을 공포, 실시한 뒤 1939년에는 국민 징용령을 제정해 노동력 징발을 추진했다. 강제 징용된 조선인들은 사할린 섬 등 일본의 탄광에서 강제 노역을 당하거나 군속으로 차출되어 일본이 침략한 동남아시아 지역의 군사 기지를 건설하거나 철도 공사에 동원되었다.

엄중한 감시 아래 강제 노동을 하고 있는 징용 노무자들

일본군 위안부

제2차 세계 대전 당시 일제는 일본 군인들의 성적 욕구를 채워 주기 위해 군대 위안소를 제도화하고, 식민지와 점령지 출신의 여성들을 전선으로 수송해 성 노예 역할을 강요했다. 살아남은 위안부들은 광복 후 아무런 보상도 받지 못하고 과거를 숨긴 채 가난 속에서 고통스럽게 살아야 했다.

(오른쪽) 상하이 위안소 입구

(아래) 위안소 앞에서 대기 중인 일본 군인들

말과 역사를 지켜야 나라도 지킨다

대한 제국 시기에는 애국 계몽 운동의 일환으로 국학 운동이 일어났어요. 애국 계몽 운동기의 국문 연구소의 전통을 이어받아 3·1 운동 이후 조선어 연구회가 조직됐습니다. 조선어 연구회는 〈한글〉이라는 잡지를 간행하고 한글 기념일인 '가갸날'을 제정했지요.

　1920년대의 조선어 연구회는 이윤재, 최현배 등이 중심이 되어서 1930년대에 조선어 학회로 개편됐습니다. 이후 회원들은 한글 보급을 위해 전국 각지를 돌면서 한글 강습회를 개최했어요. 이윤재는 〈한글〉 창간호(1927년)에 실은 글에서 말과 글의 중요성을 설파했습니다.

　말과 글이 이렇듯 우리 인생에 잠시도 없지 못할 가장 귀중하고 요긴한 것이 된다 함은 여기에서 새삼스레 따를 필요가 없을 것이다. 그러므로 어느 나라 사람이든지 각기 제 나라의 말과 글이 있어 모두 여기에 대해 끔찍이 사랑을 주는 것이다.

　조선어 학회는 한글 교재를 출판하고 한글 맞춤법 통일안과 표준어 제정에도 나섰어요. 당시 조선어 학회에서 제정한 내용이 오늘날 한글의 기반을 이루고 있지요. 조선어 학회는 『우리말 큰사전』의 편찬을 시도했으나 일제의 방해로 완성하지 못하다가 광복 후에야 완성할 수 있었어요.

　민족을 말살하기 위해서는 말과 역사부터 탄압하는 것이 우선이었습니다. 민족 말살 정책을 추진하던 일제에게는 한국어의 연구와 보급에 노력하는 조선어 학회가 걸림돌이 될 수밖에 없었겠지요. 결국 일제는 1942년 조선어 학회를 독립운동 단체로 규정해 회원들을 체포하고 강제로 해산시켜 버렸어요. 이를 조선어 학회 사건이라고 하지요.

이윤재(1888~1943년)
한글 맞춤법 제정에 참여하고, 조선어 사전을 편찬하는 등 한글 보급을 통한 민족 운동에 힘썼다. 『우리말 큰사전』의 편찬 위원을 지냈고, 진단 학회에서 국사 연구에 참여했다. 1942년 조선어 학회 사건으로 검거되어 옥사했다.

최현배(1894~1970년)
우리말본의 체계를 확립하고 한글 전용 운동에 힘썼다. 1942년 조선어 학회 사건에 휘말려 1945년 광복까지 옥고를 치르기도 했다.

일본어 수업이 진행 중인 국민학교(초등학교) 교실 일제는 민족 말살 정책에 따라 조선어 사용을 금지했다.

일본어 독본을 읽고 있는 어린이들 1938년 4월 1일에 실시된 개정 조선 교육령에 따라 황국 신민화 교육을 강요당한 국민학교 학생들은 교실에서 일본어만 사용할 수 있었다.

당시 학교에서는 민족 말살 정책에 따라 조선어 사용을 금하고 있었습니다. 그런데 한 여학생이 우리말을 사용했어요. 일제는 조선어 학회 회원들이 이 여학생에게 영향을 주었다고 뒤집어씌워 대대적인 탄압에 나섰지요. 결국 회원들에게는 내란죄가 적용됐고 이윤재와 한징은 고문으로 사망하고 맙니다.

일제는 민족 말살을 위해 역사까지 왜곡했어요. 말과 역사는 민족을 지탱하는 두 버팀목이었으니까요. 애국 계몽 운동 때부터 한국사를 연구해 온 박은식과 신채호는 지속적으로 민족 사학을 발전시킵니다.

중국 상하이에서 임시 정부에 관여해 온 박은식은 『한국통사』와 『한국독립운동지혈사』를 지었어요. 『한국통사』에서 통사(痛史)는 '아픈 역사'를 의미합니다. 책의 제목에서 짐작할 수 있듯이 『한국통사』

는 근대 이후 일본의 한반도 침략 과정을 밝히고 있어요. 일반적으로 쓰이는 통사(通史)는 민족의 기원부터 최근의 역사까지 통틀어 기록한 역사서라는 의미로 쓰입니다. 조선 초기의 『동국통감』이 이에 해당하지요. 『한국독립운동지혈사』는 말 그대로 한국이 독립운동을 전개하면서 피를 흘린 역사를 담고 있습니다.

민족혼을 중시한 박은식은 "국가는 형(形)이요, 역사는 신(神)이다."라는 말을 했어요. '형'은 껍데기이고 '신'은 알맹이, 즉 혼이므로 역사에 담긴 민족혼을 소중히 여기자는 것이지요.

박은식은 주로 근대사를 지었지만 신채호는 고대사 연구에 치중했어요. 신채호는 『조선상고사』 서문에서 '역사는 아(我)와 비아(非我)의 투쟁'이라고 정의했습니다. '아'는 나이고 '비아'는 남이므로, 역사는 우리 민족과 다른 민족 간의 투쟁의 과정인 셈이에요.

또한 신채호는 『조선사연구초』에서 우리가 지켜야 할 정신으로 낭가 사상(화랑정신)을 강조했습니다. 신채호는 신라가 삼국을 통일한 것은 화랑정신을 지켰기 때문이라고 생각했어요. 물론 반쪽 통일이 된 것은 논란의 여지가 있지만 말입니다.

신채호는 낭가 사상의 대표적 인물로 묘청을 들면서 묘청의 서경 천도 운동을 '조선 역사상 1,000년 이래 제1대 사건'이라고 평가했어요. 묘청이 칭제건원과 금국 정벌을 주장한 자주적 인물이었음을 높이 평가한 것이지요. 『조선사연구초』에 따르면 마한·진한·변한의 삼한은 원래 중국 동북부와 만주 지역에 위치했다가 나중에 한반도로 이동했다고 합니다. 상고 시대에 조선은 중국을 능가하는 영토와 문화를 소유한 강대국이었는데, 묘청의 난이 실패한 이후 민족의 진취성을 상실하고 사대주의에 빠지게 됐다는 것이지요.

박은식(1859~1925년)
1925년 제2대 대한민국 임시 정부 대통령을 지냈다. 『한국통사』와 『한국독립운동지혈사』 등의 역사책을 저술해 민족주의 역사학의 성립과 발전에 이바지했다.

7-2 1920년대의 대중 운동

1 학생 운동

• 6 · 10 만세 운동(1926년) 사회주의자와 천도교, 학생 단체를 중심으로 전국적인 대중 시위 계획 → 일제에 발각되어 지도부 해체 → 순종의 인산일에 학생 단체를 중심으로 서울 시내에서 시위운동 전개

• 광주 학생 항일 운동(1929년) 일본인 학생이 조선인 여학생을 희롱 → 한일 학생의 충돌 → 일본 경찰의 편파적 대처 → 11월 3일 광주 지역 학생들이 대규모 거리 시위, 동맹 휴학 → 신간회의 적극적인 후원으로 시위운동이 전국적으로 확산

2 실력 양성 운동

• 민족 기업 육성 3 · 1 운동 이후 회사 설립을 신고제로 전환, 경성방직 주식회사 · 평양 메리야스 공장 · 백산상회 등 설립, 토산품 애용 의식 확산

• 물산 장려 운동 조만식이 평양에서 조선 물산 장려회 설립(1922년) → '내 살림 내 것으로'라는 구호로 국산품 애용 주장 → 가격 폭등, 사회주의자들은 상인과 자본가들의 배만 불려 준다고 비난

• 민립 대학 설립 운동 제2차 조선 교육령 시행(1922년, 일본인과 한국인의 동등한 교육 표방) → 이상재 · 한용운 · 이승훈이 중심이 되어 1923년 민립 대학 기성회를 조직해 모금 운동 전개 → 일제의 방해로 좌절, 일제는 회유책으로 경성 제국 대학 설립

3 농민 운동과 노동 운동

• 농민 조합 결성 토지 조사 사업과 산미 증식 계획으로 몰락 농민 증가 → 농민 단체 설립, 조직적 소작 쟁의 주도

• 소작인 선언(1922년) 1920년에 결성된 조선노동공제회는 소작인의 단결을 촉구 → 농민 운동과 노동 운동에 큰 영향을 끼침→전라남도 신안의 암태도 소작 쟁의(1923년), 소작료 인하를 요구하며 약 1년 동안 쟁의 지속

• 원산 노동자 총파업(1929년) 일본인 감독의 한국인 노동자 폭행에서 발단 → 일제 강점기 최대 규모의 노동 쟁의, 일본인 자본가에 맞선 항일 운동의 성격을 지님

4 민족 유일당 운동

• 개념 민족주의 진영과 사회주의 세력의 통합 운동, 단일화된 민족 해방 운동 전개가 목표

• 민족주의 진영의 분열 타협적 민족주의(1920년대에 접어들면서 일제가 허용하는 범위 내에서 자치권획득 추구, 이광수와 최린 중심)의 대두로 민족주의 진영이 분열 → 비타협적 민족주의 세력(이상재와 안재홍

중심)이 조선 민흥회 결성 → 사회주의 진영과의 통합 주장

• **사회주의 세력의 약화** 조선 공산당 결성(1925년) → 일제는 치안 유지법을 통해 사회주의 세력 탄압강화 → 사회주의 세력이 합법적 투쟁 공간을 확보하기 위해 정우회 선언(비타협적 민족주의자들과의 협동 강화) 발표

5 좌우익 세력의 합작, 신간회

• **배경** 3·1운동이 좌절된 후 독립운동 진영 사이에서 이견이 나타나 민족주의 세력(민립 대학 설립 운동이나 물산 장려 운동 같은 실력 양성 운동을 추진)과 사회주의 세력(노동조합과 농민 조합을 만들어 이를 중심으로 계급 운동과 독립운동을 전개)으로 갈라짐

• **창립(1927년 2월)** 비타협적인 민족주의 세력과 사회주의 세력 간의 통합 단체로 창립, 합법적인 전국 조직으로 발전, 일본·만주까지 조직 확대, 최대 규모의 반일 사회 운동 단체

• **기본 강령** 민족의 단결과 정치적·경제적 각성 촉구, 기회주의자 배격(일제의 민족 이간 정책에 휘말려 일부 세력이 독립이 아닌 자치를 주장하자 이를 배척), 일제의 식민지 지배 기관 철폐와 한국인에 대한 차별 교육을 금지할 것을 주장

• **활동** 전국 순회강연, 노동 야학 참여, 교양 강좌 등 민중 계몽 활동. 광주 학생 항일 운동 때 조사단 파견, 조사 과정에서 한국인 학생들에 대한 부당한 대우에 항의하고 이 운동이 전국적인 독립운동으로 확대되도록 계획

• **해소(1931년 5월)** 계급성을 강조하는 국제 공산당 조직인 코민테른이 민족 협동 전선의 해체를 지시, 사회주의자들은 민족주의자들과 결별 → 새 집행부 일부가 자치 운동을 주장하던 타협론자들과 제휴하려 하자 각 지회에서 거세게 반발 → 전체 대회에서 해소안 가결 → 신간회 해체

6 일제의 민족 말살 정책

• **정책의 변화** 헌병 경찰 통치(무단 통치) → 3·1 운동 → 민족 분열 통치(문화 통치) → 병참 기지화 → 민족 말살 정책

• **내선일체, 일선 동조론** 한국인과 일본인은 하나라는 주장 → 한국인을 침략 전쟁에 동원하기 위해 역사 왜곡 추진

• **황국 신민화 정책 추진** 창씨개명(일본식으로 개명하지 않으면 진학·민간 업무 등에서 불이익을 받음), 황국 신민 서사(1937년, 암송 강요), 신사 참배(전국 곳곳에 신사를 두고 참배 강요), 궁성 요배(아침마다 일왕이 있는 도쿄를 향해 절을 하도록 강요), 국민학교(1941년, 소학교를 황국 신민의 학교라는 의미로 변경)

• **통제 강화** 〈조선일보〉·〈동아일보〉 등 한글 신문 폐간(1940년), 제3차 조선 교육령 공포(1938년, 조선어 과목 폐지), 조선어 학회 회원들을 내란죄로 구속하고 조선어 학회를 해산시킴(1942년)

이념은 고정불변한 것이 아니라 사회의 발전에 따라 바뀝니다. 그 자체가 목적이 아니라 현실의 문제를 풀어 가는 데 의의가 있기 때문이지요. 이념은 사람을 이롭게 하기 위해 필요한 것이기 때문에 사람이 이념 자체를 위해 살 필요는 없어요. 이념의 발전 과정을 보았을 때 민족주의와 사회주의가 서로 연대하지 못할 이유는 없었지요.

민족주의는 민족의 이익을 우선시하는 사상이에요. 그렇다면 민족의 구성원이 모두 행복하게 사는 방향으로 나아가야 할 것입니다. 이는 결국 계급이나 계층의 문제와도 연결되지요. 그런데 계급의 문제에만 초점을 맞춘다면 계급의 해방은 고사하고 사회를 혼란에 빠뜨리거나 분열을 조장할 수도 있어요. 그러므로 계급적 입장에서도 사회를 통합적으로 운영하고 조절할 필요가 있지요.

더욱이 당시는 일제 강점기였습니다. 그래서 민족주의의 입장에서도 민족의 독립을 이루려면 노동자와 농민의 적극적인 참여가 필요했어요. 마찬가지로 사회주의의 입장에서도 노동자와 농민의 처지를 개선하기 위해 일제의 식민 지배를 청산하는 것이 필요했지요.

하지만 이런 공통점이 있다고 바로 연대가 성사되지는 않을 거예요. 따라서 구체적인 실천 과정을 놓고 공통부분을 함께 풀어 가는 자세를 취해야 합니다. 이념의 노예가 되는 것이 아니라 실천적 입장에서 풀어야만 서로 협력할 수 있어요.

그러나 일제 강점기 최대 규모의 국내 민족 협동 전선인 신간회조차도 결국 이념의 노예가 되어 해체되었어요. 해소론자들은 신간회가 소시민의 개량주의적 정치 집단으로 변질됐기 때문에 무산 계급의 투쟁에 장애가 된다고 생각했습니다. 하지만 무산 계급의 투쟁을 말로만 외친다고 해서 무산 계급의 투쟁 의욕이 높아지는 것은 아니에요. 오로지 지난한 실천 과정을 겪어야만 해결되는 것입니다.

그런데도 신간회는 이념의 노예가 되어서 이념에 현실을 맞추려고 했어요. 이 사실은

신간회가 해체된 뒤에 증명됐지요. 신간회가 해체되자 비타협적 민족주의자들은 구심점을 잃고 흩어졌고, 사회주의자들도 극히 한정된 싸움을 전개할 수밖에 없었어요. 한마디로 말해 민족주의 세력과 사회주의 세력이 모두 약화됐지요.

그러므로 민족의 문제로 단합할 때는 이념의 노예가 되어서 이념의 잣대로 재단하려는 움직임을 절대 허용해서는 안 됩니다. 실천적 문제를 풀어 나가는 입장에서 서로 협력해야 하지요. 이런 협력이 이루어지지 않는다면 분열과 대립을 일으키다가 결국 모든 세력이 약화되는 결과를 초래할 것입니다. 이것이 바로 신간회의 성립과 해체 과정에서 우리가 얻을 수 있는 귀중한 교훈이에요.

3 끝없이 이어지는 항일 투쟁 |
항일 무장 투쟁

오늘날 우리에게 알려진 항일 투쟁의 역사는 빙산의 일각에 불과합니다. 이름 없는 수많은 의병들이 민족을 위해 목숨을 던졌기 때문이에요. 항일 무장 투쟁이 본격화된 것은 1920년대부터입니다. 그 이전은 독립군 양성에 필요한 준비 기간으로 볼 수 있지요. 실제로 1920년은 홍범도 장군의 봉오동 전투와 김좌진 장군의 청산리 대첩 등이 쾌거를 거둔 해입니다. 임시 정부는 항일 투쟁의 구심점이 되어서 일제의 원흉을 암살하거나 식민 통치 기구를 폭파하는 데 주도적인 역할을 했어요. 특히 1932년 윤봉길 의사의 훙커우 공원 거사를 두고 중국의 장제스 총통은 "4억 명의 중국인이 해내지 못한 위대한 일을 한 명의 한국인이 해냈다."라고 극찬을 아끼지 않았지요.

- **1920년** 6월 홍범도의 대한 독립군이 봉오동 전투에서 일본군을 대파하다.
- **1920년** 10월 김좌진의 북로 군정서군과 홍범도의 대한 독립군 등 연합 부대가 청산리 대첩에서 일본군을 대파하다.
- **1929년** 정의부 · 신민부 · 참의부의 대표가 모여 국민부를 조직하다.
- **1932년** 윤봉길이 상하이 파견군 총사령관과 거류민 단장 등에게 폭탄을 던져 폭사시키다.

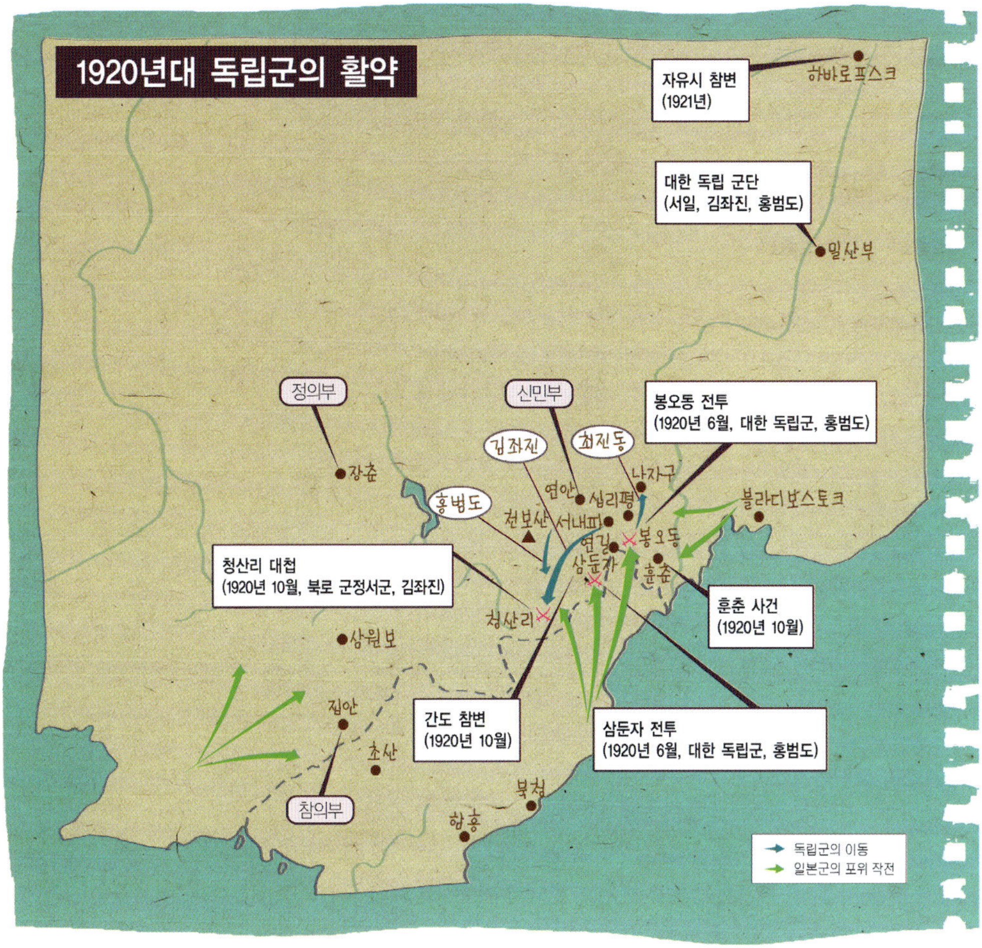

'나는 호랑이' 홍범도와 '칠 척 장수' 김좌진

개인적인 폭력 투쟁은 민족의 의기를 드높일 수는 있어도 침략군을 몰아내는 데에는 한계가 있었어요. 그래서 의열단조차도 1920년대 후반에는 투쟁 노선으로 전환하지요. 더욱이 1910년대부터 만주와 연해주 일대에는 군정 조직과 민정 조직을 갖춘 수많은 독립운동 기지가 건설되고 있었고, 이를 중심으로 독립군이 양성됐어요. 이들은 의병 전쟁을 전개했던 경험도 가지고 있었지요.

3 · 1 운동 이후 만주와 연해주 일대에서는 여러 무장 단체가 형성되었어요. 동북 만주에는 북로 군정서, 대한 독립군, 의군부 등이, 남만주 지역에는 서로 군정서, 대한 독립단, 광복군 총영 등이 만들어졌지요.

이들 부대는 무장 역량이 강화되자 국내 진공 작전을 전개하면서 활발하게 무장 투쟁을 벌였습니다. 일제 경찰의 집계에 따르면 1920년 한 해에만 1,600여 차 의 교전을 벌였다고 하니 얼마나 무장 투쟁이 활발하게 전개됐는지 짐작할 수 있어요. 이들이 죽을 각오로 싸운 것은 3 · 1 운동의 영향을 받았기 때문입니다. 비폭력 운동이 일제의 폭력 앞에서 무참히 깨지는 모습을 목격하면서 일제와 폭력으로 맞서 싸워야겠다는 자각을 한 것이지요. 1920년 6월에는 봉오동 전투가 일어났고, 같은 해 10월에는 청산리 대첩이 벌어졌습니다.

봉오동 전투는 홍범도가 이끄는 대한 독립군이 안무가 이끄는 국민회군과 최진동이 이끄는 군무도독부군과 연합 부대를 편성해 활발하게 국내 진공 작전

홍범도(1868~1943년)
1920년 일본군이 봉오동을 공격해 왔을 때 3일간의 전투에서 일본군 157명을 사살하는 전과를 올렸다. 사진의 왼쪽이 홍범도 장군이고, 가운데는 손녀, 오른쪽은 1929년에 재혼한 부인 이인복이다.

일제는 간도 지역에 있던 마적들을 매수해 일본 영사관을 불태우게 한 후 이를 중국인과 조선인의 소행으로 조작했다. 또한 일본 영사관과 거류민을 보호한다는 구실을 내세워 만주 출병의 명분을 만들었다. 사진은 훈춘 사건으로 피해를 입은 간도 지방의 조선인 농가다.

을 벌이는 과정에서 발생했어요. 계속되는 진공 작전에 약이 오른 일제가 추격해 왔지만, 일부 병력을 삼둔자에 매복해 격퇴하면서 100여 명에 이르는 일본군을 살상했지요.

일제는 삼둔자 전투의 패배를 만회하기 위해 독립군의 본거지인 봉오동을 공격합니다. 홍범도가 지휘한 연합 부대는 적의 공격을 예상하고 매복한 후 일본군을 유인해 급습했어요. 이 전투에서 아군은 전사 4명에 중상 2명이었지만 일본군은 157명이 사망하고 부상자가 300여 명에 이르렀지요. 이 전투가 바로 봉오동 전투입니다.

계속해서 패배한 일제는 독립군의 뿌리를 뽑으려고 했어요. 하지만 국경을 넘어 중국 땅에 군대를 보낼 수는 없었지요. 일제는 명분을 만들기 위해 중국 마적단을 매수해 일본 영사관을 불태우게 합니다. 이것이 1920년 10월 2일에 일어난 훈춘 사건이에요. 훈춘은 두만강 하류의 한국 · 중국 · 소련의 국경 지역에 해당하는 중국령 도시랍니다. 일제는 마적단의 정체를 중국인과 한국인의 무력 단체로 조작해 발표하고, 이들로부터 일본 영사관과 거류민을 보호한다는 구실을 내세워 만주 출병의 명분을 만듭니다. 일제는 이미 국경 지대에 배치했던 1만 5,000여 병력을 불법적으로 동원해 북간도 지방의 독립군을 공격하지요.

일본은 임오군란 때도 우격다짐으로 군대를 진주했어요. 평소 차별대우에 불만을 품고 있던 구식 군인들이 도시 빈민들과 함께 일본 공사관에 불을 지르자 이에 대한 책임을 물어 제물포 조약을 맺었지요. 이때도 '조선이 우리를 지키지 못했으니 우리 스스로 지키겠다'는 명분을 내세우며 군대를 주둔했어요.

중국은 일본의 불법적인 행동에 적극적으로 대항하지 못하고 독립군에게 피하라고 권고만 했습니다. 이런 상황에서 독립군은 동포들을 온전히 지켜 줄 수 없었기 때문에 피해를 우려하며 백두산 방면으로 이동했어요.

이 과정에서 일제는 김좌진이 이끄는 북로 군정서군이 청산리 일대로 이동하는 것을 알아차리고 그곳을 포위했습니다. 결국 1920년 10월 21일 이곳에서 청산리 대첩의 막이 올랐어요. 김좌진의 북로 군정

(왼쪽) 청산리 대첩 기념사진
북로 군정서군의 승전 축하 기념사진이다. 맨 앞에 앉아 있는 사람이 김좌진 장군이다.

(오른쪽) 일본군 부상병
청산리 대첩 때 일본군들이 부상당한 병사들을 실어 나르고 있다.

서군과 홍범도의 대한 독립군 등 연합 부대는 일본군과 6일간에 걸친 전투를 치른 끝에 일본군 연대장과 적군 1,200여 명을 사살하는 큰 전과를 올리지요.

김좌진과 함께 싸웠던 이범석은 회고록에서 "김좌진 장군은 칠 척 거구에 만인을 위압하는 태산과 같은 위엄과 형형한 안광, 그리고 도도한 웅변을 지닌 진정한 영웅호걸이었다."라고 기록했어요. 1척이 30cm가 조금 넘으니 김좌진의 키는 2m를 훌쩍 넘은 것이지요. 1918년 만주로 망명하면서 김좌진이 남긴 글을 보면 풍모 못지 않게 기개도 서릿발 같습니다.

김좌진(1889~1930년)
김동삼, 오동진 등과 함께 3대 맹장으로 불렸다. 3·1 운동 때 만주로 건너가 북로 군정서를 조직하고 총사령관이 되어 사관 양성소를 설립해 병력을 양성했다. 1920년 10월에 일어난 청산리 대첩을 승리로 이끌었으며, 해외 민족 유일당 운동을 펼쳤다.

적막한 달밤에 칼머리의 바람은 세찬데
칼끝에 서릿발 차가워 고국이 그립도다
삼천리금수강산에 왜적이 웬 말이냐
단장의 아픈 마음 쓸어버릴 길이 없구나

많은 사람들이 청산리 대첩을 김좌진 장군이 이끈 북로 군정서군만의 전투로 잘못 알고 있습니다. 이는 이범석이 자신의 회고록에 청산리 대첩이 북로 군정서군만의 전투라는 기록을 남겼기 때문에 빚어진 오해예요. 홍범도 장군은 봉오동 전투뿐만 아니라 청산리 대첩에서도 눈부신 활약을 했습니다. 일본군은 홍범도 장군을 '나는 호랑이'라고 부르며 그와 맞서는 것을 두려워했다고 해요.

독립군의 무장 항쟁은 '짧은 영광, 긴 고통'이라고 할 수 있습니다. 짧은 영광에 해당하는 것이 봉오동 전투와 청산리 대첩이지요. 그렇다면 독립군의 긴 고통은 어떻게 이어졌을까요?

청산리 대첩 기록화(전쟁기념관)
1920년 10월 김좌진 장군이 지휘한 북로 군정서군과 홍범도 장군이 지휘한 대한 독립군
등이 주축이 되어 일제와 청산리에서 벌인 10여 차례의 전투다. 이 전투에서 독립군은
일본군 1,200여 명을 사살해 대승을 거두었다.

독립군, 외세에 휘둘리다 – 자유시 참변

청산리 대첩에서 패배한 일본군은 1920년 10월부터 약 3개월 동안 지역민과 독립군의 유대를 끊기 위해 무차별적인 살인, 체포, 강간, 방화 등의 만행을 저지릅니다. 이 사건을 간도 참변이라고 해요.

청산리 대첩에서 승리한 독립군은 1920년 12월에 소련과 만주 국경의 밀산부 한흥동에 집결했어요. 부대들이 집결해 있었으니 자연스럽게 통합 운동을 벌이게 되었지요. 서일, 홍범도, 김좌진, 최진동, 지청천(이청천) 등은 서로 합의해 대한 독립 군단을 조직합니다. 서일을 총재로 하고 예하 부대로 김좌진의 부대와 홍범도의 부대 등을 두어 전열을 재정비하지요.

대한 독립 군단이 만주로 다시 돌아갈 것인지, 아니면 다른 곳으로 갈 것인지 고민하고 있을 때 소련이 그들을 받아 주겠다고 나섰어요.

당시 소련군인 적군(赤軍)은 백군(반혁명군)과 싸우고 있었습니다. 대한 독립 군단의 병력 중에서 김좌진 병력은 다시 만주로 돌아가고, 나머지 대부분의 병력은 적군을 돕기로 하고 자유시로 집결했어요. 백군을 물리치면 독립군을 지원해 주겠다고 약속했기 때문이지요.

이 사실을 알게 된 일본은 화친 조약을 빌미로 소련을 거세게 몰아붙였어요. 일본이 물자가 부족한 소련에게 캄차카만 일대의 어업권을 넘기는 대가로 소련 영내 한국 독립군의 무장 해제를 요구했던 것이지요. 그러자 내란으로 혼란을 겪고 있던 소련은 일본과의 불화를 우려해 자유시에 집결한 독립군에게 무장 해제를 요구합니다. 대신에 적군에 들어와 소련이 지급하는 총을 들고 싸울 것을 종용하지요. 소련은 일본의 항의를 잠재우고 약소국도 지원할 수 있다고 판단한 거예요.

중앙아시아 이주
1937년 소련의 민족 이주 정책
에 따라 조선인들은 열차를
타고 중앙아시아로 이주했다.
사진은 최초의 한인 이주 가족
의 모습이다.

독립군은 적군에 편입되면 독립군의 뜻대로 싸울 수 없다고 주장하는 세력과 소련의 도움을 받아 일제와 싸우자는 세력으로 갈리게 됩니다. 두 세력 사이의 갈등이 점점 커지다가 결국 1921년 독립군과 독립군, 그리고 독립군과 적군 사이에 싸움이 벌어지게 되지요. 이를 자유시 참변이라고 하는데, 수많은 독립군이 목숨을 잃었어요.

민비와 고종이 러시아에 의존하다가 일본에게 주권을 빼앗겼던 과거의 역사가 또다시 되풀이된 것입니다. 이 참변을 통해 무장 투쟁 역시 외세의 힘을 빌리지 않고 스스로의 힘으로 해내야 한다는 교훈을 얻을 수 있어요.

하루라도 빨리 전열을 정비해야 함에도 불구하고 오히려 독립군은 급격히 와해되었습니다. 자유시 참변으로 '나는 호랑이'로 불렸던 홍

이동휘(1873~1935년)
초기 사회주의 독립운동가다. 한말의 애국 계몽 운동과 의병 운동을 이끌었고, 한인 사회당과 상하이파 고려 공산당을 주도했다. 1919년 대한민국 임시 정부의 국무총리를 역임하기도 했다.

범도 장군은 스탈린의 연해주 강제 이주 정책 때 러시아의 소도시에서 극장 경비원으로 일하다가 죽었다고 해요. 소련으로부터 거액의 자금을 받고 활동했던 공산주의자 이동휘도 시베리아에서 쓸쓸히 병사했지요.

1937년 연해주에 살고 있던 조선인들을 중앙아시아로 강제 이주시킵니다. 조선인들이 일본의 간첩 노릇을 할 가능성이 있다는 이유 때문이었지요. 조선인들은 급히 이주하느라 힘들게 모았던 재산을 그대로 두고 올 수밖에 없었어요. 집단 농장에 배치된 조선인들은 뛰어난 벼농사 기술로 두 배가 넘는 벼를 생산하며 터전을 잡았습니다. 당시 강제 이주당한 18만 조선인의 후손은 지금도 중앙아시아 곳곳에서 살고 있지요.

3부의 성립과 3부 통합 운동

자유시 참변 이후 만주로 내려온 김좌진은 3부를 결성하는 데 앞장섰어요. 3부는 지역을 관할하는 정부로서 행정과 군사 기능을 가지고 있었습니다. 임시 정부 직속인 참의부는 집안현 일대에, 정의부는 길림 지역에, 신민부는 북만주 지역에 있었어요. 김좌진은 대한 독립 군단을 주축으로 신민부 결성에 결정적인 역할을 합니다.

대한민국 임시 정부는 독립운동의 기본 노선으로 외교 독립론을 선택했지만 무장 투쟁의 중요성을 실감하고 있었으므로 직할 무장 독립군을 거느리기를 원했어요.

모든 세력을 하나로 통합하지 못한 것은 아쉬운 일이지만 부분적으로나마 조직적 결합이 이루어지면서 무장 투쟁이 좀 더 적극적으로 진행될 수 있었습니다. 와해됐던 독립군이 다시 전열을 정비하자 위협을 느낀 일제는 무장 독립 세력을 탄압하기 위해 1925년 6월 만주의 사실상 지배자인 장쭤린과 미쓰야 협약을 맺었어요. 이 협약에 따르면 독립운동가를 체포하면 반드시 일본 영사관에 넘기고, 일본은 그 대가로 상금을 지불하기로 되어 있었지요. 그러자 만주 관리들은 독립군 적발에 혈안이 되었어요. 독립군은 일본 군대를 피하면서 중국인들도 경계해야 하는 상황에 놓이게 되었지요.

이렇듯 국외에서는 미쓰야 협약 때문에 독립군이 어려움에 처했고, 국내에서는 치안 유지법 제정으로 사회주의 세력이 탄압을 받았어요. 1925년은 독립운동 세력이 나라 안팎으로 어려움을 겪은 해입니다.

국내에서 사회주의 운동이 활발하게 전개되자 일제는 1925년 조선에서도 치안 유지법을 시행했습니다. 이후 수많은 사회주의자들이 이 법으로 구속됐어요. 치안 유지법의 모델은 1923년 관동 대지진 직후의 혼란을 방지하기 위해 공포된 긴급 칙령이었지요. 처음에는 일본 공산당이 적용 대상이었지만 사회주의자, 노동 운동가, 언론인, 종교가로까지 확대됐고 일체의 반정부적인 언론 활동은 탄압됐어요.

만주에서 활약하던 참의부 군부대원

흔히 참의부로 일컬어지는 육군 주만 참의부는 1923년 9월 만주에서 대한민국 임시 정부 군무부 산하에 결성된 무장 독립운동 단체다. 참의부는 일제와의 전투에서 혁혁한 전과를 올렸는데, 특히 압록강 중류의 마시탄(馬嘶難)에서 시찰 중인 조선 총독 사이토 일행을 기습하기도 했다.

지청천(1888~1957년)
만주에서 독립군 활동을 하다가
대한민국 임시 정부의 광복군
창설에 참여해 광복군 총사령관
등을 역임했다.

1923년 일본 관동 지방에서는 10만 명에 가까운 사람이 죽은 관동 대지진이 발생했어요. 이 혼란을 수습하기 위해 일제는 조선인이 도쿄 전체를 방화하고 독을 뿌려 일본인을 살해한다는 유언비어를 퍼뜨린 뒤 대학살에 나섭니다. 일제는 조선인이라면 눈에 띄는 대로 죽창이나 칼, 낫 등으로 살해했어요. 심지어 여성들은 강간한 뒤 사지를 찢어 죽이는 만행을 저지르기도 했지요. 이때 확인된 조선인 사망자만 6,661명이었습니다.

1927년 비타협적 민족주의자들과 사회주의자들이 연대하여 신간회를 결성하자 국외의 단체들은 이에 자극을 받아 3부 통합 운동을 전개합니다. 하지만 단일 조직으로 뭉치지는 못하고 북만주 지역과 남만주 지역으로 나뉘게 되지요.

북만주 지역에는 혁신 의회가 들어서고, 남만주 지역에는 국민부가 들어섭니다. 1930년대에 들어서면서 혁신 의회는 한국 독립당으로, 국민부는 조선 혁명당으로 이어지지요.

국민부는 조선 혁명당을 결성하고 그 아래에 조선 혁명군을 편성했어요. 혁신 의회는 김좌진이 암살된 후 지청천을 중심으로 1930년 7월 한국 독립당을 창당하고, 1931년 11월에는 그 아래에 한국 독립군을 조직하게 되지요.

김좌진 암살은 항일 독립운동사에서 가장 불행했던 사건 중 하나였습니다. 민족주의 계열과 공산주의 계열의 대립이 격렬해진 상황에서 일제에 의해 조작된 거짓 정보에 공산당 조직이 속아 넘어갔을 가능성이 큰 것으로 보고 있어요. '김좌진이 일제에 매수돼 공산당에 관한 정보를 제공한다'는 거짓 정보를 그대로 받아들인 조선 공산당 만주 총국이 김좌진 암살을 지시했을 수도 있다는 거지요.

한중 연합 작전의 전개 – 1930년대의 항일 운동

1929년 10월 뉴욕 증권 시장의 대폭락을 계기로 세계 대공황의 위기가 닥쳤어요. 이에 미국은 뉴딜 정책을, 영국과 프랑스는 보호 무역주의를 실시해 위기를 극복하고자 했으나 독일과 이탈리아, 일본 등은 해결책을 파시즘에서 찾았습니다. 미국, 영국, 프랑스는 땅도 넓고 식민지도 많아 블록 경제를 형성하면서 해법을 찾을 수 있었으나 독일, 이탈리아, 일본은 식민지도 적고 시장도 협소해서 이런 방식으로 해결할 수밖에 없었어요.

일본은 1931년 7월에 황무지 개간 문제로 중국 농민과 조선 농민들 간에 분쟁이 일어난 만보산 사건을 계기로 중국인과 조선인의 분열을 조장하다가 같은 해 9월 만주 철도 폭파 사건을 조작해 만주를 침략했습니다. 스스로 만주 철도 선로를 폭파하고 이를 중국 측 소행으로 몰아 군사 행동을 개시한 것이지요. 만주 사변을 일으킨 일본 관동군은 1932년 3월 청 왕조의 마지막 황제인 푸이를 집정으로 삼아 만주국을 세웁니다. 한마디로 만주를 장악해 중국을 침략하기 위한 발판으로 삼았던 것이지요.

만주 사변이 일어나자 중국인들은 일본과 맞서 싸우기 위해 조선인들과 손을 잡아야 할 필요성을 느낍니다. 그 결과 한중 연합 작전이 전개되지요.

남만주에서는 1932년 3월 총사령관 양세봉이 이끄는 조선 혁명군이 중국 의용군과 연합해 영릉가 전투에서 일본군을 크게 격파했어요. 그 성과로 조중 연합 전선을 구축해 1933년 5월에서 7월까지 흥경성 일대에서 공격해 오는 일본군을 맞아 큰 전과를 거둡니다.

만주 사변 이후 중국인들은 일제의 이간질로 조선인을 '얼구이쯔

양세봉(1896~1934년)
천마산대라는 유격 부대에 가입한 이후 대한 통의부, 참의부, 정의부에서 독립군 지휘관으로 활동하면서 많은 전공을 세웠다. 국민부 소속 조선 혁명군의 총사령관에 오른 뒤, 1932년 한중 연합군을 편성해 영릉가 전투에서 일본군에 대승을 거두었다.

(두 번째 귀신)'라고 부르며 약탈하고 살해했어요. 영릉가 전투의 승리는 이런 반목에서 벗어나 두 민족이 협력하는 데 큰 도움이 됐지요. 하지만 양세봉이 전사한 1934년 8월 이후에는 그 세력이 크게 약화됐어요.

북만주에서는 일제의 만주 침략 후 한국 독립당에 의해 결성된 지청천의 한국 독립군이 1932년 8월 중국군과 연합해 쌍성보 전투에서 일본군을 격퇴시킵니다. 하지만 일만 연합군의 총공세에 밀려 동만주 지역으로 이동하다가 다시 중국군과 연합 부대를 편성해 대전자령 전투에서 일본군을 크게 격파하지요.

하지만 이 과정에서 독립군도 큰 피해를 입었을 뿐 아니라 전리품 배분 문제로 중국군과 갈등이 생겨 지청천 사령관이 구금되는 수난을 겪기도 합니다.

영릉가 전투, 흥경성 전투, 쌍성보 전투, 대전자령 전투는 모두 한중 연합 작전의 산물이고, 1920년대의 봉오동 전투와 청산리 대첩은 독립군의 독자적인 전투예요.

김일성이 이끈 보천보 전투

만주 사변을 승리로 이끈 일본이 만주국을 세우자 독립군은 이 지역에서 항일 운동을 하기가 어려워졌어요. 그래서 1930년대 초에 활동했던 한국 독립당과 조선 혁명당은 대부분 중국 관내로 이동하지요. 하지만 만주 지역에 남아서 독립운동을 지속한 사람들도 있어요.

만주에서의 무장 투쟁은 정착민들, 특히 농민들과 연계해 이루어졌습니다. 동만주 지역에서는 1932년부터 항일 무장 투쟁을 벌이는 유격대가 우후죽순 격으로 등장했어요. 이 항일 유격대들은 유격전을 통해 끊임없이 일제에 타격을 주면서 점차 북만주와 남만주 지역으로 확대해 나갔지요. 조선인과 중국인이 연대한 항일 유격대였지만 상당수가 조선인이었어요.

반일 항전을 치르는 과정에서 두 민족이 서로 연대해야 할 뿐 아니라 민족 내부에서도 사상과 이념의 차이를 불문하고 반일 항전에 나서야 한다는 분위기가 무르익고 있었지요.

결국 1935년 중국 공산당의 8·1 선언 이후 동북 인민 혁명군을 비롯한 만주의 모든 반일

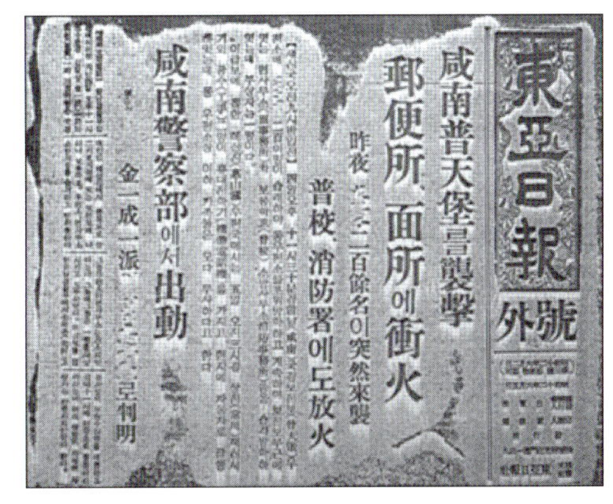

무장 세력을 통합한 동북 항일 연군이 편성됩니다. 만주 지역에서 항일을 수행하는 모든 조직의 연합군이 형성된 거예요. 동북 항일 연군은 중국 공산당의 지원 아래 만주에서 항일전을 전개하지요. 또한 일제에 반대하는 모든 무장 독립 단체를 연합한 조국 광복회가 결성됩니다. 이들은 만주 지역이 아니라 국내 진공 작전을 펼치기 시작했어요.

일제의 만주 침략이 완강하게 진행되는 조건 속에서도 도리어 조선인 유격 부대가 국내 진공 작전을 전개하는 상황이 발생한 것입니다. 이것이 1937년 6월에 일어난 함경남도 갑산군 혜산진의 보천보 전투예요. 동북 항일 연군에 속한 김일성과 최현이 조국 광복회 조직원들과 함께 전투를 승리로 이끌었지요. 김일성은 보천보 면사무소와 주재소를 모두 부수고 주민들을 한데 모은 후 "조선의 해방이 다가왔다. 우리가 여러분을 반드시 해방시킬 것이다."라고 연설했어요. 항일 무장 투쟁이 다 끝난 줄 알았던 주민들은 아직도 싸우는 사람들이 있다는 것을 알게 되자 환호성을 질렀지요.

이 사건은 〈동아일보〉의 호외 기사에 실립니다. 이로써 일제가 만주의 항일 무장 세력을 괴멸시켰다는 주장이 거짓이라는 사실이 백일하에 드러났지요. 북한에서는 보천보 전투를 과장해서 선전했어요. 김일성 정권에 정통성을 부여하기 위해서였지요. 남한에서는 보천보 전투를 소규모 전투였다고 무시했어요. 보천보 전투를 정치적으로 악용한 북한도 문제였지만 이 전투를 무시한 남한도 문제였습니다. 남측의 주장은 일제 강점기의 항일 무장 투쟁 자체가 별다른 의미가 없었다고 주장한 일본의 논리에 힘을 보태는 결과를 초래하기 때문이에요.

이후 김일성은 만주에서 더 이상 활동하지 못하고 소련으로 넘어갔다가 광복 후에 소련 인사들과 함께 내려오게 됩니다.

1920년대의 의열 투쟁

우리 민족은 3·1 운동 이후부터 일제의 패망에 이르기까지 끊임없이 무장 투쟁을 전개해 왔습니다. 물론 처음부터 완벽하게 무장 투쟁을 진행했던 것은 아니에요. 하지만 점차 변화된 정세와 상황에 맞게 무장 투쟁 역량을 강화하면서 실질적인 독립을 이루기 위해 노력했습니다.

무엇보다 3·1 운동은 일제로부터 독립하려면 구걸이나 청원이 아니라 강력한 무력 투쟁이 필요하다는 것을 확인시켜 주었어요. 그래서 3·1 운동 이후에는 무력 투쟁이 광복의 지름길이라는 인식이 확산되었습니다. 만주와 연해주 등지에서 먼저 이러한 흐름이 형성됐어요. 이런 상황에서 개인 폭력 투쟁이 전개됩니다. 대표적인 예가 1919년 11월 만주 길림에서 김원봉의 주도로 조직된 의열단이었어요. 1930년대에는 한인 애국단이 그 전통을 이었지요.

김원봉은 처음에는 흔히 아나키스트라고 불리는 무정부주의자에서 출발했어요. 무정부주의(아나키즘)는 조직이나 정부 등 인간의 자

의열단 단원들

약산 김원봉을 단장으로 1919년 11월에 조직된 아나키스트(무정부의자) 성격의 무장 독립운동 단체인 의열단은 중국 상하이의 프랑스 조계(외국인 치외법권 지역) 등지에서 폭력 항쟁으로 일제의 식민 통치에 대항하는 독립운동을 전개했다. 단재 신채호는 1923년 1월에 발표한 「조선 혁명 선언」에서 의열단의 경륜과 강령을 체계화한 독립 노선을 제시하였다. 사진은 김상옥 의사와 활동했던 의열단 단원들이다.

유를 얽매는 것을 모두 부정하고 인간의 삶 자체를 지향하는 사상을 의미합니다. 당이라는 조직이 있는 사회주의와는 다르지요. 김원봉은 의열단을 만들면서 신채호의 「조선 혁명 선언」을 지침으로 채택했어요. 이 선언을 토대로 개인 폭력 투쟁을 통한 독립 쟁취를 목표로 했지요.

내정 독립이나 참정권이나 자치를 운운하는 자 누구냐? 너희가 동양 평화, 한국 독립 조선 등을 담보한 맹약이 먹도 마르지 아니해 삼천리강토를 집어먹던 역사를 잊었느냐? 조선 인민의 생명 재산 자유 보호, 조선 인민 행복 증진 등을 신명(申明)한 선언이 땅에 떨어지지 아니해 2,000만의 생명이 지옥에 빠지던 실제를 못 보느냐? …… 설혹 강도 일본이 과연 관대한 도량이 있어 이들의 요구를 허락한다 하자. 소위 내정 독립을 찾고 각종 이권을 찾지 못하면 조선 민족은 온통 굶주린 귀신이 될 뿐 아니냐? 참정권을 획득한다 하자. 자국의 무산 계급의 혈액까지 착취하는 자본주의 강도국의 식민지 인민이 돼 몇몇 노예 대의사(代議士)의 선출로 어찌 굶어 죽는 화를 면하겠느냐? …… 강도 일본이 우리의 국호를 없이 하며, 우리의 정권을 빼앗으며, 우리의 생존적 필요조건을 다 박탈했다. …… 이상의 사실에 의해 우리는 일본 강도 정치, 곧 다른 민족의 통치가 우리 조선 민족 생존의 적임을 선언하는 동시에 우리는 혁명 수단으로 우리 생존의 적인 강도 일본을 살상하는 것이 곧 우리의 정당한 수단임을 선언하노라.

신채호는 「조선 혁명 선언」에서 폭력이 생존을 위한 정당한 수단이라고 주장했어요. 폭력은 무조건 악이라는 생각에서 한 걸음 더 나아간 것이지요. 그 실례로 안중근이 이토 히로부미를 죽인 사건을 들고 있어요. 이 사건은 개인적 의거이지만 폭력이 있었고, 3·1 운동은 민중 운동이지만 폭력적이지 않았지요.

의열단 단원으로 활동하다가 1926년 12월 28일 식산 은행과 동양 척식 주식회사를 파괴할 계획을 세우고 국내에 들어왔다. 먼저 식산 은행에 폭탄을 던졌으나 불발되었다. 이어 동양 척식 주식회사에도 폭탄을 던지지만 터지지 않았다. 일본 경찰과 추격전을 벌이던 중 머리에 총을 쏘아 자결했다.

의열단은 폭력적인 방법으로 테러를 감행합니다. 1923년 김상옥은 항일 투사를 잡아들인 종로 경찰서에 폭탄을 투척하여 많은 일본 경찰을 죽였어요. 그리고 피신하던 중 1,000여 명의 경찰대와 접전하다가 최후의 한 발로 자결하지요.

1926년 나석주는 동양 척식 주식회사에 폭탄을 던집니다. 아나키스트였던 나석주는 생애 마지막 날이 될지도 모르기에 가장 멋진 옷을 입고 명동에 나타났어요. 먼저 식산 은행에 폭탄을 던졌지만 폭탄이 터지지 않았습니다. 그러자 나석주는 곧바로 동양 척식 주식회사로 갔어요. 토지 장부로 가득한 2층으로 올라간 나석주는 두 번째 폭탄을 던지지만 이번에도 폭탄이 터지지 않았습니다. 밖으로 피신한 나석주는 일본 경찰이 뒤쫓아 오며 포위망을 좁히자 머리에 총을 쏘아 스스로 목숨을 끊었어요.

물론 이들만 이런 투쟁을 벌였던 것은 아닙니다. 대한 노인단 소속이었던 강우규는 65세의 백발노인이었음에도 불구하고 1919년 9월 2일 서울역에서 3 · 1 운동 이후 새로 부임한 사이토 총독에게 폭탄을 던졌어요.

"목숨이 하나뿐인 것이 안타깝다"
– 1930년대의 의열 투쟁

1923년 위기를 맞았던 대한민국 임시 정부는 1930년대에 들어서도 지지부진한 상태를 면치 못했어요. 이런 상태에서 벗어나기 위해 김구는 1931년 10월 한인 애국단을 조직합니다. 일본의 만주 침략을 계기로 최소 인원으로 최대 효과를 보기 위해 개인 폭력 투쟁에 나서기로 한 것이지요.

한인 애국단의 의열 투쟁 중에서 가장 대표적인 것은 1932년 1월에 일어난 이봉창 의거와 1932년 4월에 일어난 윤봉길 의거라고 할 수 있어요.

서울 원효로에서 태어난 이봉창은 기차 운전 견습생으로 일하다가 25세 때 일본으로 건너갔어요. 그곳에서 열심히 일했지만 조선인이라는 이유로 멸시를 받아야 했지요. 이봉창은 차별을 받지 않기 위해 일본인인 척하고 비누 가게에 취직하기도 했어요. 그러나 시간이 지날수록 자신의 거짓된 삶에 회의를 느끼지요. 결국 이봉창은 1931년 중국 상하이로 건너가 백범 김구를 만나게 됩니다. 그는 일왕을 제거하겠다는 대담한 계획을 김구에게 먼저 제안했어요.

1931년 12월 13일 이봉창은 양손에 수류탄을 든 채 태극기를 배경으로 사진을 찍었습니다. 1932년 1월 8일 일본 도쿄 경시청 앞은 육군 관병식에 참석한 뒤 돌아오는 일왕의 행렬을 보려는 사람들로 인산인 해를 이루었어요. 두 번째 마차가 지나가는 순간 폭음이 울렸고, 일왕의 행렬은 그대로 질주했지요. 일본 경찰이 무명옷을 입은 남자를 체포하려고 하자 말쑥한 양복을 입은 이봉창이 자진해서 체포된 후 아무런 저항 없이 끌려갔습니다. 당시 이봉창의 나이는 32세였어요.

이봉창은 일왕이 두 번째 마차에 탄 것으로 잘못 생각해 거사에는 실패했습니다. 하지만 이봉창의 의거는 국내외에 큰 파문을 일으켰어요.

1931년 일본이 만주 사변을 일으킨 후 세계 여론은 극도로 악화된 상태였습니다. 일본은 청일 전쟁의 승리로 시모노세키 조약을 맺고 요동반도를 접수했는데, 삼국 간섭으로 돌려준 사건이 재현되지 않을까 전전긍긍하고 있었어요. 그러던 차에 이봉창이 일왕을 향해 폭탄을 던진 것이지요. 중국 국민당 기관지에는 '한국인 이봉창이 일본 천황을 저격하였으나 불행히도 명중하지 않았다'라는 기사가 실렸어요. 이 사건을 핑계 삼아 일본은 서양 열강에 대한 영향력을 확대하기 위해 조계지를 가지고 있는 상하이 지역에 눈독을 들였습니다. 대의명분을 확보하기 위해 돌파구가 필요한 상황이었지요.

1932년 1월 18일 일본인 승려 다섯 명이 중국 군중들에게 구타를 당하는 사건이 발생합니다. 이 범행은 일본 측에 고용된 중국인이 저질렀다는 것이 정설이에요. 일본은 1월 28일 자작극인 일본 승려 살해 사건을 이유로 상하이 사변을 일으킵니다. 일본군은 시라카와 대장의 지휘하에 전쟁을 승리로 이끌었어요.

일본군은 일본 국왕의 생일 축일인 천장절과 전쟁의 승리를 축하하

이동녕(1869~1940년)
1926년부터 1927년까지 대한민국 임시 정부의 국무령을 지냈다. 김구, 조소앙 등과 함께 한국 독립당을 창당했고, 1939년부터 1940년까지 대한민국 임시 정부의 주석을 지냈다.

1920년 9월 무렵의 조소앙
(1887~1958년)
일본 유학 중 대한 독립 선언서의 기초에 참여했고, 1919년 이후 대한민국 임시 정부에서 외무부장을 지냈다. 이동녕, 김구 등과 함께 한국 독립당을 창당해 당수를 맡기도 했다.

는 기념식을 갖기로 했습니다. 윤봉길은 이 기념식을 기회로 삼아 거사를 벌이기로 결심하지요. 1932년 4월 26일 한인 애국단에 입단한 윤봉길은 김구를 비롯한 이동녕, 이시영, 조소앙 등 지도자들과 거사를 협의했습니다.

윤봉길은 야채상으로 가장해 미리 기념식에 대한 정확한 정보를 입수하고, 기념식장에서 투척할 수류탄을 제조했어요. 1932년 4월 29일 윤봉길은 저격용 물통 모양의 폭탄 한 개와 도시락 모양의 자결용 폭탄 한 개를 감추고 기념식장에 입장했습니다. 윤봉길은 식이 진행 중일 때 식장으로 다가가 수류탄을 던졌지요. 수류탄이 터지면서 시라카와 일본군 대장과 일본인 거류민 단장 가와바다는 즉사했고, 식장은 아수라장으로 변했습니다.

현장에서 체포된 윤봉길은 일본 군법 회의에서 사형을 선고받았어

요. 1932년 12월 19일 총살형을 받았을 때 그의 나이는 25세에 불과했지요. 충남 예산에서 태어나 계몽 운동을 벌이던 윤봉길은 열다섯 살에 결혼해 두 아들까지 있었지만 세상을 위해서 무엇을 할 것인가를 먼저 생각했어요.

윤봉길의 의거 소식을 들은 중국의 지도자 장제스는 "4억 중국인이 해내지 못한 위대한 일을 한국인 한 사람이 해냈다."라고 격찬했어요. 윤봉길의 폭탄 투척을 계기로 중국의 국민당 정부는 대한민국 임시 정부를 인정하고 후원하게 됩니다. 윤봉길이 침체에 빠져 있던 임시 정부에 활기를 불어넣은 것이지요. 김구가 민족 혁명당에 합류하지 않고 한국 국민당을 창당한 것은 바로 이런 배경에서 비롯된 거예요.

그런데 윤봉길이 훙커우 공원에서 의거를 일으킨 날 윤봉길보다 먼저 폭탄을 던지려고 준비한 사람이 있었습니다. 남화 연맹이란 독립 운동 단체의 회원인 백정기는 윤봉길보다 1시간 앞서 거사를 일으킬 계획이었어요. 그런데 행사장에 들어갈 수 있는 출입증을 구해 주기로 약속한 중국인이 나타나지 않아서 기회를 놓치고 말았지요. 그 후 백정기는 일본 대사와 군인들이 모인 연회장을 습격하려다 체포돼 39세의 나이로 숨을 거둡니다.

서울 효창 공원에는 이봉창, 윤봉길, 백정기 삼의사 묘가 있고 아직도 유해를 안치하지 못한 안중근의 가묘도 있답니다.

윤봉길 의사가 거사에 앞서 맹세한 글
한인 애국단의 일원으로서 일본군 장교를 처단할 것을 맹세하는 내용을 담은 글이다. 윤봉길 의사는 일왕의 생일 축하 기념식장인 상하이 훙커우 공원에서 폭탄을 던지기에 앞서 김구 선생 앞에서 이 글을 썼다. 윤봉길 의사 유품(보물 제568호) 가운데 하나다.

윤봉길(1908~1932년)

김구가 주도하는 한인 애국단에 가입한 윤봉길은 1932
년 4월 29일 상하이의 훙커우 공원에서 열린 일왕의
생일연과 상하이 점령 전승 기념 행사장에 도시락 폭
탄을 던져 상하이 파견군 총사령관과 상하이 일본 거
류민 단장 등을 죽였다. 이 사건을 계기로 당시 중국의
국민당 총통이었던 장제스는 대한민국 임시 정부를 전
폭적으로 지원했다.

한인 애국단에 입단할 때의 모습

아수라장이 된 기념식장
1932년 4월 29일 12시 40분 일본 국가가 울려 퍼지는
순간 기념식장 단상에서 윤봉길 의사가 투척한 폭탄이
터졌다.

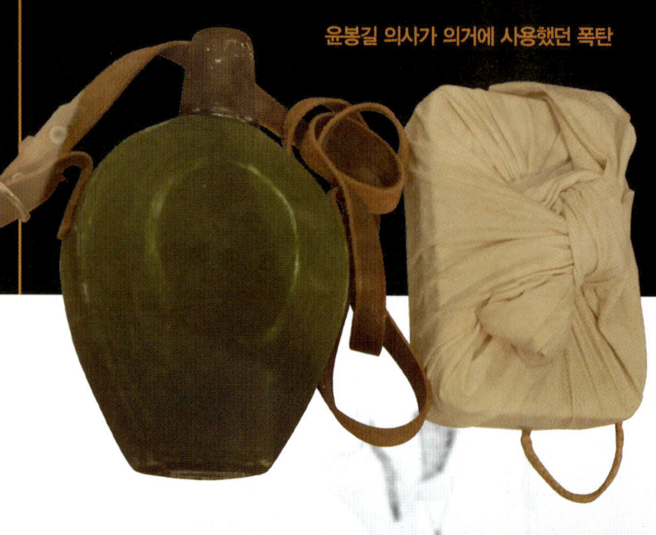

윤봉길 의사가 의거에 사용했던 폭탄

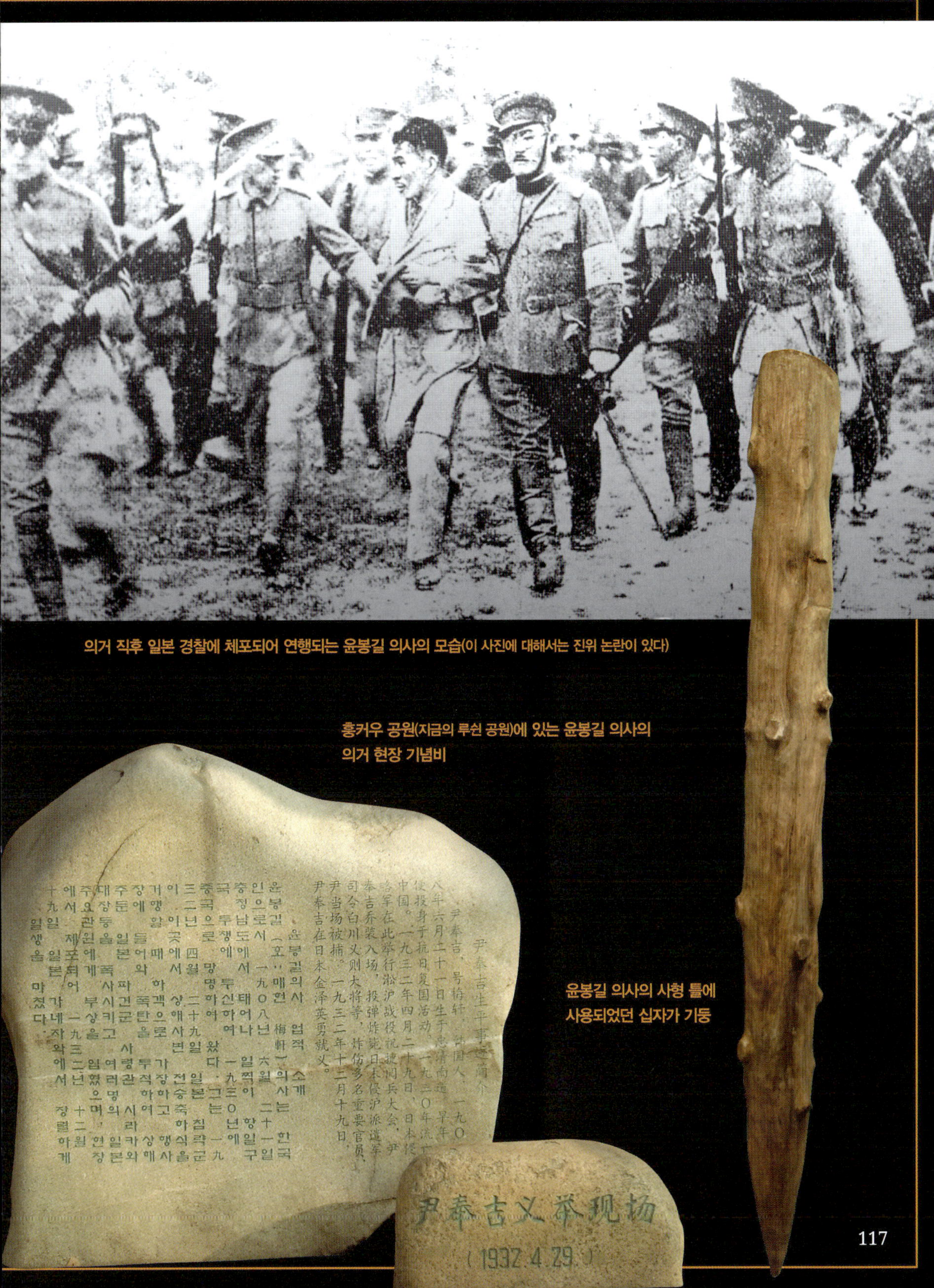

의거 직후 일본 경찰에 체포되어 연행되는 윤봉길 의사의 모습(이 사진에 대해서는 진위 논란이 있다)

홍커우 공원(지금의 루쉰 공원)에 있는 윤봉길 의사의
의거 현장 기념비

윤봉길 의사의 사형 틀에
사용되었던 십자가 기둥

민족 통일 전선의 형성

이봉창과 윤봉길의 의거를 계기로 중국 관내의 항일 투쟁이 활기를 띠게 됐고, 중국의 국민당 정부와 상하이 임시 정부 사이에 협력도 이루어졌어요. 또한 독립운동 세력들 간의 통합도 진척됐지요. 당시 상하이 독립운동 단체 가운데 가장 유력한 세력은 한국 독립당과 김원봉의 의열단을 꼽을 수 있어요.

김원봉은 암살이나 건물 폭파와 같은 개별적인 테러로는 한계가 있다고 생각하고 세를 불려 나가다가 1935년 7월 난징에서 민족 혁명당을 창당합니다. 한국 독립당, 조선 혁명당, 의열단이 중심이 되어 결성된 민족 혁명당은 좌우 합작의 성격을 지니고 있어요.

한국 독립당은 조소앙, 조선 혁명당은 지청천, 의열단은 김원봉이

이끈 단체입니다.

1937년 7월 중일 전쟁이 시작되기 전까지 상하이는 무장 투쟁의 중심지가 아니었어요. 그래서 실질적인 투쟁이 이루어지지 못했고, 독립운동 세력 간에 분열도 심했지요. 결국 민족 혁명당에 참가하지 않은 김구 등 임시 정부를 고수하려는 세력은 1935년 11월 한국 국민당을 창당했습니다. 민족 혁명당 내에서 사회주의적인 색채가 짙은 의열단으로 무게 중심이 쏠리자 이에 불만을 가진 한국 독립당과 조선 혁명당은 민족 혁명당에서 빠져 나와 김구의 한국 국민당으로 합류했어요. 이후 민족 혁명당은 의열단의 확대 조직으로 변질됐습니다.

앞서 언급했듯이 지청천은 한국 독립당의 산하 부대를 이끌고 쌍성보 전투에서 일본군을 격퇴했어요. 여기서 유의할 점은 북만주 지역의 혁신 의회를 계승한 한국 독립당과 중국 관내에서 활동한 조소앙의 한국 독립당은 별개의 조직이라는 것입니다. 또한 남만주 지역의 국민부에서 나온 조선 혁명당도 중국 관내의 지청천의 조선 혁명당과는 다른 조직이에요.

그런데 중일 전쟁이 시작되면서 상황이 달라지기 시작했습니다. 중국 관내도 일제와의 싸움이 벌어지는 전쟁터가 된 거예요. 상황이 이렇다 보니 서로 분열만 하고 있을 수 없었습니다. 김구의 한국 국민당과 조소앙의 한국 독립당, 지청천의 조선 혁명당 등은 서로 통합해 1937년 8월 한국광복운동단체연합회(광복 연합)를 결성했어요. 또한 민족 혁명당의 의열단 중심 세력은 다른 단체와 연합해 1937년 12월 조선민족전선연맹(민족 전선)을 결성하지요. 광복 연합과 민족 전선은 연대해 좌우 연합 성격의 전국연합진선협회를 결성했어요. 민족 전선은 1938년 10월에 중국 국민당의 협조를 얻어 우한에서 조선

대한민국 임시 정부 청사
일본군의 중국 침공으로 1940
년에 임시 정부는 상하이에서
충칭으로 본거지를 옮겼다. 충
칭에서 중국 국민당과 미국의
도움을 받아 광복군 총사령부를
창설하고, 제2차 세계 대전이
태평양 전선으로 확대된 1941
년 12월 9일 연합군에 가담했
다. 일본에 대해 선전 포고를
했지만, 본국 탈환 작전 준비
중에 일본의 항복을 맞았다.

의용대를 조직했습니다.

한국광복운동단체연합회와 조선민족전선연맹은 하나로 합치기 위해 노력했어요. 그러나 임시 정부의 존속 여부와 조선 의용대의 지휘권 문제 등에 대한 의견 차이로 통합에 실패하고 말지요.

광복 연합의 3개 정당인 한국 국민당, 한국 독립당, 조선 혁명당은 1940년 5월 새로운 한국 독립당을 결성합니다. 한국 독립당은 대한민국 임시 정부의 여당인 김구의 당이라고 할 수 있어요. 윤봉길이 상하이에서 폭탄을 투척한 후 쫓겨 다니던 임시 정부는 1940년에 충칭에 정착하고 한국 독립당을 결성한 것이지요. 한국 독립당은 충칭의 임시 정부를 이끌어 가면서 한국광복군을 창설합니다.

지금까지 한국 독립당이 세 번 나왔지요? 다시 정리해 보면 첫 번째는 지청천의 한국 독립당이었고, 두 번째는 조소앙의 한국 독립당, 세 번째가 광복 연합 3개 정당이 결성한 한국 독립당입니다. 이름만 같을 뿐 모두 다른 조직이랍니다.

조선민족전선연맹의 조선 의용대는 1941년 화베이 지역과 옌안 지역으로 이동하면서 호가장 전투를 치릅니다. 화베이 지역으로 이동해 온 조선 의용대는 화베이의 중국 공산당 지역에서 활동하고 있던 세력들과 함께 1942년 조선 독립 동맹을 결성합니다. 김원봉을 중심으로 한 조선 의용대의 일부는 충칭에 있는 한국광복군에 합류하고 다른 일부는 옌안으로 이동하여 조선 의용군에 편성되었지요.

건국 강령 공포와 광복군의 진공 작전

일본의 패망을 확신하고 새로운 국가 건설을 준비해 왔던 대한민국 임시 정부는 1941년 대일 선전 포고를 하고, 보통 선거를 통한 민주 공화국의 수립을 규정한 대한민국 건국 강령을 공포했어요.

대한민국 건국 강령(1941년 11월)

3. 우리나라의 토지 제도는 국유의 유법을 두었으니 …… 우리 민족은 옛 규칙과 새 법을 참작해 토지 제도를 국유로 확정했다.

5. 우리나라의 독립 선언은 우리 민족의 혁명을 일으킨 원인이며 신천지의 개벽이니 …… 이는 5,000년 군주 정치의 허울을 파괴하고 새로운 민주 제도를 건립해 사회의 계급을 없애는 제일보의 착수였다.

6. 임시 정부는 13년 4월에 대외 선언을 발표하고 삼균 제도의 건국 원칙을 천명했으니 …… 정치와 경제와 교육의 권리를 균등히 해 고저를 없이 하고 동족과 이족에 대해서도 이렇게 한다고 했다.

건국 강령은 조소앙이 제창한 삼균주의를 바탕으로 만들어졌어요. 삼균은 개인과 개인 간의 평등, 민족과 민족 간의 평등, 국가와 국가 간의 평등을 의미합니다. 건국 강령에는 정치적으로는 의회주의에 바탕을 둔 민주 공화국 건설, 경제적으로는 대기업의 국영화, 토지의 국유화, 자영농 위주의 토지 개혁 실시 등의 내용이 담겨 있어요.

삼균주의의 최종 목표는 정치 · 경제 · 교육의 균등을 바탕으로 개인 사이에, 민족 사이에, 국가 사이에 균등을 이루는 것이었습니다. 이렇게 조국이 해방되었을 때 대한민국 임시 정부가 어떻게 나라를 이끌 것인지에 대한 방향이 정해졌어요.

한국광복군

1940년 9월 중국 충칭에서 조직된 대한민국 임시 정부의 정규군이다. 태평양 전쟁이 일어나자 1941년 12월 9일 정식으로 일본에 선전 포고를 했다. 광복 직전에는 한미 합동 작전으로 국내 정진대를 편성해 국내 진공 작전을 펼치려고 했으나 일제의 갑작스러운 항복으로 실현되지 못했다.

한국광복군의 군복(전쟁기념관)

1940년 9월 17일, 한국광복군 결성식에 참석한 광복군들

1940년 한국광복군 결성식 후 한중 대표의 기념 촬영
(왼쪽에서 두 번째가 지청천 광복군 사령관, 세 번째가 김구
주석, 네 번째가 중국의 류뮤치 장군)

훈련 중인 한국광복군 대원들

1937년 중일 전쟁이 발발하자 중국 각지
에 흩어져 독립운동을 하던 애국 단체들
은 충칭으로 이전한 임시 정부를 중심
으로 통일된 군사 활동과 외교 활동을 필
요로 하게 되었다. 광복군은 이러한 요구
에 의해 조직되었다. 중국 정부는 공식적
으로는 광복군의 조직에 찬성했지만,
한편으로는 임시 정부와 분열 상태에
있는 김원봉계의 조선 의용대와 이미
연합한 상태였으므로 모호한 입장을
취했다.

한국광복군

민족 혁명당의 의열단 중심 세력은 중국 국민당의 협조를 얻어 1938년 10월 10일 조선 의용대를 조직했다. 김원봉을 중심으로 한 조선 의용대의 일부는 충칭에 있는 한국광복군에 합류하고, 일부는 옌안으로 이동해 조선 의용군으로 개편되었다.

조선 의용대 대장 김원봉
(1898~1958년)
1919년 의열단을 조직해 조선 총독부와 일본 정부를 상대로 항일 무장 투쟁을 전개했고, 1935년에는 김규식과 함께 민족 혁명당을 창당해 활동했다. 광복 후 김규식, 김구 등과 함께 남북 협상에 참가한 뒤 귀환하지 않고 북한에 잔류했다. 1958년 11월 김일성의 연안파 숙청 작업 때 밀려났다.

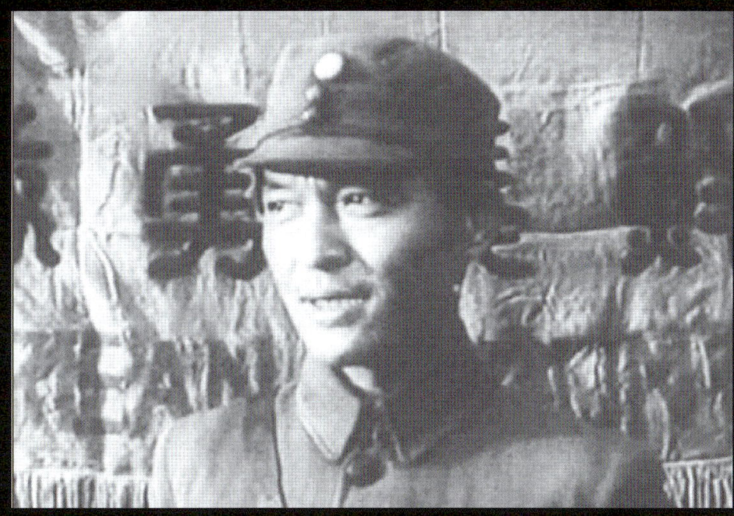

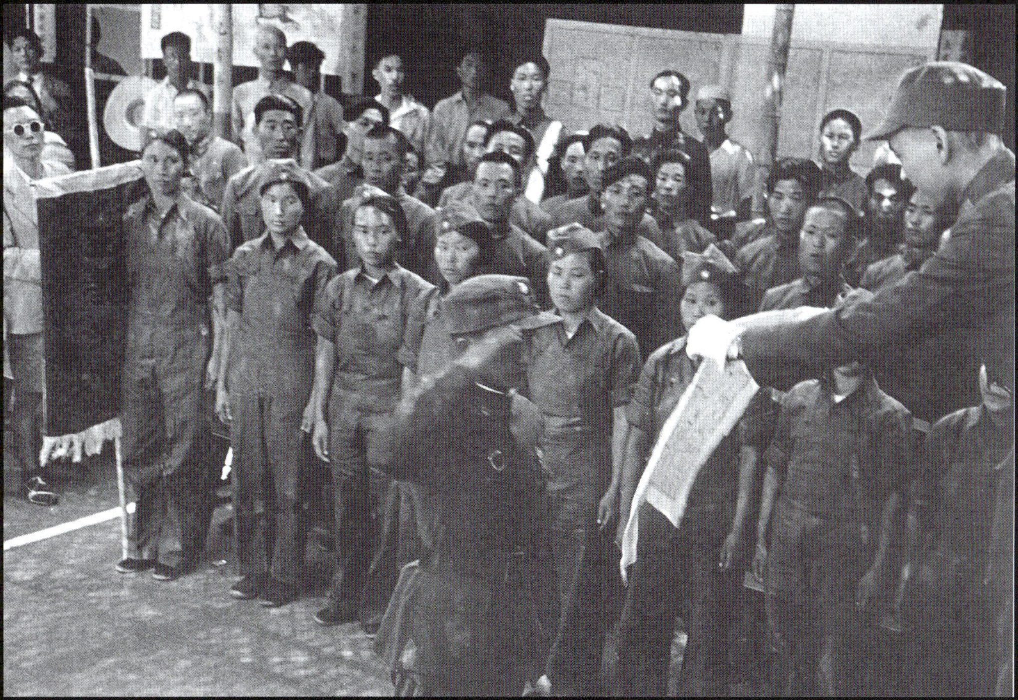

조선 의용대 환영식 1939년 9월 조선 의용대가 일본군 출신 한국인을 받아들이는 환영식을 거행하고 있다. 학병이나 징병으로 일본군에 징집된 한국인 병사들 중 일부가 병영을 탈출해 조선 의용대에 편입했다.

우리나라에 현존하는 태극기 중 가장 오래된 태극기다. 구한말에
고종이 미국인 외교 고문인 데니(O. N. Denny, 1838~1900년)에게
하사한 것으로 알려져 있다.

박영효가 추정해 복원한 태극기

1882년 임오군란의 뒷수습을 위해 수신사로 일본으로 가게 된
박영효가 배 안에서 만든 태극기다.

청산리 대첩 당시 독립군이 가지고 있던 피 묻은 태극기

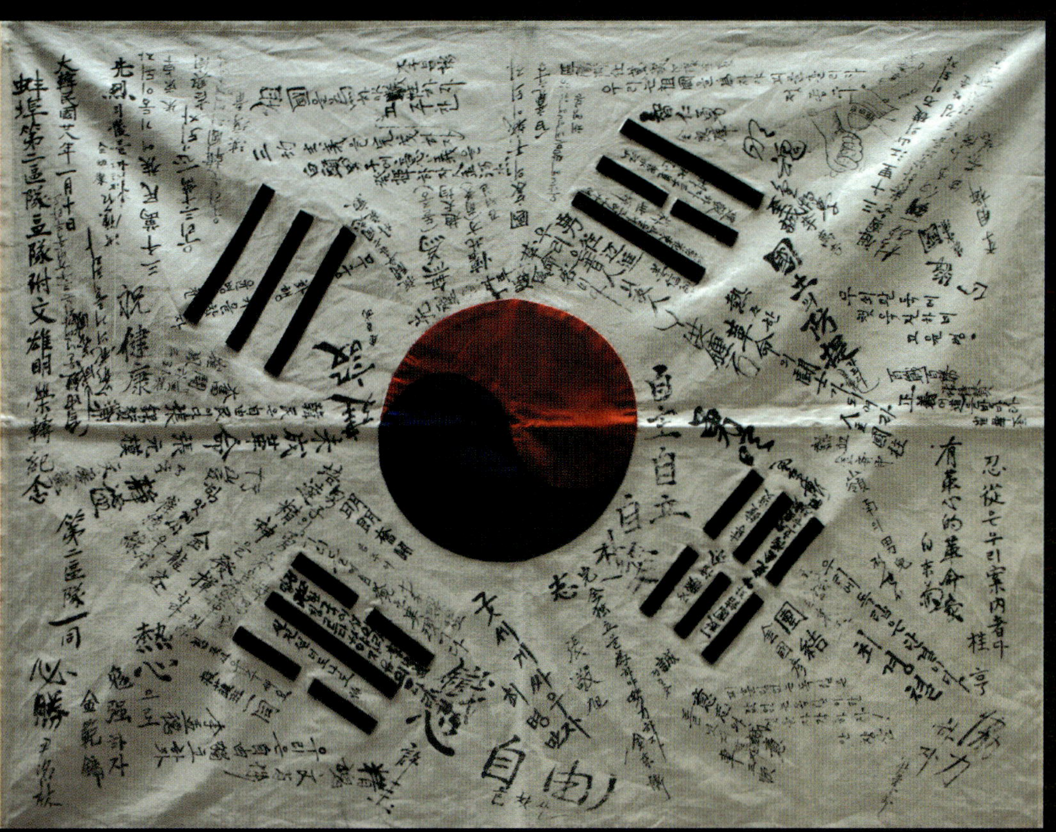

광복군의 친필이 적힌 태극기(독립기념관)

1944년부터 광복군 제3지대 대원으로 활약한 문수열이 1945년 1월 광복군과 협약을 맺고 있던 미국 특수 부대로 옮겨가게 되자 전우들이
이별을 아쉬워하며 선물한 태극기다. 이 태극기에는 조국의 완전한 주권을 찾아 진정한 광복을 이루려는 염원이 담겨 있다.

대한민국 임시 정부에서
사용한 태극기

임시 정부가 사용한 태극기 가운데
하나다. 장준하(1918~1975년)가
1944년 임시 정부 주석인 김구로
부터 받아 보관하다가 1975년 이화
여자대학교에 기증한 것이다.

대한민국 임시 정부 청사
일본군의 중국 침공으로 1940년에 임시 정부는 상하이에서 충칭으로 본거지를 옮겼다. 충칭에서 중국 국민당과 미국의 도움을 받아 광복군 총사령부를 창설하고, 제2차 세계 대전이 태평양 전선으로 확대된 1941년 12월 9일 연합군에 가담했다. 일본에 대해 선전 포고를 했지만, 본국 탈환 작전 준비 중에 일본의 항복을 맞았다.

사회주의 계열인 중국 화베이 지방의 조선 독립 동맹이나 만주 지역에서 항일 운동을 전개하던 단체, 그리고 여운형이 1940년대에 광복 후를 대비해 만든 조선 건국 동맹도 각각 민주 공화국 건설을 위한 원칙을 발표했지요.

충칭의 임시 정부는 1945년 4월 중국의 국민당 정부와 끈질긴 협상을 벌인 끝에 중국군의 작전 지휘 하에 대일 항전에 참여하는 것을 골자로 하는 독자적인 작전권을 확보합니다. 독자적인 작전 수행이 가능해진 한국광복군은 조국 광복을 직접 쟁취하기 위해 연합군과 함께 국내 진공 작전을 준비했어요. 총사령관 지청천과 지대장 이범석을 중심으로 한 광복군이 중국에 주둔하고 있던 미군과 연합해 국내로 들어가 일본과 전면전을 전개하려고 한 것이지요. 광복군은 미국 전략 정보국(OSS, CIA의 전신)과 연결, 국내 정진군을 편성해 특수 훈련을 시작했고 비행대도 편성했습니다. 잠수함으로 국내에 침투한 정진군에게 비행기로 무기 등을 보급할 계획이었던 거예요.

일제의 패망이 짙어지자 1945년 7월 조선의 독립과 건국을 준비하기 위해 조선 공작단 위원회를 결성했습니다. 하지만 안타깝게도 이 모든 노력들이 성과를 거두기도 전에 일제가 패망하고 말았어요. 끊임없이 무장 투쟁을 하면서 결정적인 시기를 맞이할 준비를 해 왔는데, 마지막의 화려한 장식을 하지 못하게 된 것이지요.

7-3 항일 무장 투쟁

1 독립군의 활동

• **북간도의 무장 단체 결성** 북로 군정서(총사령관 김좌진, 대종교도 중심, 동북 만주 최강의 독립군 부대로 발전), 대한 독립군(홍범도), 의군부(이범윤)

• **서간도의 무장 단체 결성** 서로 군정서 결성(신흥 무관 학교 출신들이 주축), 대한 독립단(박장호 등 한말 의병 세력이 주축), 광복군 총영(임시 정부의 직할 부대로 개편)

• **봉오동 전투(1920년 6월)** 만주 일대 독립군들의 국내 진입 작전 전개 → 일본군이 추격 부대 편성, 독립군 공격→홍범도의 대한 독립군이 봉오동에서 일본군 대파

• **청산리 대첩(1920년 10월)** 봉오동 전투 이후 일제가 훈춘 사건 조작(일제에 매수당한 마적들이 훈춘을 공격, 독립군의 소행으로 돌림) → 일제가 대규모 군대를 만주에 파병 → 김좌진의 북로 군정서군, 홍범도의 대한 독립군 등 독립군 연합 부대가 10여 차례 전투에서 일본군을 대파

2 독립군의 시련과 3부의 성립

• **간도 참변(경신참변, 1920년)** 청산리 대첩 이후 일본군이 독립군의 근거지를 없앤다는 명분으로 간도의 한인 마을 습격

• **자유시 참변(1921년)** 청산리 대첩 이후 북만주의 밀산에 독립군 집결, 서일을 총재로 대한 독립 군단 결성 → 러시아의 혁명 군대인 적군의 지원 약속을 믿고 소련령 자유시로 이동 → 일제가 소련과의 화친 조약을 내세우며 반발→소련 적군이 적군에 가입한 공산주의자들에게 한인 부대 공격 명령을 내려 무장 해제를 단행 → 수백 명의 독립군이 희생

• **미쓰야 협정(1925년, 삼시 협약)** 일제가 독립군 탄압을 위해 만주 군벌과 협정 체결. 만주 군벌이 한인 단체의 무장을 해제하고 독립운동가를 체포하여 일본에 인도

• **치안 유지법** 국내에서는 사회주의 세력이 탄압을 받음

• **3부의 성립** 만주의 독립군을 참의부(1923년, 압록강 인근 통합, 임시 정부의 직할 부대), 정의부(1924년, 길림성을 중심으로 한 남만주 일대), 신민부(1925년, 북만주 일대)의 3부로 통합, 3부는 군정 조직과 민정 조직을 갖춘 일종의 자치 정부 → 남만주 일대의 국민부(1929년)와 북만주 일대의 혁신 의회(1928년)로 재편 → 1930년대 초에 국민부는 조선 혁명당으로, 혁신 의회는 한국 독립당으로 이어짐

3 한중 연합 작전의 전개

• **조선 혁명군의 활약** 만주 사변으로 중국 내 항일 감정 고조 → 국민부는 조선 혁명당(1929년)을 결성하

고 양세봉을 중심으로 조선 혁명군 편성 → 중국 의용군과 연합 전선 형성 → 영릉가 전투와 홍경성 전투
- **한국 독립군의 활약** 혁신 의회는 김좌진 암살 후 한국 독립당(1930년, 지청천)을 창당하고 산하에 한국 독립군(1931년)을 조직 → 중국 호로군과 연합 전선 형성 → 쌍성보 전투와 대전자령 전투
- **동북 항일 연군(1936년)** 동만주 · 남만주 · 북만주 일대에서 최현 · 김일성 · 이홍광 등의 주도하에 항일 유격대가 조직 → 동북 인민 혁명군 조직(1933년), 구성원의 상당수가 한인이었지만 주도권은 중국 공산당이 행사 → 동북 인민 혁명군을 비롯한 만주의 모든 반일 무장 세력을 통합한 동북 항일 연군이 편성 → 중국 공산당의 지원 아래 한국 사회주의자들에 의한 무장 부대가 만주에서 항일전 전개
- **보천보 전투(1937년)** 김일성과 최현이 지휘하는 일부 동북 항일 연군이 함경남도 갑산군 보천면으로 진격해 경찰 주재소를 불사르고 수십 명의 일본군을 사살하는 전과를 올림 → 일제의 공세 강화로 항일 유격대 규모 축소, 일부는 소련령으로 퇴각하여 군사 훈련

4 의열 투쟁의 전개
- **대한 노인단 조직** 러시아의 블라디보스토크에서 조직됨. 강우규가 65세 때 서울역에서 새로 부임하는 사이토 총독에게 폭탄을 투척했으나 실패함(1919년)
- **의열단 조직(1919년 11월)** 김원봉이 만주 길림성에서 조직. 신채호의 「조선 혁명 선언」을 지침으로 채택해 개인 폭력 투쟁을 통한 독립 쟁취를 목표로 함
- **의열단의 의거 활동** 김익상(조선 총독부에 폭탄 투척), 김상옥(종로 경찰서에 폭탄 투척), 김지섭(도쿄 궁성에 폭탄 투척), 나석주(동양 척식 주식회사와 조선 식산 은행에 폭탄 투척), 박열(일본 왕실 결혼식 날 국왕 부자를 제거하기 위해 준비하다 발각됨)
- **한인 애국단 조직(1931년)** 임시 정부의 국무령 김구가 조직, 이봉창 · 윤봉길 의거 주도
- **이봉창의 의거(1932년)** 도쿄에서 일본 국왕에게 폭탄 투척 → 상하이 사변(일본이 상하이를 무력으로 침략)의 계기가 됨
- **윤봉길의 의거(1932년)** 상하이 홍커우 공원에서 열린 상하이 사변 전승 축하 기념식장에서 폭탄 투척 → 중국 국민당 정부가 임시 정부를 인정하는 계기가 됨

5 민족 통일 전선의 형성
- **민족 혁명당 결성(1935년)** 민족 유일당 건설을 목표로 의열단(김원봉), 중국 관내의 조선 혁명당(지청천), 중국 관내의 한국 독립당(조소앙) 등이 참여(김구는 임시 정부 체계를 유지하기 위해 1935년 한국국민당을 따로 조직) → 사회주의 계열인 김원봉의 주도로 조선 민족 혁명당으로 확대 개편 → 민족주의 진영의

조소앙 · 지청천이 탈당 → 김구의 한국 국민당으로 합류, 한국광복운동단체연합회 조직 → 한국 국민당, 한국 독립당, 조선 혁명당이 합당해 1940년에 한국 독립당 결성(충칭 임시 정부의 여당, 김구의 당) → 한국 광복군 창설

- **조선 의용대 창설(1938년 10월)** 김원봉은 조선민족전선연맹(민족 전선, 1937년 12월)을 결성하고 군사 조직인 조선 의용대를 조직, 창설 직후부터 중국 국민당 정부와 대일전에 참여
- **조선 독립 동맹 결성(1942년)** 조선 의용대는 1941년 화베이 지역과 옌안 지역으로 이동하면서 호가장 전투를 치름 → 화베이 지역으로 이동해 온 조선 의용대가 화베이의 중국 공산당 지역에서 활동하고 있던 세력들과 함께 조선 독립 동맹 결성 → 임시 정부와 통합 협의 중 일제의 패망으로 논의 중단
- **조선 의용군 창설(1942년)** 김원봉을 중심으로 한 조선 의용대의 일부는 충칭에 있는 한국광복군에 합류 하고, 다른 일부는 옌안 지역으로 이동하여 조선 의용군 창설 → 중국 공산당과 함께 항일전 참여. 조선 민 주 공화국 건설 표방, 대기업의 국영화와 토지 분배의 실현 추구. 일제 패망 뒤 북한 인민군에 편입

6 대한민국 임시 정부와 한국광복군의 활동

- **대한민국 임시 정부의 이동** 중일 전쟁으로 일본의 중국 침략이 본격화 → 일본의 침략을 피해 중국국 민당과 함께 이동 → 충칭에 정착(1940년)
- **한국 독립당 결성(1940년 5월)** 광복 연합의 3개 정당(한국 국민당 · 한국 독립당 · 조선 혁명당)이 결성. 대한민국 임시 정부의 여당 역할 담당, 김구를 위원장으로 단결 강화
- **대한민국 임시 정부 건국 강령(1941년)** 한국 독립당은 광복을 염두에 두고 정치 이념과 독립 전쟁 준비 를 알리기 위해 정치 · 경제 · 교육의 균등을 추구한 조소앙의 삼균주의를 수용해 건국 강령 발표. 보통 선 거에 의한 민주 공화국 건국, 주요 산업 시설의 국유화와 무상 · 의무 교육
- **한국광복군의 활동** 임시 정부 직속 무장부대로 신흥 무관 학교 출신을 중심으로 창설, 총사령관은 지 청천 → 대일 선전 포고(1941년, 연합군의 일원으로 연합 작전 준비) → 김원봉의 조선 의용대 일부 병력 합 류(1942년) → 중국 국민당과 군사 협정 체결, 중국 군사 위원회의 지휘 · 감독을 받음 → 영국군과 합동 작 전 전개(인도 · 미얀마 전선에서 심리전 참여) → 국내 진공 작전 계획(광복군 내에 정진군 편성) → 일제의 항복으로 실행하지 못함

일본의 무조건적인 항복을 마냥 기뻐할 수 없었던 이유는 무엇일까요?

1945년 8월 6일 아침 8시, 일본 히로시마 상공에 미국의 폭격기가 나타났습니다. 잠시 후 원자 폭탄이 떨어졌고, 약 50초 후 번쩍하는 빛과 함께 거대한 버섯구름이 피어올랐지요. 히로시마는 순식간에 잿더미로 변했고, 폭탄이 떨어진 곳으로부터 500m 안에 있던 사람들은 그 자리에서 목숨을 잃었어요. 8월 8일에는 소련이 일본에 선전 포고를 했고, 9일에는 나가사키에도 원자 폭탄이 떨어졌습니다.

상황이 이렇게 되자 일본은 무조건 항복을 선언했어요. 일본의 항복은 곧 우리나라의 해방을 의미했지요. 사람들은 거리로 뛰쳐나와 만세를 불렀어요. 35년 동안의 고통을 털어 내기라도 하듯이 목청을 높여 '대한 독립 만세'를 외쳤습니다.

그러나 김구는 『백범일지』에서 일본의 항복을 '하늘이 무너지는 듯한 일'이라고 표현했어요.

왜적이 항복한다 했다. 아! 왜적이 항복! 이것은 내게 기쁜 소식이라기보다는 하늘이 무너지는 듯한 일이었다. 천신만고 끝에 수년 동안 애를 써서 참전할 준비를 한 것도 다 허사이다. 시안과 푸양에서 훈련을 받은 우리 청년들에게 여러 가지 비밀 무기를 주어 산둥에서 미국 잠수함에 태워 본국으로 들여보내어 국내의 중요한 곳을 파괴하거나 점령한 뒤에 미국 비행기로 무기를 운반할 계획까지도 미국 육군성과 다 약속이 됐던 것을 한 번 해 보지도 못하고 왜적이 항복했으니……

한국광복군의 국내 진공 작전이 실행된 후에 일본이 항복했다면 우리는 전승국으로서 발언권을 행사해 분단이라는 비극을 겪지 않았을지도 모릅니다. 우리 민족이 결정적인 시기를 맞이하기 위해 투쟁해 온 것을 보면 우리 스스로 독립을 이룩하기 위해 얼마나 지난하게 싸워 왔는지 확인할 수 있어요. 일제로부터의 해방이 단지 소련의 참전이나 연합국의 승리에 의해서만 얻어진 것이 아니라는 것을 알 수 있지요.

광복을 맞이한 것은 미국과 소련을 비롯한 연합국의 승리 때문이기도 하지만, 우리 민족이 일제에 항거해 전개해 왔던 독립운동의 결실이기도 합니다. 우리 민족은 국내에서는 물론이고 만주와 연해주, 중국 대륙 등지에서 항일 무장 투쟁을 전개했고, 나라 안팎에서 잇따라 의거를 일으켰어요. 대한민국 임시 정부는 외교 활동을 전개했고, 한국광복군은 대일 항전에 나섰지요. 이런 활동들이 바로 광복의 밑거름이 됐다고 할 수 있습니다.

한 가지 아쉬운 것이 있다면 3·1 운동을 통해 오직 무장 투쟁만이 독립을 가져올 수 있다는 것을 확인했으면서도 온 민족과 모든 세력이 힘을 합쳐 싸우지 못했다는 점이에요. 어쩌면 이것 때문에 강대국의 농간에 의해 38선이 그어지고 지금까지 분단국으로 남아 있게 되었는지도 모릅니다.

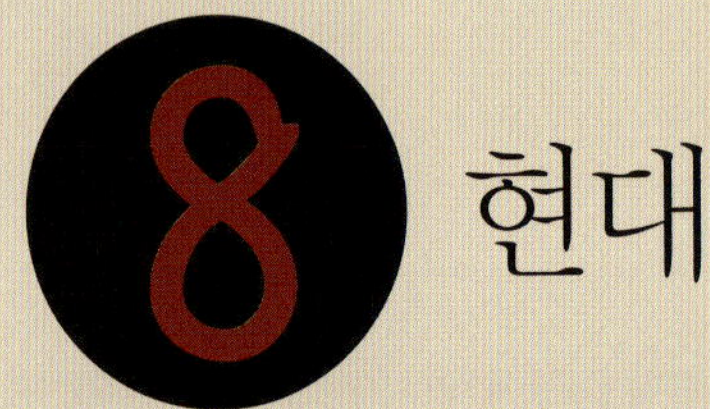

제2차 세계 대전의 포성이 완전히 멈추기 전에 세 차례의 주요 회담이 열렸어요. 전쟁이 한창이던 1943년 11월 카이로에서 루스벨트, 처칠, 장제스가 회담을 갖고 일본의 침략 저지를 위한 전쟁을 수행하기로 합의합니다. 여기에 특별 조항을 넣어 한국의 독립을 보장했지요. 1945년 2월에는 루스벨트, 처칠, 스탈린이 얄타 회담에서 국제 연합 설치를 협의합니다. 7월에는 트루먼, 처칠, 스탈린, 장제스가 포츠담 회담에서 일본과의 전쟁을 협의하고 카이로 선언에서 결의한 한국의 독립 보장을 재확인했어요.

제2차 세계 대전이 연합국의 승리로 끝나면서 미국 중심의 자본주의 진영과 소련 중심의 사회주의 진영이 대립하는 냉전 체제가 시작됩니다. 전쟁 후에 독립한 많은 나라들은 제3세계를 형성해 비동맹 노선을 채택했어요. 1947년 미국의 트루먼이 공산주의의 위협을 받고 있던 그리스 정부와 소련의 팽창으로 압력을 받던 터키에 대해 즉각적인 원조를 제공할 것을 공약한 트루먼 독트린을 선언함으로써 냉전 시대의 막이 올랐습니다. 1969년에는 닉슨이 '미국은 아시아 국가 내에서 벌어지는 내란이나 침략에 대해서 군사적 개입을 하지 않겠다'라고 선언하고 데탕트(긴장 완화)를 이끌게 되지요. 1989년에는 베를린 장벽이 무너지면서 독일이 41년 만에 통일을 이루고, 1991년에는 러시아를 비롯한 11개 공화국이 연방에서 탈퇴해 독립 국가 연합을 결성함으로써 사실상 냉전 체제가 해체됩니다. 이로써 지구촌은 체제나 이념보다는 자국의 국익을 위주로 한 새로운 경쟁 체제에 돌입하게 되지요.

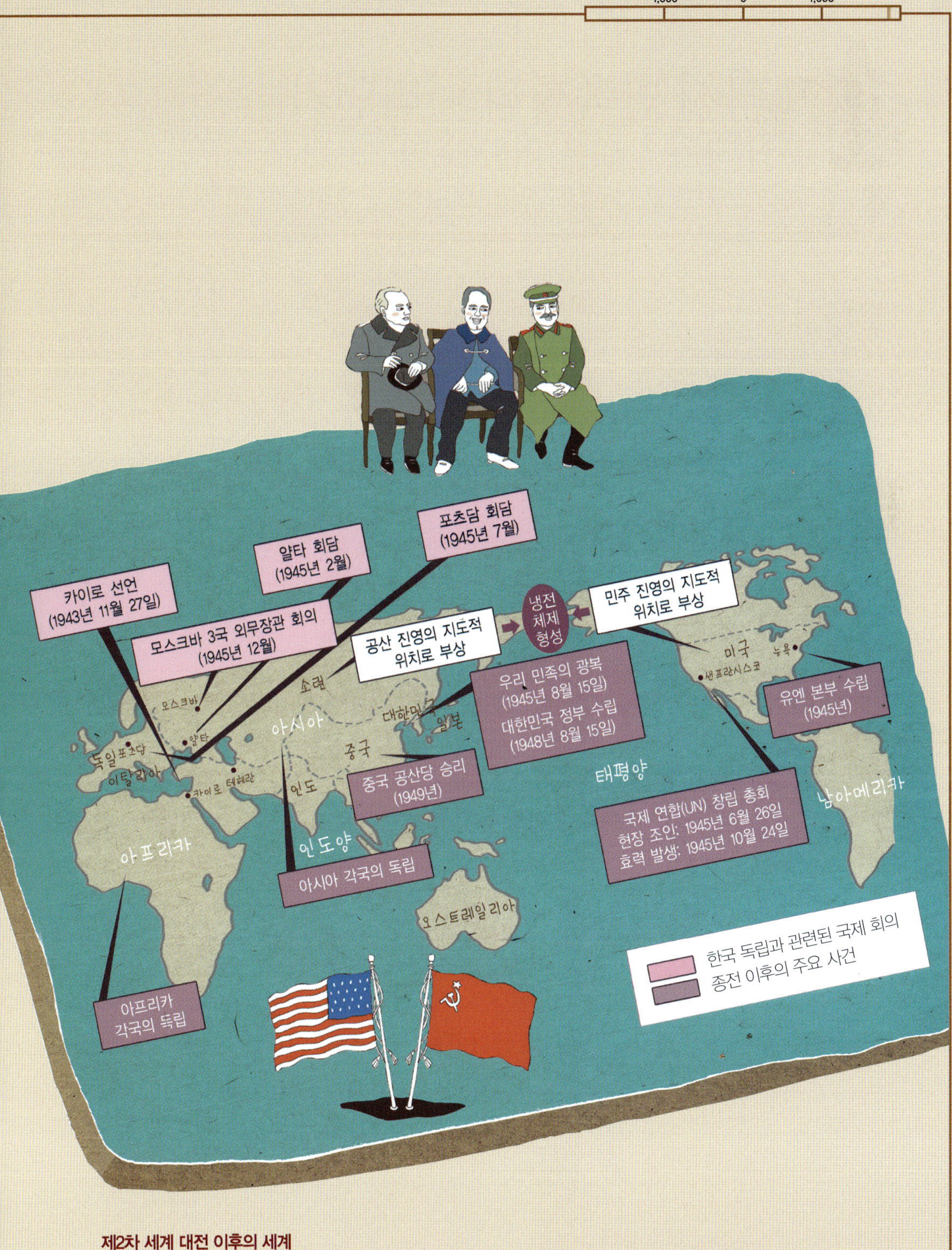

제2차 세계 대전 이후의 세계

1 또다시 반쪽짜리 나라인가 |
통일 국가 수립을 위한 노력

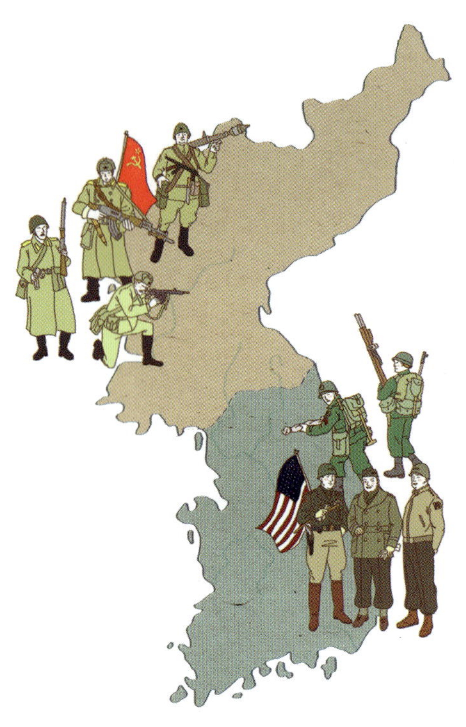

광복 후를 대비해 대한민국 임시 정부는 1941년 대일 선전 포고를 하고 건국 강령을 공포했어요. 건국을 위한 물밑 작업을 진행하던 조선 건국 동맹은 조선 건국 준비 위원회를 구성하지요. 하지만 미국은 38선을 경계로 이남 지역에 미군정을 선포하면서 그 어떤 정치 세력도 인정하지 않았어요. 이런 상황에서 개최된 모스크바 3국 외무장관 회의에서 신탁 통치안이 발표되자 신탁과 반탁이 대립하기 시작합니다. 임시 정부 수립을 위한 미소 공동 위원회가 결렬되면서 결국 한반도 문제는 유엔으로 이관되고 남한만의 단독 정부를 수립하게 되지요. 이런 과정을 보면 외세를 끌어들인 신라의 반쪽짜리 삼국 통일이 떠오릅니다.

- **1945년** 8월 15일 한반도가 광복되어 36년간의 일제 식민지 지배에서 벗어나다.
- **1945년** 9월 6일 조선 인민 공화국이 선포되다.
- **1946년** 3월 20일 임시 정부 수립을 논의하기 위해 미소 공동 위원회가 열리다.

조선 건국 준비 위원회, 공화국 수립을 선포하다

1945년 8월, 일본의 패전이 확실시되자 조선 총독 아베 노부유키는 한국에 거주하는 일본인의 생명과 재산을 보호해 줄 협상 대상자로 여운형이 중심이 되어 조직한 조선 건국 동맹을 지목했어요. 건국 준비를 위한 민족의 대표 기관과 정치 세력을 형성할 필요성을 느끼고 있던 여운형은 이에 동조했고 협상이 이루어지게 되었지요.

8월 14일 여운형은 노부유키를 만나 구속된 조선인 인사 석방 등 5개 조항을 요구하고 정권 이양 작업에 돌입했습니다. 8월 15일에는 위원장 여운형과 부위원장 안재홍을 중심으로 조선 건국 준비 위원회를 발족하지요. 여운형은 중도 좌파, 안재홍은 중도 우파를 대표하는 인물이었어요. 각 지방에는 지부가 만들어졌고 치안대와 보안대가 건설되어 자체적으로 치안을 담당하기에 이릅니다. 과도기 상태에서 정부 역할을 대신한 셈이지요. 광복이 되었을 때 방화와 약탈이 없었던 것은 광복 이전부터 건국 이후를 준비한 조선 건국 동맹과 광복 이후의 조선 건국 준비 위원회(이하 건준위)가 있었기 때문이에요.

박헌영을 비롯한 공산주의자들도 조선 공산당을 새로 결성해 정치 활동을 재개했는데, 초기에는 건준위와 합작해 활동했습니다. 김성수와 송진우 등 우파 민족주의 진영도 한국 민주당을 결성하면서 독자적인 정치 활동을 시작했어요.

건준위의 설립 목적은 민족의 총역량을 일원화해 과도기의 국내 질서를 자주적으로 유지하는 데 있었습니다. 9월 2일에 3개 항으로 된 강령을 발표했는데 내용은 다음과 같았어요.

조선 건국 준비 위원회의 회의 모습

1945년 8월 여운형이 종로 YMCA에서 열린 조선 건국 준비 위원회 회의를 주재하고 있다. 건준위는 자주 국가를 건설하기 위해 적극적으로 건국 활동을 펼쳐 나갔다.

첫째, 우리는 완전한 독립 국가의 건설을 기함

둘째, 우리는 전 민족의 정치적·사회적 기본 요구를 실현할 수 있는 민주주의 정권의 수립을 기함

셋째, 우리는 일시적 과도기에 국내 질서를 자주적으로 유지하며 대중 생활의 확보를 기함

광복 후 건준위는 정권 창출 작업에 들어갑니다. 그런데 1945년 9월 미군이 들어오게 되었어요. 건준위는 약 3주 동안 치안을 담당하다가 미군 진주 이틀 전인 9월 6일에 조선 인민 공화국의 수립을 선포하고 각지의 조직을 인민 위원회로 바꾸어 갔습니다. 일단 나라를

김성수(1891~1955년)
호남 지방의 대지주였다. 3·1
운동 이후에 경성방직 주식회사
를 세우고 〈동아일보〉를 창간
했다. 1947년부터 한국 민주당
의 당수를 지냈고, 1951년 5월
부터 1952년 8월까지 대한민국
제2대 부통령을 역임했다.

세우면 미군과 협상을 할 때 유리할 거라고 판단한 것이지요.

9월 11일 조각을 단행한 조선 인민 공화국은 이승만, 김구, 김일성 등을 각료에 포함시켜 좌우 균형을 맞춰 나갔습니다. 그런데 건준위가 좌익 진보 세력인 조선 공산당 중심으로 조직되자 민족주의 진영의 인사들이 반발하며 탈퇴했어요. 부위원장인 안재홍도 탈퇴해 9월 1일 조선 국민당을 창당합니다.

처음부터 건준위에 반대하고 임시 정부의 귀국을 기다리던 김성수, 송진우 등 우익 진영은 이들 조직을 벽상조각(壁上組閣)이라고 비난했어요. 미 군정청에서 10월 10일 조선 인민 공화국에 대한 승인을 거절하는 포고를 발표하자 조선 인민 공화국은 자연히 해체되었지요.

한반도에 38선이 그어지다

1945년 8월 15일 광복을 맞이한 우리 민족은 꿈에 그리던 자주독립 국가를 건설하려고 했어요. 그런데 미군은 단순한 해방군이 아니었습니다. 이들은 침략군의 면모도 함께 지니고 있었지요. 실제로 미군이 치안 유지의 명목으로 동원한 일본 경찰은 1945년 9월 8일 이 땅에 첫발을 떼면서 환영 인파를 향해 총격을 가하기도 했어요.

미국의 기본적인 입장은 38선을 중심으로 한반도가 둘로 나누어지는 순간부터 드러났다고 할 수 있습니다. 미국은 일본의 관동군을 몰아내면서 한반도로 빠르게 남하하는 소련군을 두려워했어요. 그래서 다급하게 38선을 기준으로 소련군은 38선 이북을, 미군은 38선 이남을 관할할 것을 제안합니다. 이것은 도대체 누구의 이익을 위한 것이었을까요?

미군정이 실시한 정책은 명백히 미국을 위한 것이었습니다. 그 단적인 증거는 미군정이 일제 식민지 지배 질서를 그대로 유지하려고 했을 뿐만 아니라 독립운동을 이끌었던 민주 세력의 정당성을 인정하지 않았던 것에서 찾을 수 있어요. 미군정은 임시 정부는 물론 조선 건국 준비 위원회도 인정하지 않았습니다. 오히려 친일파를 끌어들여 자신들의 지배를 공고히 하려고 했지요.

당시 완전한 자주독립을 염원했던 사람치고 미군정을 환영했던 사람은 거의 없었어요. 친일파들만이 과거 청산이라는 서슬 퍼런 칼날을 피하기 위해 미군정의 그늘 아래로 숨었을 뿐이지요.

여러 계층의 건국 운동은 자주독립 국가의 건설로 이어지지는 못했어요. 미군과 소련군이 일본군의 무장 해제를 이유로 38선 이남과 이북에 진주해 군정을 실시했기 때문이지요.

1946년 12월 전라남도 담양의 공출 광경
미군정은 1945년 9월 토지 소유 관계에서 종래와 변동은 없으며 지주는 소작료를 받을 권리가 있다고 선포함으로써 농촌의 봉건적 착취 관계를 근본적으로 개선하지 못했다.

일본의 무조건 항복과 미군정의 도래

1910년 한일 합병, 1931년 만주 침략, 1937년 중국 침략, 1941년 태평양 전쟁 등 씻을 수 없는 만행을 저지른 일본이 1945년 8월 15일 무조건 항복을 선언했다. 일본이 항복 문서와 한국 통치 이양 문서에 서명함으로써 미군정이 시작되었다.

서울역 광장과 남대문로 일대를 메운 시민들

거리로 쏟아져 나온 시민들 1945년 8월 15일 정오, 무조건 항복한다는 일왕의 육성 방송을 듣고 서울 시민들이 태극기와 플래카드를 들고 거리마다 쏟아져 나왔다.

(위) 일본의 항복 문서 서명
1945년 9월 2일 도쿄 만에 정박한 미주리
함상에서 맥아더 장군이 지켜보는 가운데
일본 대표가 항복 문서에 서명하고 있다.

(왼쪽) 통치 이양 문서 서명
1945년 9월 7일 일본 주둔 미 극동 사령부
는 남한의 미군정 실시를 선포했다. 다음
날인 9월 8일에 미국의 하지 중장은 미
제24단을 이끌고 서울에 진주했고, 9월 9
일 아베 총독은 총독부에서 통치 이양 문서
에 서명했다. 이날 조선 총독부 광장에서는
일장기가 내려지고 성조기가 올라갔다.

(위) 서울로 들어오는 미군
한국인들은 미군을 우리나라를
해방시켜 준 은인으로 생각해
열렬히 환영했다. 하지만 미군
에게 한국은 다스려야 할 점령
지에 불과했다.

**(오른쪽) 미국의 진주군을
환영하는 서울 시민**
1945년 9월 9일 총독부 청사
앞에서 가두 행진을 하는 미
진주군을 서울 시민들이 손을
흔들며 환영하고 있다.

(위) 내려가는 일장기, 올라가는 성조기

1945년 9월 9일 오후 4시 조선 총독부 광장에서 미군들이 도열한 가운데 일장기가 내려지고 있다. 이어 오후 4시 30분 미군들의 경례 속에 성조기가 조선 총독부 광장에 게양되고 있다.

(왼쪽) 일본인들의 귀국

한국에 거주하고 있던 일본인들이 봇짐을 들고 귀국선을 기다리고 있다.

화신 백화점에 걸린 연합군 환영 플래카드 1945년 9월 지금은 헐려 없어진 화신 백화점 건물에 연합군을
환영하는 구호가 영어와 러시아어로 적혀 있다. 도로는 한산했지만 전차는 항상 만원이었다.

(왼쪽) 장제스의 환송식

1945년 11월 중국의 장제스 총통 주최로 임시 정부 요인 환송 만찬식이 열렸다. 왼쪽부터 김구 주석, 장제스 총통이다.

(아래) 대한민국 임시 정부 환영식

1945년 12월 6일 대한민국 임시 정부 환영식장에 참석한 학생들이 시가행진을 벌이고 있다. 미군정은 조선 인민 공화국은 물론 대한민국 임시 정부도 인정하지 않았다.

1945년 8월 24일에는 치스차코프 장군이 이끄는 소련군 제25군이 나진, 웅기, 청진 등에 상륙해 북한의 전 지역에 배치되었습니다. 9월 8일에는 하지 중장이 이끄는 미군 제24군단이 서울에 입성해 북위 38도를 경계로 이남 지역에 군정을 실시하겠다고 선포했어요. 처음에 38선은 미국과 소련 양국에 의해 그려진 단순한 군사적 경계선이었습니다. 하지만 제2차 세계 대전 이후 미국을 중심으로 한 자유 진영과 소련을 중심으로 한 공산 진영의 대립이 심해지면서 38선은 점차 정치적인 분할선으로 바뀌어 갔어요.

미국은 미군정 이외의 모든 정치 조직을 인정하지 않았어요. 조선 건국 준비 위원회와 조선 인민 공화국은 물론 대한민국 임시 정부도 인정받을 수 없었지요. 미군 진주 직후에 창당한 민족주의 계열의 한국 민주당 요인들이 미군정에 참여하면서 북위 38도 이남 지역에서는 우익 세력이 강화됐고 조선 인민 공화국은 흐지부지되고 말았어요. 38선이 정치적인 분할선으로 굳어지면서 한국 사회는 이념 논쟁에 휩싸이게 됩니다.

우리의 운명을 남이 결정하다
− 카이로 회담, 얄타 회담, 포츠담 회담

1940년대 초에는 연합국이 전후 처리 문제를 놓고 여러 차례 국제회의를 열었습니다. 1943년 카이로 회담에서 미국은 "미국, 영국, 중국은 한국 인민의 노예 상태에 유의해 적당한 절차를 거쳐 한국을 자주 독립하게 할 것을 결의한다."라는 결정을 내린 바 있었어요. 그런데 문제는 즉각 독립이 아니라 '적당한 시기에' 독립을 시키겠다는 것이었지요. 나중에 이것이 논란의 대상이 됩니다.

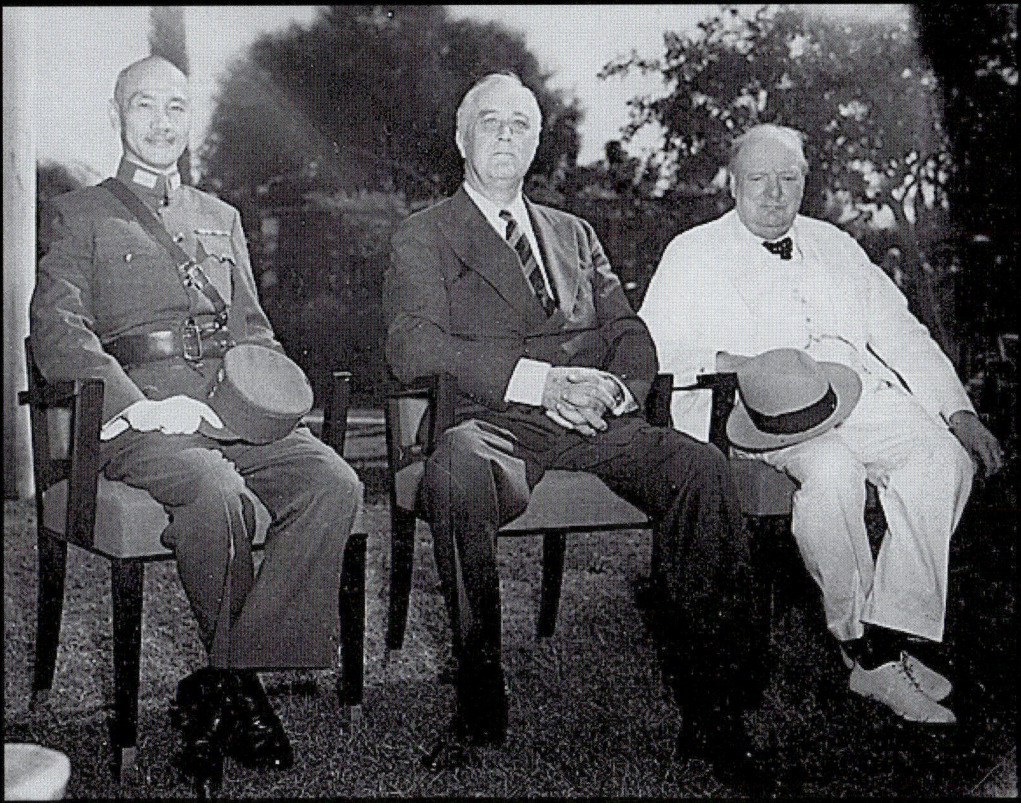

(위) 카이로 회담

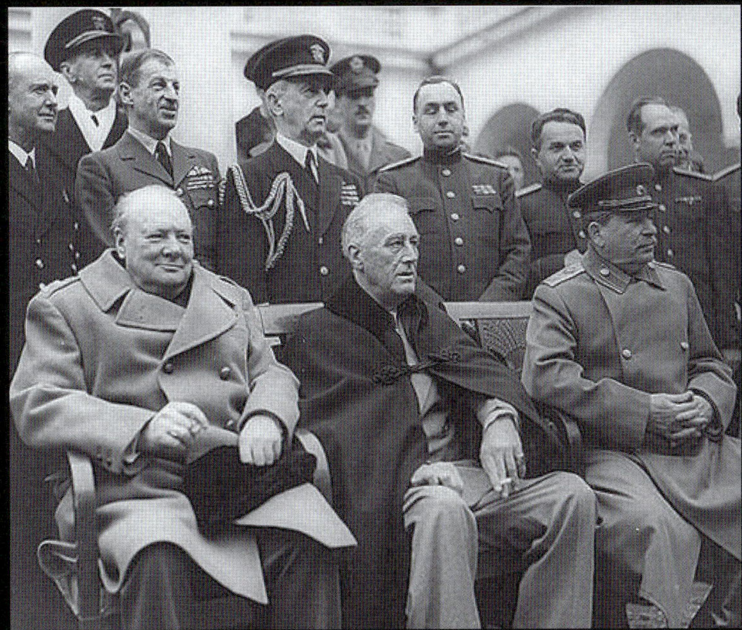

1943년 11월 22일부터 2차에 걸쳐 미국의 루스벨트 대통령(가운데), 영국의 처칠 총리(오른쪽), 중국의 장제스 총통(왼쪽) 등 3개 연합국의 대표가 이집트의 수도 카이로에서 가진 회담이다. 이 회담에서 처음으로 한국의 독립이 국제적으로 보장을 받았다.

(왼쪽) 얄타 회담

1945년 2월 4일부터 2월 11일까지 흑해 연안의 크림 반도에 있는 얄타에서 미국의 루스벨트(가운데), 영국의 처칠(왼쪽), 소련의 스탈린(오른쪽)이 모여 나치 독일의 제2차 세계 대전의 패전과 그 관리에 대해 의견을 나눈 회담이다. 이 회담에서 루스벨트는 한국을 30~40년간 신탁 통치하자고 제안했다.

(위) 신탁 통치 반대(반탁) 시위
(1945년 12월 31일)
모스크바 3국 외무장관 회의에서
한반도에 대한 신탁 통치가 결정
되자 전국에서 강력한 반대 시위가
일어났다. 사진은 반대 시위를 하는
사람들을 기마경찰들이 해산시키는
장면이다.

(오른쪽) 신탁 통치 지지(찬탁)
시위
1946년 1월 3일 좌익 진영은 서울
운동장에서 반탁과 독립 촉진 시민
대회를 연다고 군중을 모은 뒤 돌연
찬탁 시위를 벌였다.

미국은 예전부터 이 땅을 지배하려는 야욕을 품고 있었어요. 저 멀리 신미양요까지 거슬러 올라갈 필요도 없습니다. 1945년 2월 얄타 회담에서 미국의 루스벨트 대통령은 "한국이 독립할 능력이 없기 때문에 30~40년간 조선 땅을 신탁 통치하는 것이 좋겠다."라고 제안했기 때문이지요. 반면에 스탈린은 조선을 독립시킨다는 조건하에 미군의 신탁 통치 기간을 최소화해야 한다고 주장했어요.

얄타 회담에서 소련은 대일전에 참가하겠다는 선언을 합니다. 미국은 소련을 끌어들여 일본의 관동군과 맞붙게 함으로써 소련의 힘을 약화시키려는 의도가 있었지요. 하지만 소련은 제2차 세계 대전이 끝나 가는 상황이었으므로 국제무대에서 입지를 굳힐 수 있는 절호의 기회로 생각했어요. 그런데 소련군은 아무런 저항을 받지 않고 함경도 땅까지 내려오게 됩니다. 관동군은 동남아시아에서 미군과 대치하고 있었기 때문이지요. 소련으로서는 아무 힘도 안 들이고 한반도에 영향력을 행사할 수 있게 된 거예요. 당황한 미군은 '38선 위까지만 내려오라'고 제안합니다. 38선은 바로 얄타 회담에서 비롯되었지요.

제2차 세계 대전에서 이탈리아에 이어 독일이 항복하자 1945년 7월, 연합군은 독일의 옛 도시인 포츠담에서 일본과의 전쟁을 끝내기 위한 방안을 논의했어요. 여기서 미국, 영국, 소련의 정상들은 한국의 독립을 결의한 카이로 회담의 내용을 재확인했지요.

그런데 카이로 선언에서 그냥 한국을 독립시킨다고 하면 될 것을 왜 '적당한 절차를 거쳐서'라는 단서를 달았을까요? 이는 바로 신탁 통치를 의미합니다. 미군정은 어떠한 정치 기구도 인정하지 않았던 거예요. 북쪽에서 소련이 인민 위원회에 모든 권한을 넘겨주고 일을 처리하게 한 것과는 대조적이지요.

이념 대결로 변질된 찬탁과 반탁

1945년 12월 16일 미국, 영국, 소련은 전후 문제를 처리하기 위해 모스크바에서 외무장관 회의를 개최했어요.

모스크바 3국 외무장관 회의의 결과가 한반도에 전해지면서 좌익과 우익 사이에 극심한 분열이 일어납니다. 좌익은 처음에는 입장 표명에 미온적이었으나 소련 측의 요구로 모스크바 회의 내용 전문이 공개된 후, 회의 결과를 받아들인다는 입장에 섰고, 우익은 반탁 운동을 전개했어요. 좌익 계열은 임시 정부 건설 원칙을 강조하고, 우익 계열은 신탁 통치 반대를 강조하면서 서로 대립하게 된 것이지요.

당시 우익인 한국 민주당의 입장을 대변했던 〈동아일보〉는 1945년 12월 27일자에서 "소련은 신탁 통치 주장, 소련의 구실은 38선 분할 점령, 미국은 즉시 독립 주장"이라고 보도했어요. 이 보도는 미국의 주장과 소련의 주장을 뒤바꿔 놓은 오보였습니다. 이 오보 사건은 결과적으로 반탁 운동이 일어나는 데 일조했어요.

이런 상황에서 미군정은 조선과 미군의 대결 구도를 조선 내의 좌익과 우익의 대결 구도로 유도했고, 결국 찬탁과 반탁이라는 대결 구도로 나타나게 된 거예요.

실제로 모스크바 3국 외무장관 회의에서 논의된 내용은 다음과 같습니다.

첫째, 조선 내 모든 민주 세력이 참여하는 임시 정부를 수립할 것

둘째, 임시 정부와 협의해 최고 5년간 미국, 소련, 중국, 영국 등 4개국의 후견제 실시 여부를 결정할 것

모스크바 3국 외무장관 회의에 대한 〈동아일보〉의 오보 기사

〈동아일보〉는 1945년 12월 27일자 1면에 '외무장관 회의에 논의된 조선 독립 문제 – 소련은 신탁 통치 주장, 소련의 구실은 38선 분할 점령, 미국은 즉시 독립 주장'이라는 제목의 기사를 실었다. 훗날 이 기사는 명백한 오보로 밝혀졌다.

셋째, 후견 기간 동안에 전적으로 조선인이 임시 정부를 통해 스스로 통치할 수 있게 할 것

넷째, 조선의 문제를 해결하기 위해 미소 공동 위원회를 설립하고 조속히 논의할 것

모스크바 3국 외무장관 회의의 주요 원문 내용은 '신탁 통치' 안이 쟁점이 아니라 '어떻게 임시 정부를 수립하느냐, 임시 정부가 수립된 후에는 어떻게 연합국이 임시 정부를 도와주느냐'는 것이었어요. 이는 신탁 통치 대신 후견제라는 말이 사용되고, 5년 이후에 독립을 보장한다는 내용을 통해 알 수 있습니다.

어찌 보면 남북에 각각 소련군과 미군이 주둔하는 상황에서 모스크바 3국 외무장관 회의의 내용은 분단을 막을 수 있는 합리적인 방안이라고 할 수 있어요. 내용대로만 되었다면 분명히 통일된 자주독립 국가가 탄생했을 것입니다. 하지만 그렇게 되지 않았지요.

당시로서는 후견제든 아니든 다른 나라의 통치를 받는다는 것에 대한 거부감이 컸어요. 북쪽에서는 인민 위원회의 역할이 컸기 때문에 후견제라는 말이 수용될 수 있었지만, 남쪽에서는 미군정의 역할이 컸기 때문에 후견제라는 말은 곧 미군정의 지배를 받는다는 말로 인식되었습니다. 당시 좌익 세력은 국민으로부터 전폭적인 지지를 받고 있었어요. 일제 식민 치하에서 우익 세력의 대부분이 친일파로 변절했기 때문이지요.

그렇다면 좌익 진영은 어떤 입장을 취했을까요? 처음에 좌익 진영은 김구의 우익 진영과 마찬가지로 반탁 입장을 취했습니다. 그런데 박헌영이 평양에 갔다 온 뒤부터 찬탁으로 입장을 바꾸더니, 1946년

1월 3일 좌익 진영이 주최한 집회에서는 신탁 통치라는 용어를 북한 당국이 사용하는 후견제라는 용어로 바꾸어 사용하기 시작했어요. 좌익의 입장 변화가 소련의 지령 때문이라는 주장도 있지만 그보다는 결의문 첫 번째 항의 '임시 정부 수립'에 민감하게 반응했기 때문이 아닐까요? 당시 반탁은 임시 정부 계열에 의해 주도되고 있었으니까요.

이렇듯 좌익이 찬탁 입장으로 돌아서면서 찬탁과 반탁은 좌우익의 이념 대결로 변질됩니다. 즉 서로 정치적인 우위에 서기 위해 이념 대결의 양상을 띠게 된 거예요. 이를 예리하게 간파한 친일 세력은 찬탁 세력을 소련의 추종 세력으로 규정하고 반소와 반공을 전면에 내세웁니다. 이들이 반소만을 주장하고 반미를 주장하지 않았다는 점에서 의도를 쉽게 간파할 수 있지요.

결과적으로 미군정의 입맛에 맞는 세력이 급성장하면서 예전의 친일파나 매국노가 애국자로 둔갑하는 기가 막힌 일이 벌어지게 됐어요.

미소 공동 위원회와 좌우 합작 운동

신탁 통치를 실시하기 위해서는 먼저 임시 정부가 수립되어야 합니다. 미국과 소련은 1946년, 1947년 두 차례에 걸쳐 서울 덕수궁에서 임시 정부 수립을 위한 미소 공동 위원회를 열었어요. 미군정은 한반도 남쪽의 지배권을 강화하기 위해 모스크바 3국 외무장관 회의를 무력화시키는 작업에 돌입했어요. 이로 인해 1946년 3월 모스크바 3국 외무장관 회의 결정을 실현하기 위해 개최된 제1차 미소 공동 위원회는 임시 정부 구성에 참여할 단체를 놓고 이견을 보입니다.

소련 측은 임시 정부가 신탁 통치를 위한 수단이므로 모스크바 3국 외무장관 회의 결정을 반대하는 정당은 미소 공동 위원회에 참여할

수 없다고 주장했어요. 하지만 미국은 임시 정부에 모든 정치 단체를 참여시켜야 한다고 주장했지요. 소련의 속셈은 찬탁으로 돌아선 공산당만 임시 정부 수립에 참여시키겠다는 것이었어요. 미국이 반탁도 의사 표현의 하나라고 주장한 것은 한반도의 공산화를 방지하겠다는 의지를 보인 것이지요. 결국 회담은 2달여 만에 무기한 휴회 상태에 들어가게 돼요.

이런 상황에서 미군정은 1946년 6월 3일 통일 정부 수립이 여의치 않으므로 남한만의 단독 정부를 수립하자는 이승만의 정읍 발언에 주목하게 됩니다. 미소 공동 위원회의 휴회로 인해 임시 정부 구성이 어려움에 처한 가운데 튀어나온 이승만의 정읍 발언으로 남북 분단의 가능성은 더욱 커지고 말았어요. 이승만의 정읍 발언의 주요 내용은 다음과 같습니다.

이제 우리는 무기 휴회된 미소 공동 위원회가 재개될 기색도 보이지 않으며 통일 정부를 고대하나 여의치 않으니 남방만이라도 임시 정부 혹은 위원회 같은 것을 조직해 38 이북에서 소련이 철퇴하도록 세계 공론에 호소해야 될 것이니 여러분도 결심해야 될 것이다. 그리고 민족 통일 기관 설치에 대해 노력해 왔으나 이번에는 우리 민족의 대표적 통일 기관을 귀경한 후 즉시 설치하게 됐으니, 각 지방에 있어서도 중앙의 지시에 순응해 조직적으로 활동해 주기 바란다.

여운형과 김규식은 미소 공동 위원회의 결렬과 임시 정부 수립 좌절의 위기를 극복하기 위해 좌우 합작을 모색합니다. 여운형은 3·1 운동을 전후해 파리 강화 회의에 김규식을 파견한 신한청년당을 창당하는 데 앞장섰던 인물이에요. 남한에서는 중도 좌파인 여운형에 대한 평가가 인색하지만 북한에서는 영웅 취급을 받았지요. 여운형은 일제 강점기에는 광복 후를 대비해 조선 건국 동맹을 조직했고, 광복 이후에는 조선 건국 준비 위원회를 이끌었습니다.

1946년 10월에는 김규식과 여운형의 주도로 좌우 합작 위원회가 구성되고 좌우 합작 7원칙이 발표되면서 좌우 합작 운동은 활기를 띠게 되었어요.

1. 조선의 민주 독립을 보장한 모스크바 3국 외무장관 회의 결정에 의해 남북을 통한 좌우 합작으로 민주주의 임시 정부를 수립할 것
2. 미소 공동 위원회 속개를 요청하는 공동 성명을 발표할 것
3. 토지 개혁에 있어 몰수, 조건부 몰수, 체감 매상 등으로 토지를 농민에게 무상으로 나누어 줄 것
4. 친일파, 민족 반역자를 처리할 조례를 제안해 입법 기구로 하여금 심리, 결정하게 해 실시할 것
7. 전국적으로 언론 · 집회 · 결사 · 출판 등 자유를 절대 보장하도록 노력할 것

해리 트루먼
(1884~1972년)

미국 제33대 대통령이다. 1947
년 3월 12일 상하 양원 합동
회의의 연설에서 이른바 트루먼
독트린으로 불리는 선언을 했
다. 이 선언을 통해 미국은 당
시 소련 주도로 벌어지던 공산
주의의 확산을 막고 자유주의
진영에 대한 공산주의 세력의
위협에 힘으로 대항한다는 의사
를 명백히 하여 냉전을 공식화
했다.

미군정은 공산 국가만 아니면 중립적 통일 정부도 괜찮다고 생각했기 때문에 이런 움직임을 적극적으로 지지했어요. 하지만 트루먼 독트린 이후 냉전 체제가 본격화되면서 미국은 좌우 합작 운동에 대한 지지를 철회하고, 우익 세력을 옹호하는 쪽으로 정책을 변경하게 됩니다. 결국 1947년 5월 21일 미소 공동 위원회 제2차 회의가 재개됐지만 얼마 지나지 않아 다시 대립하기 시작했어요. 1947년에는 이미 트루먼 독트린이 발표돼 본격적인 냉전 체제에 돌입했기 때문에 미소 양국은 한반도에 우호적인 정권을 수립하기 위해 한 치의 양보도 하지 않았지요. 결국 두 차례에 걸쳐 진행됐던 미소 공동 위원회는 결렬되고 말았어요.

트루먼 독트린은 미국의 트루먼 대통령이 공산 세력에 저항하고 있는 나라를 후원할 것을 명백히 밝힌 원칙입니다. 제2차 세계 대전이 끝나고 2년 후 트루먼은 소련과 갈라서겠다고 선언함으로써 냉전이 시작되었어요. 6 · 25 전쟁은 사실상 미국과 소련의 대리전쟁 성격을 띠고 있지요.

한반도 문제의 유엔 이관

제2차 미소 공동 위원회가 휴회에 들어가 있던 1947년 8월, 미국은 한반도 문제를 미 · 영 · 중 · 소 4개국 회담에 맡기자고 제안했지만 소련은 이를 거부합니다. 9월 23일 미국은 유엔의 감시 아래 남북한 자유선거를 실시하자는 안건을 유엔 총회(국제 연합 총회)에 상정했어요. 이에 소련은 미국과 소련 양국 군대를 한반도에서 동시에 철수할 것을 제안했지요. 하지만 양국의 입장 차이는 좁혀지지 않았어요.

결국 소련 대표가 참석하지 않은 상태에서 치러진 유엔 총회는 한

국 임시 위원단을 구성하고, 그 감시 아래 인구 비례에 따른 남북한
총선거를 실시한다는 결의안을 43대 0으로 통과시켰습니다.

　　1. 한국 국민 중에서 대표를 선출해 정부 수립에 참여시키기 위해 유엔
한국 임시 위원단을 설치한다.
　　2. 각 투표 지구 또는 지대로부터의 대표자 수는 인구에 비례해야 하며
선거는 임시 위원단 감시하에 시행해야 한다.

이는 한민족이 통일된 국가를 수립하고 독립할 수 있는 좋은 기회
였지만 소련과 북한의 반대에 부딪쳐 분단의 길로 접어들게 되었습
니다. 소련은 미소 양군 철수 후 자주적 임시 정부 수립을 주장하면서
유엔 한국 임시 위원단이 38선 이북으로 들어오지 못하게 막았어요.
그러자 미국은 다시 유엔에 38선 이남만의 단독 선거를 실시하자는
제안을 하지요. 이 제안으로 1948년 2월 유엔 소총회에서 3개월 뒤인
5월 10일을 선거일로 정했어요. 남한만의 단독 정부를 수립하기 위
한 선거가 확정되자 이를 둘러싼 갈등이 점점 고조됐습니다. 1948년
4월 3일 제주도에서는 남조선 노동당 당원들을 중심으로 5·10 선거
반대와 통일 정부 수립을 주장하는 무장봉기가 일어났어요. 이에 미
군정은 극우 청년들과 경찰, 군대를 파견해 토벌에 나섰지요. 전쟁의
암운이 드리워지기 시작한 것입니다.

결론적으로 찬탁과 반탁 논쟁은 통일된 자주독립 국가 건설과 외세
의 지배라는 대립 구도를 좌우익 간의 이념 대결 구도로 변질시켜 버
렸고, 끝내 분단의 길로 들어서게 만들었어요. 이를 통해 민족의 이익
을 지키기 위해서는 힘을 기르고 변화된 상황에 맞게 대처해야 한다
는 교훈을 얻을 수 있습니다.

8-1 통일 국가 수립을 위한 노력

1 8·15 광복

- **조선 건국 동맹**(1944년 9월) 여운형 주도로 국내에서 좌우 세력의 합작으로 결성, 일본 제국주의 축출과 민주주의 국가 수립 추구 → 전국적으로 조직 확대, 조선 독립 동맹과 협동 작전 모색 → 1945년 8월 여운형이 조선 총독 아베 노부유키와 교섭하여 구속된 정치·경제 인사 즉시 석방과 정치 활동 간섭 배제 등 5개항의 요구 조건 하에 정권 이양 작업에 동의
- **광복** 이탈리아(1943년 9월)와 독일(1945년 5월)이 항복하고, 1945년 8월 15일 일본이 무조건 항복을 선언함으로써 제2차 세계 대전이 종식되어 한국은 일제로부터 광복
- **광복 직후의 상황** 일본의 갑작스러운 항복으로 대한민국 임시 정부의 국내 진공 작전이 무산 → 제2차 세계 대전 이후 한반도의 운명을 결정하는 데 우리 민족의 의지가 제대로 반영되지 못함

2 한반도와 관련된 국제회의

- **카이로 회담**(1943년 11월) 제2차 세계 대전 중 이집트의 카이로에서 미국·영국·중국의 수뇌가 참가해 일본 항복 후의 문제 합의, 적당한 시기에 한국의 독립 약속
- **얄타 회담**(1945년 2월) 미국·영국·소련의 수뇌 참여, 소련의 대일전 참전 문제 합의, 루스벨트 미국 대통령이 한국에 대한 신탁 통치를 제안
- **포츠담 회담**(1945년 7월) 미국·영국·중국·소련의 수뇌 참여, 일본의 즉각적 항복 요구, 한국의 독립 재확인

3 광복 직후의 국내 정세

- **조선 건국 준비 위원회**(1945년 8월 15일) 조선 건국 동맹을 중심으로 민족주의 좌파와 사회주의 세력이 결성, 사회 질서 유지와 자주적 독립 정부 수립 활동을 전개 → 보수 우파 불참, 좌익 득세로 안재홍 등 우익 세력 대거 탈퇴
- **조선 인민 공화국 선포**(1945년 9월 6일) 미군 진주에 대비해 조선 건국 준비 위원회의 중앙 조직을 실질적인 정부 형태로 개편, 전국에 인민 위원회 조직. 미국은 그 어떤 독립 세력도 인정하지 않음. 조선 인민 공화국 와해 이후 중도 좌파의 여운형이 조선 인민당 창당
- **정치 세력의 대립** 한국 민주당(송진우), 독립 촉성 중앙 협의회(이승만), 한국 독립당(김구), 조선 인민당(여운형, 중도 좌파), 남조선 노동당(박헌영, 좌익) 등이 대립

4 미군의 직접 통치

- **미군정 선포**(1945년 9월 9일) 9월 8일 하지 중장이 이끄는 제24군단이 인천에 상륙하여 서울에 입성 → 미군이 조선 총독부로부터 통치권을 넘겨받고 북위 38도 이남의 남한 직접 통치 → 한국 민주당(송진우와 김성수 등을 중심으로 지주와 기업가들이 참여)을 비롯한 국내 우익 세력을 지원
- **미군정의 경제 정책** 쌀 공출제를 폐지하여 곡물의 자유 시장제 실시, 소작료를 3분의 1로 낮췄으나 농민의 기대치에는 미달, 일부 지주의 매점 매석으로 물가가 불안해지자 쌀 수매제를 시행했으나 농민들이 공출로 받아들여 9월 총파업과 10월 봉기 등 저항 운동 전개

5 모스크바 3국 외무장관 회의와 미소 공동 위원회

- **모스크바 3국 외무장관 회의 개최**(1945년 12월 16~25일) 모스크바에서 미국 · 영국 · 소련의 3국 외무장관 회의 개최, 미소 공동 위원회를 설치하고 한국에 대해 최고 5년간 미국 · 영국 · 중국 · 소련의 4개국이 신탁 통치를 실시할 것을 결정 → 반탁 운동이 전국적으로 확산 → 처음에는 일부 공산주의자들까지 반탁 의사를 밝혀 단합의 계기가 마련되는 듯했으나 소련의 지령에 따라 신탁 통치 지지 → 신탁과 반탁의 대립
- **미소 공동 위원회 개최**(1946년 3월 20일) 모스크바 3국 외무장관 회의 협정에 따라 임시 정부 수립 문제를 논의하기 위해 제1차 미소 공동 위원회가 개최 . 소련 측은 모스크바 3국 외무장관 회의의 결정을 지지하는 단체들로만 임시 정부를 수립할 것을 주장, 미국 측은 모든 정치 단체를 참여시킬 것을 주장 → 1946년 6월 3일 이승만이 정읍에서 남한만의 단독 정부 수립을 주장 → 1947년 5월 21일 제2차 미소 공동 위원회가 재개됐으나 미국 · 소련이 자국에 우호적인 정부 수립을 추구하다 결국 결렬

6 좌우 합작 위원회 조직(1946년 5월)

- **배경** 미소 공동 위원회 결렬, 이승만의 정읍 발언
- **목적** 중도적 통일 정부 수립을 위해 중도 우익의 김규식과 중도 좌익의 여운형이 주도해 좌우 합작 위원회 결성
- **좌우 합작 7원칙 발표** 임시 정부 수립, 토지 개혁 및 친일파 처벌 등
- **반응** 한국 독립당은 찬성, 이승만은 조건부 찬성, 한국 민주당과 조선 공산당은 반대
- **결과** 냉전의 심화로 실패, 여운형이 암살

이념 논쟁과 이념 대결의 차이는
무엇일까요?

우리 사회에서 이념 대결은 좋지 않은 결과를 많이 낳았습니다. 어쩌면 지금도 이념 대결에서 완전히 자유로운 상태는 아니라고 볼 수 있어요. 물론 이념 대결은 남북이 분단된 상황에서 자유 민주주의 체제를 지키기 위해 불가피하게 발생했다고 볼 수도 있습니다. 하지만 이런 이념 대결이 우리나라 민주주의의 발전을 가로막아 온 것 또한 사실이에요. 오랫동안 군사 독재 지배를 받아 온 것도 이 때문이라고 할 수 있지요. 민주화 세력을 빨갱이로 몰아 버리기만 하면 독재 체제를 유지할 수 있었던 것입니다.

이념 논쟁에는 찬성할 수 있지만 이념 대결은 결코 찬성할 수 없어요. 왜냐하면 이념 대결이 벌어지면 그것이 어떤 이념이든 간에 사회 발전을 제약할 수 있기 때문이지요.

사회가 발전하려면 여러 입장이 나오면서 서로 좋은 방안을 찾아가야 합니다. 그런데 새로운 입장이 나오려면 사상과 양심의 자유가 허용되어야 해요. 사상과 양심의 자유는 사람의 가장 기본적인 권리이면서 사회 발전을 위한 방안을 마련하는 가장 중요한 토대이기도 하지요.

이념 논쟁이 이념 대결로 전개되면 사상과 양심을 구속하게 됩니다. 그러면 새로운 주장과 방안이 나올 수 없겠지요. 자유 민주주의는 그렇지 않다고 주장할 수도 있습니다. 하지만 우리나라에서 민주주의와 반공이라는 미명하에 벌어졌던 수많은 탄압을 어떻게 설명해야 할까요? 자유 민주주의 체제뿐만 아니라 중세 시대에도 신학 이념만을 내세우는 과정에서 마녀사냥이 벌어졌어요.

이렇듯 이념 대결의 양상으로 치닫게 되면 은연중에 마녀사냥식의 탄압이 벌어질 수도 있습니다. 이념 대결은 새로운 주장과 방안을 내놓지 못하도록 사람들 입에 재갈을 물리는 것과 같아요.

또한 이념 대결은 우리 민족에게 아무런 이득을 가져다주지 못할 뿐만 아니라 우리 민족의 요구에 의해 발생한 것도 아닙니다. 해방 정국에서 가장 중요한 것은 통일되고 완

전한 자주독립 국가 건설이었어요. 그렇다면 독립 국가 건설을 가장 중요한 가치로 생각해야 했는데, 주객이 전도되어 좌우익 대결이 첨예화되면서 결국 분단국가의 멍에를 짊어지게 된 거지요.

우리 민족의 요구에 반하는 이념 대결은 외부의 압력에 의한 것으로 볼 수도 있어요. 그렇다고 외국의 사상과 이념을 거부해야 한다는 말은 아닙니다. 외국의 사상과 이념이 선진적이고 진보적인 사상이라면 충분히 수용할 수도 있어요. 그러나 우리 상황에 맞게 수용해야지, 꼭 이념대로 따라갈 필요는 없습니다. 무조건 외국의 이념을 따른다면 결국 우리 민족의 해결 과제를 놓치게 되고, 민족의 이해나 요구에 반하는 대결만 벌일 수 있기 때문이에요.

결론적으로 우리 민족의 이익에 맞는 입장을 견지하면 되지, 그 어떤 이념에 구속될 필요는 없습니다. 물론 사회가 발전하려면 여러 선진적인 사상이 필요해요. 이런 점에서 논쟁이 일어날 수 있도록 양심과 사상의 자유는 보장되어야 합니다. 즉 이념 논쟁은 활성화되어야 하지만 이념 대결은 민족의 발전에 백해무익하다고 할 수 있지요.

2 "일제가 이렇게 빨리 망할 줄은 몰랐다" | 대한민국 정부 수립과 반민 특위

광복 이후의 우리 역사를 보면 만감이 교차합니다. 차마 부끄러워 고개조차 들고 다니기 어려울 지경이에요. 당시의 치욕이 오늘날까지도 그대로 이어져 오고 있기 때문이지요. 독도 문제나 일본군 위안부 문제까지 어느 것 하나 말끔하게 해결된 것이 없습니다. 역사적 과오는 덮어 둔다고 해서 사라지는 것이 아니므로 반드시 그 의미를 되새겨야 해요. 광복 이후 우리 민족은 중국 공산당이 외국 침략자와 내통한 매국노를 처단하고, 프랑스가 나치 협력자를 숙청했듯이 친일파를 청산하는 과제와 통일된 자주독립국을 건설하는 과제를 해결해야 했습니다. 하지만 미군정으로 인해 모든 것이 수포로 돌아갔지요. 그들의 선택에 의해 김구와 여운형은 밀려나고 이승만이 미군정의 핵심 세력이 됐습니다.

- **1947년** 11월 유엔 총회에서 인구 비례에 의한 남북한 총선거를 통해 통일 정부 수립을 결의하다.
- **1948년** 8월 15일 대한민국 정부를 수립하다.
- **1948년** 9월 9일 조선 민주주의 인민 공화국을 수립하다.
- **1948년** 10월 23일 반민족행위 처벌법에 따라 반민족행위 특별조사위원회가 정식으로 출범하다.

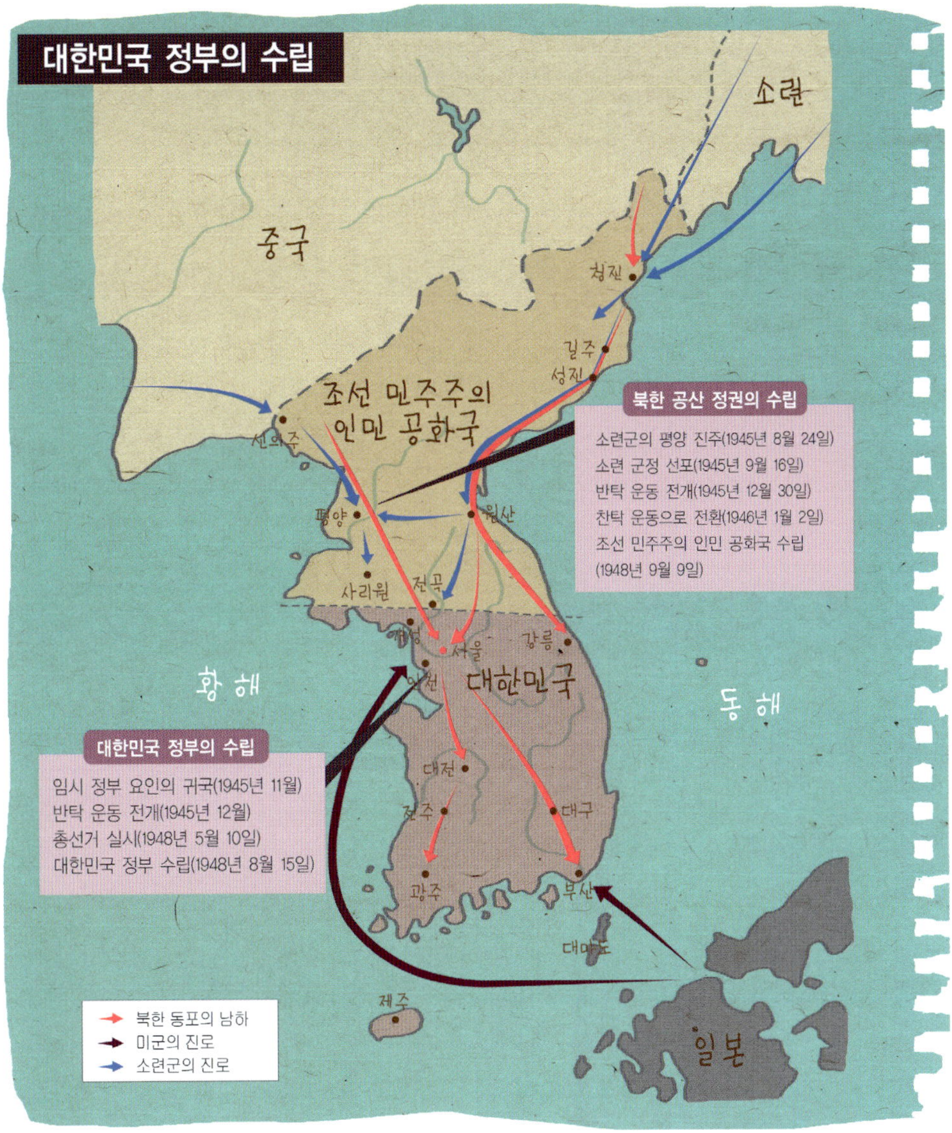

김구, 동족상잔의 비극을 예감하다

김구와 김규식은 남한 단독 선거에 불참을 선언하면서 분단을 막기 위한 남북 협상을 주장했습니다. 하지만 북한은 인민군 창설, 헌법안 작성 등 북한 단독 정권 수립을 위한 준비를 마친 상태였어요. 이런 상황에서 김구와 김규식의 남북 협상 제의는 북한으로서는 분단의 책임을 회피할 수 있는 좋은 기회였습니다. 북한은 분단을 막기 위해 노력했지만 남한의 우익과 미국이 단독 정부 수립을 강행해서 분단이 결정되었다고 선전할 수 있었을 테니까요.

어쨌든 김구는 분단을 막기 위해 몸을 바쳐 노력했어요. 김구는 「삼천만 동포에게 읍고함」을 통해 피 끓는 절규를 했습니다.

> 나는 통일된 조국을 건설하려다가 38선을 베고 쓰러질지언정 단독 정부를 세우는 데는 협력하지 아니하겠다. …… 형제자매여! 붓이 이에 이르매, 원통해 가슴이 막히고 눈물이 앞을 가리어 말을 더 이루지 못하겠다. 바라건대 나의 애달픈 고충을 헤아려 내일의 조국을 위해 한 번 더 깊이 생각하라.

결국 김구는 분단을 막기 위해 북한의 정치가들과 회담을 하기로

결심하고 북한에 편지를 보냈어요. 북한에서는 '남한의 단독 선거 실시에 반대하는 남북한 모든 사회단체 대표들과 4월 14일 평양에서 회의를 열자'고 화답했지요.

김구와 김규식 일행이 38선을 넘으려고 하자 신변 안전을 우려해 말리는 사람들이 많았어요. 심지어 김구를 공산주의자로 매도하는 사람도 있었지요. 하지만 김구는 "38선을 베고 누워 죽더라도 조국의 허리가 잘리는 비극만은 막아야 한다."면서 1948년 4월 19일 38선을 넘어 북으로 향했어요. 평양에 도착한 김구는 성명서를 발표했습니다.

"38선 때문에 우리에게는 통일과 독립이 없고 자주와 민주도 없다. 어디 그뿐이겠는가. 대중의 굶주림이 있고, 가정의 이별이 있고, 동족의 싸움까지 있게 되는 것이다."

김구는 이미 동족상잔의 비극을 예감하고 있었던 것입니다. 김구 측과 김일성 측은 회의를 열고 '미군과 소련군이 동시에 철수할 것과 남북한 전체의 민주적인 투표에 의해 통일 의회를 만들고 의회에서 헌법을 제정해 통일된 민주 정부를 구성할 것, 남한만의 단독 선거는 인정하지 않을 것' 등을 결의했어요.

김구와 김규식이 북으로부터 '남에서 정부를 수립하지 않으면 북에

대한민국 정부가 수립되다

유엔 한국 위원단의 감시 아래 1948년 대한민국 제헌 국회를 구성하기 위한 5·10 총선거가 실시되었다. 7월 20일 제헌 국회 국회 의원들의 간접 선거에서 초대 대통령으로 선출된 이승만은 8월 15일 독립 기념일을 맞아 중앙청에서 정부 수립을 선포했다.

(위) 유엔 한국 임시 위원단 환영식

1948년 1월 8일 유엔이 한반도 문제를 해결하기 위해 조직한 유엔 한국 임시 위원단이 큰 기대 속에 입국했다. 사진은 1948년 1월 14일 서울 운동장에서 거행된 유엔 한국 임시 위원단 환영 대회의 모습이다.

(왼쪽) 5·10 총선거 모습(전라남도 광산군)

1948년 5월 10일에 실시된 총선거 광경을 시찰한 UPI 통신사 특파원은 당시의 분위기를 "미군 정찰기는 상공을 비행했으며, 투표소가 있는 곳은 야구용 타봉을 든 향보단 단원들에 의해 엄중히 경호되고 있었다. 분위기는 마치 계엄하의 도시 같았다."라고 전했다.

5 · 10 총선거 포스터

5 · 10 총선거는 광복 후 최초의 선거인 동시에
38선 이남의 단독 선거였다.

5 · 10 총선거 투표 광경

당시의 높은 문맹률을 반영하듯 선거 기호를 아라비아 숫자가 아닌 막대기의
숫자로 표시했다. 일본 독감이 유행해 마스크를 쓴 선거 관계자와 천진하게
앞을 바라보고 있는 소년의 표정이 인상적이다.

이승만 대통령 취임 이승만은 1948년 7월 20일 대한민국 초대 대통령 선거에서 대한 독립 촉성 국민회 후보로 나서 김구와 안재
홍을 누르고 대통령에 당선되었다. 7월 24일 초대 대통령에 취임했다.

대한민국 정부 수립 1948년 5월 10일 남한만의 총선거가 실시되어 5월 31일 제헌 국회가 개설되었다. 제헌 국회는 7월 20일 초대 대통령으로 이승만을 선출했고, 이승만은 1948년 8월 15일 대한민국의 수립을 선포했다.

서도 정부를 수립하지 않겠다'는 약속을 받고 돌아왔지만 미군정은 남한만의 선거를 통해 이승만에게 권력을 넘기기로 이미 결정한 상태였어요. 북한 역시 1946년부터 북조선 임시 인민 위원회가 사실상 정부의 역할을 해 오고 있었지요.

5월 5일 무사히 서울로 돌아온 김구는 선거 거부와 미군 철수를 주장했지만 남쪽 지역만의 선거는 5월 10일 예정대로 실시되었어요. 김구는 1949년 6월 경교장에서 육군 소위 안두희에 의해 암살되고 맙니다. 안두희는 끝내 김구를 죽이도록 지시한 자가 누구인지 밝히지 않은 채 박기서에 의해 죽임을 당하지요.

남북한 인구 비례에 따라 북한 지역에 배정된 100석의 국회 의원 수를 남겨 둔 채, 남한 지역에 배정된 198석의 국회 의원을 선출하기 위해 유엔 한국 위원단의 감시 아래 1948년 대한민국 제헌 국회를 구성하기 위한 총선거가 실시되었어요.

총선 결과 이승만의 독립 촉성 국민회와 한국 민주당은 각각 55석과 29석을 차지했지만 무소속은 무려 85석을 차지했습니다. 이를 통해 당시의 민심을 어느 정도 읽을 수 있지요.

1948년 5월 31일 구성된 제헌 국회에서 최고령자였던 이승만이 제1대 제헌 국회 의장으로 선출되었어요. 7월 17일 헌법을 공포했고 7월 20일 제헌 국회 국회 의원들의 간접 선거에 의한 제1대 대통령 선거에서 이승만 후보가 김구, 안재홍, 서재필 등을 누르고 제헌 국회의 대한민국 초대 대통령으로 선출됩니다. 이승만은 7월 24일 초대 대통령에 취임했고, 8월 15일 독립 기념일을 맞아 중앙청에서 정부 수립을 선포했어요. 그러자 북한에서도 1948년 9월 9일 조선 민주주의 인민 공화국의 수립을 선포합니다.

김구를 암살한 안두희
(1917~1996년)
1949년 6월 26일 정오 무렵 김구의 집무실인 경교장에 찾아가 총으로 김구를 암살했다. 이후 특무대에 연행되어 종신형을 선고받았지만 3개월 뒤 15년으로 감형되었다. 6·25 전쟁이 일어나자 잔형 집행 정지 처분을 받고 포병 장교로 복귀했다.

닮은 꼴 다른 삶, 김구와 이승만

김구와 이승만은 둘 다 독립운동가였지만 광복 후에는 서로 다른 길을 걸었습니다.

김구는 1876년 황해도 해주에서 태어났고 김구보다 한 살 많은 이승만은 황해도 평산에서 태어났어요. 명성 황후 시해 사건이 김구의 운명을 바꾸어 놓습니다. 일본인 시해 혐의자 중 한 명이 조선인으로 변장하고 나루터에 나타나자 김구는 그를 죽여 버렸어요. 이 사건으로 김구는 사형 선고를 받습니다. 고종의 특별 사면으로 사형은 면했지만 김구는 탈옥을 감행해 마곡사라는 절에 들어가 한동안 승려로 생활하지요. 그 후 독립운동 단체에 들어간 김구는 임시 정부의 최고 자리인 주석에까지 오르게 됩니다.

이승만은 배재 학당에 들어가 외국인 선교사에게 영어를 배우고 독립 협회에서 계몽 운동을 했어요. 이승만도 박영효 일파의 대한 제국 고종 폐위 음모에 가담했다는 혐의로 체포돼 감옥 생활을 했습니다. 이승만은 선교사들의 도움으로 석방돼 미국으로 갔고, 1910년 프린스턴 대학에서 박사 학위를 받았지요. 이승만은 독립을 이루려면 무력이 아니라 외교로 해야 한다고 주장했는데, 특히 미국과의 외교를 강조했어요. 무장 독립 운동을 벌였던 김구와는 반대 입장에 있었던 것이지요. 광복이 되자 김구와 이승만은 고국으로

돌아왔어요. 이승만은 1946년 6월 3일 전라북도 정읍에서 미국의 입장을 반영한 놀라운 발언을 하게 되지요.

"남쪽만이라도 임시 정부를 만들어 38선 이북에서 소련이 물러나도록 하자."

민족 통일을 주장한 김구는 분단을 막기 위해서는 북과도 협상을 해야 한다고 생각했고, 북진 통일을 주장한 이승만은 북과는 대화를 할 수 없다고 생각했어요. 김구의 우려대로 6·25 전쟁은 이미 예견된 것이나 다를 바가 없었습니다.

뜻을 못 이룬 김구

1919년 이후부터 1945년 광복까지 대한민국 임시 정부에서 지대한 역할을 했던 김구는 광복 이후에는 임시 정부 법통 운동과 이승만 · 김성수 등과 함께 신탁 통치 반대 운동, 그리고 미소 공동 위원회 반대 운동을 추진했다. 1948년 1월부터 남북 협상을 주도했지만 뜻을 이루지 못하고 1949년 6월 26일 자신의 집무실인 경교장에서 육군 현역 장교 안두희에게 암살당하고 말았다.

(오른쪽) 김구와 이승만

(아래) 상하이 임시 정부의 집무실

(위) 김구의 국민장

김구의 장례는 1949년 7월
5일 국민장으로 거행되었다.

**(오른쪽) 경교장의 총탄
흔적**

안두희가 김구를 향해 쏜 총탄
흔적이 경교장 창문 유리에
뚜렷이 남아 있다. 김구가 암
살된 날 경교장 앞에 몰려든
사람들이 통곡을 하고 있다.

이승만의 반민 특위 탄압

우여곡절 끝에 대한민국이 탄생했습니다. 신생 대한민국이 우선적으로 처리해야 할 과제는 친일파 처단이었어요. 광복 이후 친일파를 처단하지 못한 데는 여러 가지 이유가 있었습니다. 우선 모스크바 3국 외무장관 회의의 여파로 좌우가 대립하는 과정에서 친일파들이 반공 애국 투사로 변신했어요. 맥아더의 포고문도 친일파의 부활을 보장해주었지요.

미 군정청은 기존 질서를 유지하기 위해 일제의 관리와 경찰을 그대로 등용하여 친일 세력이 다시 득세했어요. 포고문의 내용은 강압적이었습니다.

제1조 북위 38도 이남의 조선 영토와 조선 인민에 대한 통치의 모든 권한은 당분간 나의 권한하에서 시행한다.

제2조 정부의 모든 공공 및 명예 직원과 사용인 및 공공복지와 공공 위생을 포함한 모든 공공사업 기관의 유급 혹은 무급 직원 및 사용인과 중요한 사업에 종사하는 기타의 모든 사람은 새로운 명령이 있을 때까지 그의 정당한 기능과 의무를 실행하고 모든 기록과 재산을 보존·보호해야 한다.

제3조 모든 사람은 나의 모든 명령과 나의 권한하에 내린 명령에 복종해야 한다. 점령 부대에 대한 모든 반항 행위 혹은 공공질서를 문란케 하는 모든 행위에 대해서는 엄중한 처벌이 있을 것이다.

반면에 소련의 치스차코프가 내린 포고문은 '우리는 해방군이니 인민들을 적극 돕겠다'는 온건한 내용으로 채워져 있어요. 여기에는 나름의 이유가 있습니다. 1940년대에 들어 민족주의자들이 친일을 하

1949년 반민 특위 공판 모습

반민 특위는 조사를 담당하는 특별 조사 위원회, 기소 및 송치를 담당하는 특별 검찰, 재판을 담당하는 특별 재판소 등을 국회에 별도로 설치했다. 미군정 이후 친일파가 경찰과 재판부의 다수를 이루고 있었을 뿐 아니라 이승만 정권의 기반이 되고 있었기 때문에 이들의 방해를 받지 않고 독자적인 조사와 재판을 하기 위해서였다.

는 바람에 민족 앞에 떳떳하게 나설 수 없었고, 반면에 사회주의자들은 독립운동가로서 발언권이 세어졌어요. 이런 상황에서 미군이 한국에 들어왔을 때 한국에는 사회주의자를 자처하는 세력이 득실거렸지요. 맥아더는 사회주의자들을 통제해야 했으므로 포고문이 강압적일 수밖에 없었던 거예요.

광복 이후 혼란스러운 상황에서 정부 수립 후에 친일파를 처단해도 늦지 않다고 생각한 우리에게도 문제가 있습니다. 하지만 정부가 수립되었으니 친일파 처단에 당장 나서야 했어요.

1948년 5 · 10 총선으로 나온 제헌 헌법에도 친일파 처단에 대한 내용이 들어가 있습니다. 헌법에 규정할 만큼 친일파 처단은 중요한 문제였어요. 친일파를 청산하기 위해 제정된 반민족행위 처벌법이 1948년 9월 22일 공포됨에 따라 9월 29일에 반민족행위 특별조사위원회가 구성되었고, 10월 23일 임시 정부 출신의 김상덕을 위원장으로 하는 반민 특위가 정식으로 출범하게 되었습니다.

반민 특위는 가장 먼저 일제 강점기에 백화점 사장이었던 박흥식을 잡아들입니다. 백화점 사업으로 많은 돈을 번 박흥식은 전쟁에 사용하라고 비행기를 구입해서 일본에 헌납한 인물이에요.

박흥식의 검거를 시작으로 일제 헌병의 앞잡이로 독립운동가를 탄압했던 이종형, 노덕술 등 305명을 잡아들였어요. 여기에는 3·1 운동 당시 33인의 한 사람이었던 최린을 비롯해 독립 선언서를 기초했던 최남선도 포함되어 있었지요.

더욱 힘이 커진 친일파 세력들은 반민 특위 활동을 조직적으로 방해합니다. 정점에는 친일파와 이승만이 있었지요. 이승만 정권은 반민 특위의 활동을 반대하며 집요하게 훼방을 놓았어요. 반민 특위 활동으로 인해 자신의 정치적 기반이었던 친일파 세력이 와해될 수도 있었기 때문이지요.

이승만은 담화까지 발표하면서 공공연하게 반민 특위의 활동을 비난했는데, 여기에도 반공의 논리가 철저히 관철되어 있었어요. 즉 좌익 반란 세력이 준동하고 있는 상황에서 친일 경찰관을 잡아들이는 것은 부당하다는 것이었지요.

이승만은 반민 특위가 결성되자 김상덕 위원장과 신익희 국회 의장을 자주 관저로 불러 반민 특위의 부당함을 지적했어요. 또 자주 담화를 발표해 "마음대로 사람을 잡아다가 난타하거나 고문한다."라고 음해하기까지 했지요. 결국 이승만 정권은 1949년 4월 말부터 8월 중순까지 일명 국회 프락치 사건, 즉 소장파 의원 13명을 남로당의 첩자로 몰아붙여 국가 보안법 위반으로 구속해 버립니다. 이렇게 구속된 사람들은 대부분 반민 특위 위원이거나 반민 특위 활동을 적극 지지한 사람들 이었어요.

반민족행위 특별조사 위원회(반민 특위)

1948년 10월에 출범했다. 친일 반민족 행위자들에 대한 예비 조사를 시작으로 의욕적인 활동을 펼쳤다. 하지만 친일파와 결탁한 이승만 정부의 방해와 친일 세력의 특위 위원 암살 음모, 친일 경찰의 6·6 특경대 습격 사건, 김구 암살, 그리고 반민 특위법의 개정으로 1949년 10월에 해체됨으로써 일제 강점기의 친일 반민족 행위자에 대한 처벌은 아직까지 이루어지지 않고 있다.

반민 특위 투서 1948년 10월 한복 차림의 한 시민이 친일 반민족 행위자에 대한 투서를 반민 특위 투서함에 넣고 있다.

반민 특위 위원장 김상덕(1892~1956년)
1948년 9월 당시 반민족행위 특별조사위원회 위원장으로 활동했다. 6·25 전쟁이 일어난 뒤 납북돼 북한에서 숨을 거두었고, 평양의 애국 열사릉에 안장되었다.

반민 특위로 압송되어 가는 친일 반민족 행위자들
흰 두루마기 차림의 김연수(김성수의 동생) 경성방직 사장과 민족 대표 33인 중 한 명인 최린이 반민 특위로 압송되고 있다.

급기야 정부는 1949년 6월 6일 경찰을 동원해 반민 특위를 습격하고, 그 자리에서 반민 특위의 특경대원을 무장 해제시킨 뒤 중부서 유치장에 감금하는 만행을 저지르지요.

이승만은 반민 특위법을 개정해 공소 시효를 1949년 8월 31일로 단축함으로써 청산 작업을 종료합니다. 반민 특위는 와해되는 과정을 밟으면서 1949년 10월에 해체되지요.

"일제가 이렇게 빨리 망할 줄은 몰랐다"

반민 특위가 조사하려고 했던 대상 건수는 7,000여 건이 넘었지만, 실제 취급한 것은 682건, 즉 10분의 1에도 미치지 못했습니다. 더욱이 반민 특위 소속의 특별 검찰부가 기소한 것은 221건이고, 재판을 종결한 것은 28건에 지나지 않았어요. 그마저도 대부분 집행 유예로 풀려나서 실제 처벌을 받은 사람은 거의 없었지요.

초라하기 짝이 없는 반민 특위의 활동을 보며 어떤 생각이 드나요? 전후 프랑스가 나치에 협력했던 반역자들을 어떻게 처리했는지 알고 있다면 기가 막힐 것입니다. 프랑스가 나치의 통치를 받은 기간은 고작 4년이었어요. 그런데도 프랑스에서 반역자로 사형을 언도받은 사람은 약 1만 2,000여 명에 달했지요. 조사를 받은 사람만 약 150만 명에서 200만 명에 이를 정도였어요. 드골 전 프랑스 대통령은 이를 두고 "프랑스는 다시 외세의 지배를 받을지언정 민족 반역자는 절대 나오지 않을 것"이라고 장담했다고 합니다.

그렇다면 우리나라에서 반민 특위가 실패할 수밖에 없었던 가장 큰 이유는 무엇일까요? 그것은 미군정의 비호 아래 친일파를 바로 척결하지 못했기 때문입니다. 친일파를 청산하는 시기가 늦춰지면서 친일파는 세력을 공고히 형성해 조직적으로 반발했지요.

반민 특위 설치 당시 친일파 세력은 어느 정도였을까요? 자료를 확인할 것도 없이 반민 특위 위원들 중에도 친일파가 섞여 있었다는 것을 보면 어느 정도였는지 쉽게 판단할 수 있어요. 그만큼 우리 사회 곳곳에 친일파가 뿌리를 내리고 있었지요.

이렇게 친일파가 많은데 어떻게 척결할 수 있겠냐고 질문할 수도 있습니다. 하지만 친일파는 정당성을 확보하지 못해서 힘이 보잘것 없었어요. 친일파 스스로도 민족의 반역자를 제거해야 한다는 주장에 반발하지 못했지요.

한 친일파 시인은 반민 특위에서 조사를 받으면서 "이렇게 일제가 빨리 망할 줄 몰랐다."라고 말했다고 합니다.

국민정신 총동원 조선 연맹 이사였던 김활란은 "이제야 기다리고 기다리던 징병제라는 커다란 감격이 왔다. 우리는 아름다운 웃음으로 내 아들이나 남편을 전장으로 보낼 각오를 가져야 한다. 따라서 만일의 경우에는 남편이나 아들의 유골을 조용히 눈물 안 내고 맞아들일 마음의 각오를 가져야 한다."라는 장엄한 글을 남겼어요. 자신의 가족이라면 과연 그럴 수 있었을까요?

일본 유학생들 앞에서 "천황을 위해 목숨을 바쳐 싸워야 한다."라고 독려했던 이광수는 광복 후 반민 특위에서 조사를 받는 과정에서 "학병에 나가지 않으면 학병에 나가서 받는 것 이상의 고생을 할 것 같았기에 나가라고 권했다. …… 민족을 위한 부득이한 친일이었다."라고 현실 상황을 왜곡시키면서까지 자신의 행위를 정당화했어요.

한편 총독부 조선사 편찬 위원회 위원을 지냈던 최남선은 자신의 친일 행위를 참회하는 글을 남겼습니다.

이광수(1892~1950년)
한국 근대 문학의 선구자로 알려져 있다. 1938년 11월 3일 병보석 상태에서 수양 동우회 사건의 예심을 받던 중 전향을 선언했다. 이후 조선 신궁을 참배하는 등 본격적인 친일 행위를 하기 시작했다.

최남선(1890~1957년)
시인이자 수필가, 사학자로서 문학과 역사학에 탁월한 업적을 남겼다. 1928년 어용 단체인 조선사 편찬 위원회의 위원직을 맡았고, 1937년 중일 전쟁이 일어나자 총독부 어용 기관지인 〈매일신보〉와 〈경성일보〉에 각종 친일 논설을 게재했다. 태평양 전쟁 시기에는 신문에 학도병 권유 유세문을 기고했고, 각종 시국 강연에도 나섰다.

　까마득하던 조국의 광복이 뜻밖에 얼른 실현해 이제 민족정기의 호령이 팽팽히 이 강산을 뒤흔드니 누가 이 앞에 숙연하지 않겠습니까. 하물며 저는 잘못을 했으니 오직 공손하게 반민 특위법의 처단에 모든 것을 맡기고 그 채찍을 감수하겠습니다. 이러한 것이 조금이라도 이 땅 이 강산에 태어난 자손들에게 교훈이 되기를 바랍니다. 눈물을 흘리며 참회하면서 국민 여러분께 잘못을 구하며 민족정기의 엄중한 처벌을 기다립니다.

　반민 특위가 해산되면서 모든 것이 끝난 것일까요? 그렇지 않습니다. 2009년 11월 8일 민간 주도로 민족 문제 연구소와 친일 인명사전 편찬 위원회가 4,390명의 친일파를 선정해 친일 인명사전을 편찬했어요. 아직도 친일파 재산 환수 문제를 놓고 법정에서 소송이 벌어지고 있습니다.

　반민 특위의 활동에서 알 수 있듯이 역사적 흐름은 해결의 끝을 보지 않고서는 결코 멈추지 않아요. 그러므로 역사적 과제를 곧바로 해결하는 것은 역사 왜곡 과정과 조직적 반발을 없애면서 불필요한 소모적 싸움을 최소한으로 줄일 수 있는 방법입니다.

8-2 대한민국 정부 수립과 반민 특위

1 대한민국 정부의 수립

• **한국 문제의 유엔 상정** 인구 비례에 의한 남북한 총선거를 통해 통일 정부를 수립하기로 유엔 총회에서 결의(1947년 11월) → 유엔 한국 임시 위원단을 결성하여 파견했으나 소련은 이들의 입북을 거부 → 가능한 지역만이라도 총선거를 실시하도록 유엔 소총회에서 결의(1948년 2월), 사실상 남한만의 단독 정부 수립을 결정

• **남북 협상 추진** 김구와 김규식은 단독 정부 수립에 반대하고 남북 협상을 제안 → 남북 지도자 회의 개최(1948년 4월), 공동 성명 발표(단독 정부 수립 반대, 미소 양군의 철수 요구)

• **5 · 10 총선(1948년)** 김구와 김규식은 선거에 불참하고 좌익 세력은 총선 반대 투쟁 전개

• **대한민국 정부 수립(1948년 8월 15일)** 제헌 국회 의원 구성(1948년 5월 31일, 임기 2년, 그 이후는 4년) → 제헌 헌법 공포(1948년 7월 17일, 국호는 대한민국) → 국회에서 정부통령 선거 실시(대통령에 이승만, 부통령에 이시영 선출) → 유엔 총회의 승인(1948년 12월)

2 조선 민주주의 인민 공화국 수립

• **북조선 임시 인민 위원회 수립(1946년 2월)** 소련은 초기에 조만식이 이끄는 평남 건국 준비 위원회를 통치에 이용하다가 김일성이 소련군의 지원을 받아 구성한 인민 위원회를 조종하며 사실상의 군정 실시 → 토지 개혁 실시(1946년 3월, 무상 몰수 · 무상 분배 방식으로 진행) → 북조선 노동당(1946년)과 조선 인민군 창설(1948년)

• **북한 정부 수립** 총선거로 최고인민회의 구성(1948년 8월 25일) → 조선 민주주의 인민 공화국 수립(1948년 9월 9일)

3 친일파 청산과 농지 개혁

• **반민족행위 처벌법 제정(1948년 9월 22일)** 미 군정청은 일제의 관리와 경찰을 그대로 등용하여 친일 세력이 다시 득세 → 10월 23일 임정 출신인 김상덕을 위원장으로 하는 반민족행위 특별조사위원회(반민 특위)가 정식으로 출범, 1949년 1월 8일부터 조사 활동을 개시

• **반민 특위 해체** 이승만 정부의 비협조, 친일파의 방해, 국회 프락치 사건(1949년 4월 말부터 8월 중순, 국회 의원 13명을 간첩 혐의로 구속한 사건, 친일파 처단을 주장하던 소장파 의원들이 많았음) → 1949년 6월 6일 반민 특위가 경찰의 습격을 받아(6 · 6 사건) 특위 위원들이 불법 연행 → 반민법 시효 만료(1949년 8월)로 해체

• **농지 개혁법(1949년)** 지주의 토지를 유상 매입, 농민에게 유상 분배 → 지주제 소멸

친일파에 대한 역사적 심판이 필요할까요,
아니면 대화합을 위해 용서해야 할까요?

반민 특위 활동이 친일파의 조직적인 반발에 의해 무산된 이후, 한국 현대사에서는 죄를 짓고도 죗값을 달게 받지 않으려는 현상이 만연하고 있습니다. 이것만 봐도 준엄한 역사적 심판이 꼭 필요하다는 것을 알 수 있어요. 하지만 다른 한편에서는 현실적으로 정쟁과 갈등만 불러일으킨다고 반박하기도 합니다. 즉 지역 갈등이나 이념 갈등 등 숱한 대립과 갈등이 상존하고 있는 상황에서 역사적 단죄나 처벌만이 능사가 아니라는 것이지요. 더욱이 치열한 국제 경쟁 무대에서 살아남기 위해서는 화합이 필요하고, 그러기 위해서는 서로 용서해야 한다는 거예요.

하지만 역사적 과오에 대해서는 준엄한 심판을 내려야 합니다. 죄를 지은 자가 죗값을 받는 것은 너무나 당연한 이치이기 때문이에요. 더구나 역사는 당대에서 끝나는 것이 아니라 미래까지 이어집니다. 따라서 역사적 단죄를 철저하게 하지 않는다면 역사의 발전을 왜곡시키고, 이 왜곡은 결국 소모전을 불러일으켜 사회의 기강 자체를 허물어 버릴 거예요.

우리 현대사에서 온갖 불합리한 일은 왜 일어났을까요? 그것은 정의가 바로 서지 못했기 때문이에요. 정의란 저절로 생기는 것이 아니라 역사적 과제를 해결하는 과정에서 세워진다고 볼 수 있습니다. 반민 특위의 역사적 과제는 이것을 그대로 보여 준다고 할 수 있어요. 당시 친일파의 강압적인 힘에 의해 반민 특위는 무산됐지만 결국 지금에 와서 친일파의 명단이 공개되고 그들의 재산을 환수하는 법이 만들어졌습니다. 이렇듯 시간이 좀 걸리지만 정의는 결국 세워지게 마련이지요.

따라서 역사적 과오를 청산하지 않고 화합을 강조하는 것은 우리나라의 현실을 조금만 자세히 들여다보면 얼마나 모순된 주장인지 알 수 있어요. 용서를 하려면 죄를 지은 자가 먼저 뉘우치는 모습을 보여야 합니다. 그런데 죄를 지은 자들은 뉘우치기는커녕 어떻게든지 자신의 행위를 변명하는 데 급급했어요. 실례로 이완용은 나라를 팔아먹은 매국 행위를 하고도 우리 민족을 위해 고심했다는 내용의 책을 발간하고, 자신은 깃털에

정의를 바로 세우기 위해서는 역사적 과오에 대해
준엄한 심판을 내려야 해요.

불과한 사람이라고 항변했지요.

이런 사람을 진심으로 용서할 수 있을까요? 용서를 한다면 역사적 책무를 저버리겠다는 뜻으로 받아들일 수밖에 없을 것입니다. 우리 정치사만 보더라도 몇몇 사람이 서로 용서해 화합을 이루자고 주장했지만 결국 화합이 이루어졌나요? 이전과 별반 달라진 것이 없이 똑같은 싸움을 되풀이하고 있을 뿐입니다.

이것은 역사적 과오에 대한 책임을 물어 정의를 확고히 세우지 못했기 때문에 일어난 현상이에요. 역사적 단죄에는 처벌만이 능사가 아닙니다. 여기에는 화합을 위한 준거의 틀이 마련되어 있어요. 말로만 화합을 외친다고 해서 화합이 되는 것이 아닙니다. 일정한 기준을 세워야 하는데, 이것은 역사적 과제를 해결하는 과정에서 형성된다고 볼 수 있어요. 그런데 이것을 내팽개친다면 어디에서 준거의 틀을 마련할 수 있을까요?

결론적으로 민족사적 정기를 세우고 화합의 길로 나아가려면 역사적 단죄를 가로막거나 늦추면 안 됩니다. 이것이 실종된 정의를 바로 세우고, 굴종된 역사를 가장 빨리 바로잡는 길입니다.

3 이념 대결이 부른 민족의 비극 |
제주도 4 · 3 사건과 6 · 25 전쟁

광복 이후 우리나라에는 이념 대결식의 매카시즘이 퍼졌습니다. 제주도 4 · 3 사건과 그 연장선상에 있는 6 · 25 전쟁은 이념 대결의 양상으로 몰아가는 사회적 풍토가 낳은 비극이었어요. 1950년 6월 25일 새벽 4시에 북한군이 38선을 넘어 남침했습니다. 1953년 7월 27일 휴전 협정을 맺을 때까지 크고 작은 국지전이 계속 이어졌는데, 남한에서는 이를 공식적으로 6 · 25 전쟁이라고 부르지요. 1980년대에는 외국 문헌에 자주 등장하는 'Korean War'를 '한국 전쟁'이라는 말로 옮겨 사용하면서 여러 분야에서 이 용어를 많이 사용하게 되었어요. 그러나 '한국 전쟁'이라는 용어는 6 · 25 전쟁을 마치 제3의 국가에서 벌어진 전쟁처럼 보이게 한다는 점에서 문제가 있습니다.

- **1948년** 4월 3일 경찰과 서북 청년단의 초토화 작전으로 무고한 제주도민이 희생된 제주도 4 · 3 사건이 일어나다.
- **1950년** 6월 25일~7월 1일 북한이 서울을 침공하다.
- **1950년** 7월 1일~10월 스미스 부대가 참전하자 북한이 전시국가 총동원령을 발령하다.
- **1950년 10월~1951년 6월** 인천 상륙 작전의 성공으로 압록강까지 진격하나 중국군이 참전하다.
- **1951년 6월~1953년 7월** 중국군의 춘계 공세를 막아 낸 유엔군의 휴전 협정을 북한 측이 받아들이다.

제주도 4·3 사건과 여순 사건

제주도 4·3 사건은 한국 현대사에서 6·25 전쟁 다음으로 인명 피해가 컸던 비극적인 사건이에요. 제주도 4·3 사건 진상규명 및 희생자 명예회복위원회에서 밝힌 바에 따르면 제주도 4·3 사건의 희생자 수는 2만 5,000명에서 3만 명으로 추정된다고 합니다. 제주도 인구의 10분의 1 이상이 소중한 목숨을 잃은 거예요.

그렇다면 이런 비극적인 참상이 왜 벌어졌을까요? 그것은 이념 대결의 양상을 만든 미군정과 이승만의 태도 때문입니다.

광복을 맞이했지만 외세에 의해 38선이 그어진 상황이라면 당연히 식민지 잔재를 없애고 분단 상황을 막는 게 우선 과제였겠지요. 당시 우리나라의 상황에서는 이념 대결이 필요하지 않았어요. 이념을 부르짖는 사람들의 생각은 달랐겠지만 백성들에게는 이념 대결이 전혀 중요한 사항이 아니었지요.

당시에는 사회주의나 공산주의를 지향하는 사람도 있었고, 자유 민주주의를 지향하는 사람도 있었어요. 하지만 이런 이유로 이념적 입장이 나뉘는 것은 아닙니다.

그런데 억지로 이념 대결의 양상을 만든 세력들은 음흉한 속마음을 감추고 권력을 잡기 위해 매카시즘 선풍을 일으켜 수많은 사람들을 학살했어요. 이런 상황이 결국 6·25 전쟁까지 확대된 것이지요. 제주도 4·3 사건의 교훈을 제대로 받아들였다면 6·25 전쟁으로까지 확산되지는 않았을 거예요. 지나간 역사의 문제점을 교훈으로 받아들이지 않을 때 잘못된 역사는 계속 반복되지요.

우리는 우선적으로 6·25 전쟁에서 어느 쪽이 먼저 침략했는지를 따지려고 합니다. 하지만 이념 대결에서는 누가 먼저 침략했는지는

동족상잔의 비극인 6 · 25 전쟁
으로 인해 한국군을 포함한
유엔군 18만 명과 북한군 52만
명, 중국군 90만 명이 목숨을
잃었다. 또한 99만 명의 민간인
이 죽거나 부상을 입었다.

중요하지 않고 누가 승리했는지가 중요해요. 이념 대결에서 정의와 양심이 과연 필요할까요? 정의와 양심을 우선시했다면 이념 대결 같은 방식을 사용하지도 않았을 것입니다.

제주도에서도 일제 식민지의 잔재를 없애고 남북 분단을 막고자 하는 움직임이 있었습니다. 1945년 11월, 미군정은 이런 움직임을 막기 위해 미 제59사단을 제주도에 상륙시켰어요. 이 과정에서 친일 경찰이 다시 군정 경찰로 바뀌거나 군정 관리의 모리배가 되었지요.

1946년 8월에는 콜레라가 발생하고 흉년까지 겹친 상황이었어요. 그런데 미군정은 제주도를 도(道)로 승격시키고 제주도의 추곡 수집량을 5,000석으로 정한 후 행정력을 동원해 강제로 미곡 수집 정책을 집행하지요.

이런 가운데 1947년 3월 1일, '제28주년 3 · 1절 기념 제주도 대회'가 열렸습니다. 다소 과격해진 시위대를 폭도로 여긴 경찰이 제주도민에게 총을 쏘아 6명이 사망하고 8명이 부상하는 사태가 벌어졌어요. 이 사건에 항의해 3월 10일에 3 · 10 총파업이 전개되었는데, 관공서, 민간 기업 등 제주도 전체의 직장 95% 이상이 참여했습니다. 이렇게 많은 사람들이 민관 합동으로 총파업을 진행했으니 당시의 민심이 어떠했는지 충분히 짐작할 수 있지요.

그런데 미군정은 이 사건의 책임이 남로당의 선동에 있다고 분석하면서 탄압의 빌미로 삼으려고 했어요. 물론 남로당의 선동이 있었을 수도 있지만 그 많은 사람들이 전부 남로당원은 아니었지요. 대다수의 사람들은 요구 조건이 정당하다고 생각해서 동참한 거예요.

결국 이 사건을 계기로 미군정은 경찰과 서북 청년단을 대거 증파해 대대적인 탄압에 나섭니다. 1948년 4월 3일 새벽 2시, 350명의 무장대가 12개 지서와 우익 단체들을 공격하면서 무장봉기가 시작되었어요. 이 무장봉기는 일부 남로당 세력에 의해 촉발되었다고 볼 수 있습니다. 하지만 이들이 내건 요구 조건은 경찰과 서북 청년의 탄압 중지와 5·10 단독 선거·단독 정부 반대, 그리고 미군 없는 통일 정부 수립 등이었어요.

다랑쉬 동굴 학살 사건을 재현한 전시물(제주 4·3 평화 기념관 특별관)
1948년 12월 18일 군경 토벌대는 사람들이 굴 안에서 나오지 않자 검불로 불을 피우고 입구를 막아 버렸다. 이로 인해 어린이와 부녀자를 포함한 주민 11명이 질식사했다. 이들의 유골은 희생된 지 44년 만인 1992년에서야 발견되었다.

민중 무장대는 한라산 정상과 주요 고지에 일제히 봉화를 올리고 제주도 내 24개 경찰 지서 가운데 12개 지서를 일제히 공격했어요. 무장대는 경찰관과 우익인 서북 청년 단원, 그리고 그 가족들을 살해했습니다. 그리고 미군 철수, 단독 선거 절대 반대, 경찰과 테러 집단 철수 등을 호소하는 전단을 뿌렸어요.

미군정은 4·3 사건을 진압하기 위해 5월 5일 제주도 비상경비 사령부를 설치했어요. 그리고 각 도로부터 차출한 대규모의 군대, 경찰, 서북 청년단 등 반공 단체를 증파했지요. 봉기 후 산으로 들어갔던 남로당 제주도 당부는 장기적 유격 투쟁을 결의하고 인민유격대를 조직해서 대항했어요. 그러나 초기에는 별다른 전투가 없었습니다. 국방 경비대장 김익렬은 제주도민의 불만을 정당한 것이라고 보고 적극적으로 진압에 나서지 않았기 때문이에요.

4월 28일 인민유격대 사령관 김달삼과 국방 경비대 제9연대장 김익렬은 회담을 열어 사태 수습을 위한 합의안을 만들고 진압을 중지했어요. 그러나 5월 3일 경비대 병사의 안내로 집으로 돌아오던 노인과 아이들을 향해 군경이 발포를 하자 하산하던 도민들은 놀라서 다시 산으로 올라갔지요.

온건책을 구사했던 김익렬은 강경론자 조병옥과의 의견 충돌 끝에 해임되고 일본군 장교 출신인 박진경 중령이 경비대장으로 새로 임명되었어요. 그는 "폭동을 진압하기 위해서는 제주도민 30만 명을 희생시켜도 좋다."라고 공언했습니다. 5월 9일에는 또 다른 많은 주민들이 단독 선거 거부를 위해 입산했어요. 결국 단독 선거는 주민들의 비협조와 공무원의 태업으로 유명무실하게 되어 버렸지요.

이승만 정부는 한라산에 들어가 있는 유격대원들을 소탕하기 위해

1948년 여수에 주둔하던 제14연대 군인들에게 제주도로 출동하라는 명령을 내렸는데, 그들은 출동을 거부하고 민중의 편에 서서 봉기에 나섰어요. 이것이 바로 여수·순천 10·19 사건입니다. 줄여서 여순 사건이라고 하지요.

당시에는 제주도가 전라도에 속해 있었습니다. 여수에 나와 있는 군인들 중에는 제주도 출신들이 많았어요. 진압 명령을 받은 군인들이 부모 형제를 향해 총을 쏘아야 하는 상황이 발생한 것이지요. 게다가 남로당 좌익 세력으로부터 날아온 격문이 대원들 사이에 퍼졌어요. '나라를 갈라놓고 부모 형제에게 총부리를 겨누게 하는 이승만 정권을 타도하자! 모월 모시에 다 함께 일어나자'는 내용이었지요. 실제로 그날 반란이 시작되었어요. 반란군들이 여수와 순천을 접수하자 정부는 진압군을 파견합니다. 반란군은 진압군에게 밀려 며칠 지나지 않아 지리산으로 숨어들었어요. 지리산에 은거한 반란군들은 나중에 6·25 전쟁이 터졌을 때 후방 교란 작전을 펼쳤지요. 여순 사건 진압군 중 일부는 좌익 소탕 과정에서 무고한 시민들까지 희생시킵니다.

1949년 3월 제주도 지구 전투 사령부가 설치되면서 진압과 선무 병용 작전이 전개되었어요. 이때 신임 유재흥 사령관은 한라산에 피신한 사람들이 귀순하면 용서하겠다는 사면 정책을 발표해 많은 주민들이 하산했지요. 1949년 6월에는 무장대 총책이었던 이덕구가 사살됨으로써 사실상 무장대는 궤멸되었어요. 그리고 1954년 9월 21일에 한라산 금족 지역이 전면 개방됨으로써 제주도 4·3 사건은 6년 6개월 만에 완전히 막을 내리게 되었지요.

4·3 사건을 진압한 토벌대는 제주도민을 소개(疏開)시킨 뒤 130여 개 마을을 불태웠다고 합니다. 당시 제주도에는 169개의 마을이 있었

다고 하니 3분의 2 이상이 사라진 셈이지요. 1949년 1월 17일 북촌리 학살 사건 때는 600여 명이 살해되었어요.

그렇다면 왜 수많은 제주도민들이 무고하게 희생당해야만 했을까요? 이유는 간단합니다. 이념 대결이 아닌데도 이념 대결로 몰아가 무자비하게 주민들을 학살했기 때문이에요.

이상적인 것으로 여겨지는 생각이나 견해를 '이념'이라고 하는데, 이념이 대결의 양상으로 치달으면 그 누구도 이념으로부터 자유로울 수 없습니다. 상황에 따라 전쟁으로까지 확대될 수도 있고, 이로 인해 이념과 무관한 노약자와 어린아이까지 희생될 수 있어요.

이런 점에서 볼 때 제주도 4·3 사건, 여수·순천 10·19 사건과 그 연장선상에 있는 6·25 전쟁을 진정으로 해결하려면 모든 것을 이념 대결로 몰아가는 사회적 풍토가 개선되어야 합니다. 그리고 이념 대결을 조장하는 세력이 나타나지 않도록 해야 하겠지요. 그렇다면 6·25 전쟁은 왜 일어났고 누가 일으켰을까요?

여수 · 순천 10 · 19 사건

1948년 10월 19일 제주도 4 · 3 항쟁을 진압하기 위한 출동 명령을 거부하고 남로당 계열 장교들의 주도 아래 국방 경비대 제14연대 2,000여 명의 군인들이 일으킨 사건이다. 여순 봉기라고도 하는 이 사건은 제주도 4 · 3 항쟁과 함께 광복 이후 좌우익 세력의 정치적 갈등이 빚은 민족사의 비극적 참화로 남게 되었다. 이승만 정부는 이 사건을 계기로 국가 보안법을 제정하고 반공 국가 체제를 강화했다.

(오른쪽) 죽음의 갈림길
1948년 10월 진압군은 반란 폭도와 양민을 가려내기 위해 여수서국민학교 교정에 주민들을 모았다. 오른쪽에 앉아 있는 부역 혐의자들 가운데 89명이 11월 11일에 처형당했다.

(아래) 어제의 전우가 오늘의 적으로
1948년 11월 진압군이 반란군으로 붙잡혀 온 과거의 전우들을 감시하고 있다.

1949년 6월 장흥에서 반란군을 토벌하고 돌아온 광주 제4연대 제2대대 병력

6 · 25 전쟁의 배경

6 · 25 전쟁은 북한 정권이 한반도 전체를 공산화하기 위해 38선 전역에 걸쳐 무력 침공을 감행한 전쟁입니다. 어떤 사람은 6 · 25 전쟁을 '남한과 북한의 내전'이라고 규정하기도 하는데, 내전이란 한 나라 안에서 일어난 전쟁을 가리키는 말이므로 이 말에는 모순이 있어요.

제2차 세계 대전 이후 한반도는 38선을 경계로 북쪽에는 소련군이, 남쪽에는 미군이 군정을 실시하고 있었습니다. 1948년에 남쪽의 이승만과 북쪽의 김일성이 각각 단독 정부를 수립하면서 남북 간의 긴장은 더욱 고조되었지요. 김일성은 1949년부터 수차례에 걸쳐 소련의 스탈린과 중국의 마오쩌둥을 만났어요.

공개된 구소련의 문서에 의하면 당시 스탈린은 미국과의 마찰을 두려워해 무력행사를 기피했으나, 김일성과 마오쩌둥은 남한을 무력으로 침공하는 데 매우 적극적이었습니다. 당시 스탈린은 북한에 대량으로 군사 원조를 하고 있었지만 북한이 미국과 남한을 상대로 전쟁을 치르는 것은 시기상조라고 판단했지요. 하지만 수차례에 걸친 김일성의 설득과 중국의 전쟁 원조를 조건으로 김일성의 남침을 승낙하게 되었습니다.

반대파를 철저하게 숙청하며 정치적 입지를 확고하게 다지던 김일성과는 달리 남한의 이승만은 미국에서 입국한 지 얼마 되지 않아 혼란을 겪고 있었어요. 당시 남한은 이승만(해외파 독립운동가), 김구(국내파 독립운동가), 박헌영(좌익 정당의 대표) 등이 대립각을 세운 상황에서 여러 개의 정당이 난립하는 등 심각한 정치적 · 사회적 문제가 야기되고 있었습니다. 이런 상황에서 소련이나 중국은 김일성에게 군사적 원조를 아낌없이 제공했지만 미국은 이승만이 강력한 군사력

스탈린(1879~1953년)
1922년부터 1953년까지 소련 공산당 서기장을 지냈고, 1941년부터 1953년까지는 소련 국가평의회 주석을 지냈다. 6 · 25 전쟁을 배후에서 조종하고 지원했다는 부정적인 평가를 받고 있다.

을 보유하는 것을 원하지 않았어요. 그 결과 남한의 군사력은 북한에 비해 매우 취약했지요.

　6 · 25 전쟁이 일어나기 전에도 지엽적인 전투는 끊임없이 계속되었어요. 1949년 1월 18일부터 1950년 6월 24일까지 총 874회의 전투가 벌어졌는데, 전선은 황해도 옹진에서부터 강원도 양양까지 확대되었지요. 옹진에 이어 개성, 의정부, 춘천, 강릉 부근에서도 전투가 자주 벌어졌어요. 이 지역들은 1950년 6월 25일에 북한군이 주된 공격 지역으로 삼았던 곳이기도 합니다.

유엔군 병사의 사격 연습
오스트레일리아 시드니 출신의 유엔군 윌리엄 해밀턴 일병이 상점에 걸린 스탈린과 김일성의 초상화를 향해 총을 겨누고 있다.

북침이냐, 남침이냐

6 · 25 전쟁은 김일성의 확고한 의지와 스탈린, 마오쩌둥의 전폭적인 지원으로 구체화되었어요. 이러한 사실은 구소련의 비밀문서에 의해 드러났지요. 소련 공산당 전 서기장이었던 니키타 흐루쇼프는 회고록을 통해 6 · 25 전쟁은 김일성의 계획과 스탈린의 승인으로 시작되었다는 점을 밝혔습니다. 중국에서도 1996년 7월에 6 · 25 전쟁을 남한의 북침에서 북한의 남침으로 수정하는 역사 교과서 개정 작업을 시작했어요.

이로써 그동안 제기되었던 6 · 25 전쟁의 여러 가지 원인들, 즉 스탈린 주도설, 한미 공모설, 내란 확전설, 이승만 주도설 등은 설득력을 잃게 되었습니다. 아이젠하워 행정부의 국무 장관이자 반공주의자인 존 덜레스 장관이 남한을 방문하는 시점에 맞춰 미국의 북침에 대한 위협을 느낀 김일성이 남침을 결정했다는 주장도 제기되었지요.

소련이 붕괴되고 6 · 25 전쟁과 관련한 비밀문서가 공개된 이후,

톈안먼에 걸려 있는 마오쩌둥(1893~1976년)의 초상
중화 인민 공화국을 세운 마오쩌둥은 남한을 무력으로 침공하는 일에 적극적이었다. 6 · 25 전쟁 중에는 김일성을 견제하기 위해 박헌영을 염두에 두기도 했는데, 이는 김일성이 박헌영을 처형하도록 촉진시키는 결과를 낳았다.

38선 부근을 시찰 중인 덜레스

1950년 6월 18일 당시 미국의 국무부 고문이었던 존 포스터 덜레스가 의정부에서 북한 지역을 바라보고 있다. 가운데가 덜레스 국무 장관, 왼쪽이 유재흥 장군, 오른쪽이 신성모 국방부 장관이다.

6·25 전쟁의 원인은 남조선 노동당 박헌영의 설득으로 김일성이 대규모 남침을 계획하고 스탈린의 재가를 얻어 개시된 것으로 밝혀졌어요. 미국의 사회학자인 브루스 커밍스는 처음 예상했던 것보다 스탈린이 훨씬 더 깊숙이 개입해 있었다고 말했습니다. 영국 정보기관의 문건에 따르면 스탈린은 김일성에게 "미국이 한국을 지켜 주지는 않을 것"이라고 말했다고 해요.

6·25 전쟁이 김일성이 아니라 스탈린의 의지에 따라 일어났다는 설도 있습니다. 북대서양 조약 기구의 압력을 극동으로 분산해 미일 평화조약을 견제하고, 중국 공산당의 독자 노선을 견제할 목적으로 6·25 전쟁이 시작되었다는 것이지요. 즉 아시아 지역의 공산화를 촉진하기 위한 무력시위의 일환이었다는 거예요.

이승만의 제1공화국 북진 통일론이 대남 도발을 촉진했다는 설도 있습니다. 이승만은 수차례에 걸쳐 무력 북진 통일을 부르짖었으며 미국의 군사 원조를 공공연히 요청했어요. 북진 통일을 주장했던 이승만은 라디오 방송을 통해 남한의 군사적 우세함을 알렸지요. 심지어 채병덕 육군 참모 총장은 "아침은 개성에서 점심은 평양에서 저녁은 신의주에서 먹겠다."라고 호언장담하기도 했어요. 실제로 1950년대 초부터 남북은 경쟁적으로 군비를 증강시켰지요.

이를 근거로 미국이 국군을 강화시키면 이승만이 무력 통일을 추구할 것이라고 판단해 북한이 예방적 조치를 취했다는 주장도 있습니다. 하지만 한미 공모설은 구소련의 비밀문서 공개로 인해 가설로만 남게 되었어요.

1950년 이전의 정치적 · 이념적 대립에 따라 6월 25일 이전에 국지적인 무력 충돌이 지속되었는데, 이것이 확대되어 6 · 25 전쟁이 시작되었다는 주장도 있습니다. 실제로 1950년 6월 25일 이전에는 수많은 국지전과 무력 충돌이 벌어졌어요. 이로 인해 1950년 6월 25일에도 국지전의 하나로 인식한 사람들이 피란을 가지 않았다고 합니다.

커밍스도 소규모 전투가 전면적으로 확대된 것이기 때문에 6월 25일의 개전은 큰 의미가 없다고 주장했어요. 실제로 북한은 1949년 1월부터 9월까지 남측 군경 4만 9,000여 명이 동원되어 38선 이북으로 432회나 침략했다고 밝히고 있습니다. 남한도 6 · 25 전쟁 이전까지 북측의 도발 횟수가 874회에 달했다고 기록하고 있지요.

주한 미군은 1948년과 1949년에 걸쳐 철수를 했습니다. 게다가 1950년대에 들어서면서 북한이 남침의 호기라고 판단할 수 있는 상황이 전개되었어요. 1950년 1월 미국 국무 장관 애치슨은 중국과 소련의 세력 확장을 저지하기 위한 미국의 극동 방위선을 발표했는데, 여기에서 한반도가 제외되었지요. 이를 애치슨의 이름을 따서 애치슨 선언이라고 부르고, 애치슨 선언으로 발표된 방위선(알류샨 열도 –

일본 - 오키나와 - 필리핀)을 애치슨 라인이라고 합니다. 애치슨 선언은 미국이 한반도의 전쟁에 개입하지 않는다고 해석할 수 있는 여지를 남겼어요. 사회주의 국가인 중국과 소련이 도와주고 주한 미군이 빠져나간 데다 애치슨 선언을 통해 미국이 한반도를 포기한 듯한 형세가 이루어진 거지요. 이에 남한을 해방시킬 수 있는 절호의 기회라고 오판한 김일성은 1950년 6월 25일 전면전을 일으켰어요.

6월 25일, 새벽이 부서지다 – 전쟁의 발발

북한의 대규모 병력이 38선에 집결했다는 보고가 남한으로 날아들었습니다. 그런데도 군 수뇌부는 바로 그날 비상경계를 해제했어요. 마침 그날은 주말이라 병력의 절반 정도가 외출한 상태였고, 전방 부대 사단장들까지 육군 본부 장교 클럽 낙성 파티에 초청되어 자리를 비운 상황이었지요.

1950년 6월 25일 새벽 4시에 북한군이 242대의 전차를 앞세우고 공격해 왔습니다. 단 한 대의 전차도 없는 상태에서 공격을 당한 국군

은 북한군에 밀려 후퇴할 수밖에 없었지요. 이전부터 38선 부근에서
는 소규모의 충돌이 잦았기 때문에 시민들은 크게 놀라지 않았어요.
군용차가 거리를 질주하면서 장병들의 복귀를 독려하는 방송이 요란
하게 터져 나오자 그제야 조금씩 동요했을 정도였지요.

6월 26일 밤 10시 30분경에 이승만은 도쿄에 주둔해 있는 미 극동
군 사령관 맥아더에게 전화를 걸어 도움을 요청했어요. 6월 27일 새
벽 4시경에는 비상 국무 회의를 소집해 정부의 수원 천도를 공식 의
결했지요. 같은 날 아침 6시에 서울 중앙 방송은 정부의 수원 천도 소
식을 전했으나 곧이어 취소 방송을 하고 '정부를 믿고 동요하지 말라'
는 내용의 라디오 방송을 내보냈어요. 하지만 새벽 2시경 이승만은
각료들과 함께 이미 특별 열차를 타고 대전으로 피신한 뒤였지요. 서
울 시민들은 북한군이 미아리 고개까지 쳐들어온 뒤에야 피란을 시
작했습니다.

국군은 북한군이 한강을 넘어서 진격할 것을 우려해 6월 28일 새벽
2시 30분경 아무런 예고도 없이 한강 인도교를 폭파했어요. 이로 인
해 50대 이상의 차량이 물에 빠지고 최소 500명이 폭사했지요. 한강

전차 잡는 로켓포
소련제 T-34 전차는 국군에게
공포의 무기였지만 미군이 들여
온 3.5인치 로켓포의 위력에
눌려 맥을 못 추었다.

에 단 하나뿐이었던 한강 인도교가 폭파되자 서울 시민들은 오도 가도 못하게 되었어요. 당시 전황으로 볼 때 8시간 정도의 여유가 있었는데도 한강 인도교를 일찍 폭파해 버린 것입니다. 이로 인해 수많은 사람이 희생되었을 뿐 아니라 병력과 물자 수송에도 막대한 타격을 입었다는 비판이 대두되자, 이승만 정권은 당시 폭파 책임자였던 최창식 대령을 체포해 사형을 집행했어요.

이승만은 대통령과 내각으로 구성된 망명 정부를 일본의 야마구치 현에 설치하는 방안도 마련하고 있었어요. 관리들은 한반도와 지리적으로 가까운 야마구치 현에 망명 정부를 수립할 의사를 일본에 전달했고, 일본 정부는 야마구치 현의 지사인 다나카에게 6만여 명을 수용할 시설과 식량을 준비하라는 지시를 내렸다고 합니다. 1950년 6월 27일 이승만은 이 방안을 주한 미국 대사에게 문의했고, 이는 그대로 미 국무부에 보고되었어요.

남침의 선두에 섰던 북한의 T-34 전차
6·25 전쟁 때 북한군의 선두에서 결정적인 역할을 했다. 아무런 준비가 되어 있지 않았던 국군은 전차 공포증에 떨었고, 서울은 3일 만에 함락되었다.

9월 15일, 인천이 열리다
– 유엔군의 참전과 인천 상륙 작전

6월 28일 새벽에 북한군의 전차가 서울 중심부에 나타났습니다. 북한군은 전세가 유리했지만 6월 30일까지 한강을 건너지는 않았어요. 춘천 전투에서 국군이 북한군을 저지해서 서울에 머무를 수밖에 없었지요.

북한군이 서울을 점령하고 전라도까지 위협하자 이승만은 대전에서 사흘을 머무른 뒤 7월 1일 새벽에 열차편으로 대전을 떠나 이리에 도착했어요. 7월 2일에는 배편으로 목포에서 부산으로 간 뒤 7월 9일에 대구로 향했습니다.

미국은 국제 연합 안전 보장 이사회를 소집해 한국 문제를 건의했어요. 이에 따라 6월 26일 새벽 4시에 소집된 안전 보장 이사회는 미국의 제안을 받아들여 북한군의 즉각적인 전투 행위 중지와 38선 이북으로의 철수를 요청하는 결의안을 가결했습니다.

이러한 결의를 북한 측에 통고했으나 북한은 이에 응하지 않았어요. 그래서 6월 27일 다시 안전 보장 이사회를 열어 '군사 공격을 격퇴하고, 국제 평화와 안전을 회복하는 데 필요한 원조를 남한에 제공할 것'을 결의했지요. 이날 미국의 해리 트루먼 대통령은 더글러스 맥아더 장군에게 "남한에 대한 해군과 공군의 지원을 즉각 개시하라."라고 명령했어요.

대전까지 쳐들어온 북한군이 진로를 세 방면으로 나누어 호남과 경북 왜관(낙동강), 영천, 포항 등지로 육박하자 대전에서 대구로 내려와 있던 대한민국 정부는 다시 부산으로 이동했습니다. 국군은 맥아더 유엔군 총사령관의 지휘 아래 낙동강 전선을 마지막 방어선으로

삼고 최후의 반격을 시도했어요.

낙동강까지 후퇴한 육군 제1사단은 국군 부대 가운데 유일하게 미군과 함께 경상북도 칠곡군의 다부동에서 전투를 치렀어요. 이 전투는 1950년 8월 4일에서 9월 24일까지 벌어졌지요. 전투 중에 국군의 후퇴와 무단이탈이 심해지자 다부동을 지키던 미군 27연대장 마이클리스 대령이 "전선 좌측의 한국 부대가 무단이탈하고 있다."라며 다급하게 전황을 알렸어요.

백선엽 장군이 직접 살펴보니 국군이 후퇴하고 있었고, 병사들은 이틀을 굶은 상태였습니다. 그는 앞장서서 군사들을 독려하며 후퇴하는 병사들을 막았어요. 백선엽이 이끈 제1사단은 그 후 미군과 평양 점령을 경쟁해 가장 먼저 평양에 입성했지요.

병사와 소녀
한 미군 병사가 눈먼 소녀에게
먹을 것을 주고 있다.

6월 30일 해리 트루먼은 맥아더에게 지상군 투입과 38선 이북의 군사 목표물을 폭격할 수 있는 권한을 부여했어요. 이에 따라 7월 1일에 미 육군 제24사단 제21연대가 부산에 상륙했지요. 이 부대는 대대장인 찰스 스미스 중령의 이름을 따서 스미스 부대라고 불렸어요. 스미스 부대는 7월 5일 오산 북쪽의 죽미령에서 벌어진 북한군과의 첫 번째 교전에서 큰 피해를 입었지요.

이로 인해 미국 지상군의 전선 투입이라는 위세만으로 북한군의 남침이 중단되기를 바랐던 맥아더의 기대는 무너지고 말았습니다. 맥아더의 뒤를 이어 유엔군을 지휘한 매슈 리지웨이는 회고록에서 '맥아더는 침략군의 세력을 잘못 판단했고, 북한군 10개 정예 사단 앞에 한 개 대대를 투입한 것은 지나친 오만'이라고 지적했어요. 그러나 맥아더는 스미스 부대의 참패를 성공이라고 자평했지요. 북한군이 미군의 참전을 직접 목격하고 전선을 재정비하는 과정에서 미군은 열

흘이라는 기간을 벌었다는 거예요.

7월 1일 영국과 프랑스는 '유엔군 사령부를 설치하고 미국 정부의 단일 지휘 아래 유엔 회원국들의 군대를 둔다'는 공동 결의안을 안전 보장 이사회에 제출했어요. 이 결의안은 7월 7일에 가결되었지요. 이에 따라 미국을 비롯한 오스트레일리아, 벨기에, 캐나다, 콜롬비아, 프랑스, 그리스, 에티오피아, 룩셈부르크, 네덜란드, 뉴질랜드, 필리핀, 태국, 터키, 영국, 남아프리카 공화국 등 16개국 군대로 유엔군이 편성되었어요. 스미스 부대의 패전 이후 윌리엄 딘 소장이 이끄는 미 육군 제24사단이 대전에 투입되었습니다. 딘 소장은 대전에서 적의 선봉을 꺾고 한강까지 북상해 방어선을 구축하겠다고 장담했지만 북한군에 밀려 후퇴하다가 포로로 붙잡히게 됩니다.

이처럼 사태가 악화되자 맥아더는 인천 상륙 작전을 감행했어요. 작전의 제1단계는 월미도를 점령하는 것이었지요. 1950년 9월 15일 새벽 5시에 공격 준비 사격이 시작되었고, 곧이어 미 해병대가 전차 9대를 앞세우고 월미도에 상륙했어요. 월미도는 2시간 만에 완전히 미군에 의해 장악되었습니다. 미군 7명은 경미한 부상에 그쳤지만 북한군은 108명이 전사하고 106명이 포로로 잡혔어요.

제2단계는 인천을 공격하는 것이었습니다. 미군과 국군은 북한군 제18사단과 인천 경비 병력의 틈새를 비집고 들어가 인천을 장악했어요. 결국 서울을 빼앗긴 지 3개월 만인 9월 28일에 서울을 되찾게 됩니다. 10월에는 달아나는 북한군을 뒤쫓아 평양을 거쳐 압록강에 이르렀고, 11월에는 두만강 일대까지 진격하게 되지요. 제6사단 장병들은 압록강까지 진격한 감격을 국민과 함께 나누기 위해 압록강 물을 수통에 담아 그 수통을 이승만 대통령에게 보내기도 했어요.

1월 4일, 또다시 서울을 버리다

국군에 의한 통일이 이루어지려고 하자 김일성은 마오쩌둥을 만나 지원을 요청했습니다. 이로써 중국군이 사단급의 병력으로 전쟁에 개입하게 되었어요. 당시 중국은 내전이 막 끝난 상황이어서 국민 대부분이 극심한 빈곤에 시달리고 있었으므로 참전자가 많았지요. 53만 명 이상이 참전했다는 기록도 있답니다. 대부분의 문서에는 중국군이 인해 전술로 공격했다고 기록되어 있으나, 이는 38선 이북에서의 전술적 패배와 1·4 후퇴를 합리화하기 위한 것으로 보기도 해요.

중국 공산당의 의용군은 인민의 지원과 게릴라전을 교리의 핵심으로 삼고 있는 군대였습니다. 중국군은 미군의 압도적인 화력에 노출되지 않기 위해 주로 밤에 이동했어요. 요란한 악기 소리를 내면서 기습했고, 지형지물을 이용해 공격을 시도하기도 했지요. 이러한 예상치 못한 반격에 국군과 미군은 38선 이북에서 대대적인 철수를 계획했어요. 12월 14일부터 24일 사이에 동부 전선의 국군 12만 명과 피난민 10만 명이 흥남 부두에서 해상으로 철수했고, 1951년 1월 4일에는 서울을 다시 내주었지요. 1월 7일에는 수원마저 함락되었어요.

북한군이 계속 남진하고 있을 때 국군은 병력과 장비를 동원해 반격 태세를 갖추었고, 유엔군은 원산 지역에 폭격을 가하기 시작했습니다. 이를 빗대어 뒷짐을 지고 땅에 머리를 박는 기합을 원산폭격이라고 부르기 시작했답니다.

1월 12일 이승만은 일본군의 참전설을 강력하게 비난했어요. 그러면서 38선을 넘어 북진해야 한다고 주장했고, 2월 15일에는 전쟁의 목표를 한반도 통일이라고 천명했지요.

10만여 명의 전사자를 낸 끝에 북한군은 퇴각했고, 국군은 3월 2일

철원 노동당사

옛 조선 노동당의 철원군 당사 건물이다. 1946년 초 철원군이 공산 치하에 있을 때 지역 주민의 강제 모금과 노동력을 바탕으로 세워졌다. 8·15 광복 후부터 6·25 전쟁이 일어나기까지 공산 치하에서 반공 활동을 하던 많은 사람들이 이곳에서 고문과 학살을 당했다. 검게 그을린 3층 건물 외벽에는 전쟁의 흔적인 포탄과 총탄 자국이 박혀 있다.

한강을 넘어 3월 14일에 서울을 수복했습니다. 3월 24일에 이승만은 국경까지 진격하기 전에 정전 불가를 골자로 하는 담화문을 발표했어요. 그러면서 다시 북진을 감행했으나 대규모의 공격이 없는 진지전만 계속되었지요. 결국 38선 부근에서 일진일퇴를 거듭하며 전쟁은 교착 상태에 빠지게 되었어요.

7월 27일, 통한을 삼키다 – 휴전 협정과 전쟁 이후

반격에 나선 유엔군은 북한군을 압록강까지 몰아내고 그 후 수차례 정전을 제안했습니다. 이에 대해 이승만은 노골적으로 불만을 표시했어요. 이승만은 통일 한국의 지도자가 되고 싶어 했으므로 어떤 형태로든 북한과 평화 협정을 체결하는 것을 반대했습니다. 또한 이승만은 중국에 강력하게 맞설 수 있는 방법을 찾아야 한다고 주장했고, 폭격을 망설이는 미국의 태도에 대해서도 불만이 많았어요. 결국

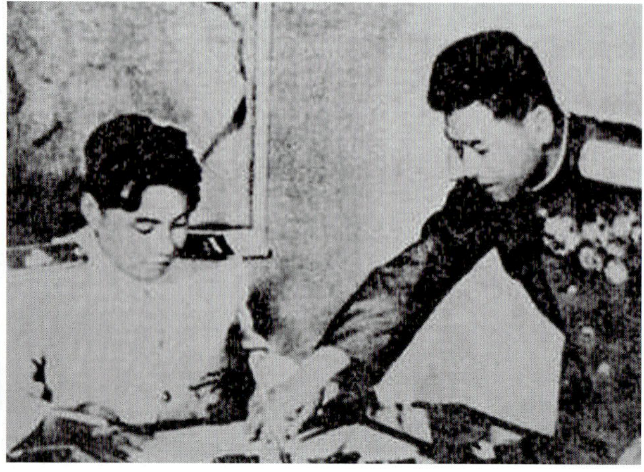

1951년 6월 9일 정전 반대를 선언하고, 6월 27일에는 소련의 정전안에 대해 거부 의사를 표명하지요.

이승만은 휴전 반대 의사를 표현하기 위해 외교적인 관례를 무시하고 반공 포로를 석방합니다. 미국은 한국 정부를 달래기 위해 6·25 전쟁이 끝난 직후 한미상호방위조약을 체결하고 아울러 주한 미군 주둔과 경제 원조도 약속했어요.

1953년 3월 5일 스탈린의 죽음으로 정전 회담은 새로운 국면을 맞게 됩니다. 3월 19일에 소련 내각은 6·25 전쟁을 정치적으로 끝낸다는 내용을 중국과 북한에 통보하면서 부상 포로를 먼저 교환하는 것에 동의했어요. 이후 북한은 소련을 통해 휴전을 제의하고 이를 유엔군이 승인함으로써 휴전이 성립되었어요. 1953년 7월 27일 판문점에서 휴전 협정이 조인됨에 따라 6·25 전쟁은 3년 1개월 만에 막을 내리게 되었지요. 현재까지도 휴전의 효력이 이어지고 있어요.

3년 1개월 동안 계속된 6·25 전쟁은 한반도 전체를 폐허로 만들었습니다. 당시에 사용한 폭탄의 수는 제1차 세계 대전 때와 비슷하다고 해요. 6·25 전쟁으로 인해 약 20만 명의 미망인과 10만 명의 고아, 1,000만 명의 이산가족이 생겼습니다. 그리고 공업 시설의 45%가 파괴되어 경제적 · 사회적 암흑기가 찾아왔지요.

미국의 통계에 따르면 전쟁 중에 60만 명이 사망했고, 참전국 전체의 사망자는 200만 명에 달했다고 합니다. 남한의 사망자는 100만 명이 넘었는데 그중 85%는 민간인이었어요. 아울러 미군에 의한 우리 측 피해도 만만치 않았습니다. 대표적인 예가 노근리 양민 학살 사건과 거창 양민 학살 사건이에요. 소련의 통계에 따르면 북한 인구 중 11.1%에 해당하는 113만 명이 전쟁으로 사망했다고 합니다. 남북을 합치면 약 250만 명이 사망했고, 산업 시설의 80%가 파괴되었지요. 정부 건물의 4분의 3과 가옥의 절반이 파괴되거나 손상되었어요.

또한 약 5만 4,000명의 미군이 사망했습니다. 이는 베트남 전쟁 때보다는 다소 적은 수이지만 기간을 고려한다면 많은 수예요. 6 · 25 전쟁은 이승만이 예상했던 대로 위기의 이승만 정권을 반석 위에 올려놓았지요. 아직 꼴이 갖추어지지 않았던 나라는 미군의 주둔과 미국의 경제 지원으로 군사적 · 경제적 토대를 구축할 수 있었습니다. 그리고 전쟁 이전부터 이승만 정권의 이념이었던 반공주의가 더욱 극심해졌어요.

김일성은 6 · 25 전쟁의 책임을 박헌영, 김무정 등 정적들에게 전부 뒤집어씌우고 숙청해 김일성 유일 체제의 기반을 닦았어요. 또한 사회주의 공업화를 급속하게 추진할 수 있는 계기를 얻었지요. 하지만 단기 정책의 효과는 미약해서 1960년대 이후에는 경제적 상황이 매우 악화되었어요. 전쟁 직전까지는 남한보다 공업이 발전했던 북한은 군사력 증강에만 매달리느라 1970년대에는 남한보다 경제적으로 뒤처지게 되었지요.

6월 25일, 새벽이 부서지다

1950년 6월 25일 새벽 4시, 무방비 상태였던 국군은 전차를 앞세우고 공격해 온 북한군에게 밀려 후퇴할 수밖에 없었다. 이승만 대통령은 맥아더에게 도움을 요청하고, 비상 국무 회의에서는 수원 천도를 공식 의결했다. 정부를 믿고 동요하지 말라는 라디오 방송에 따라 시민들 대부분은 북한군이 서울을 점령할 때까지 피란을 가지 못했다.

"돌격 앞으로!" 북한군 여장교가 '돌격'을 외치고 있다.

6 · 25 전쟁의 시작 1950년 6월 25일 새벽 4시에 북한군은 38선을 넘어 공격을 시작했다. 북한군이 인공기를 들고 공격하고 있다.

이승만과 신성모
1950년 8월 15일 이승만 대통령과 신성모 국방부 장관이 8 · 15 경축식을 끝내고 임시 국회 의사당으로 사용하던 대구 문화극장을 떠나고 있다.

끊어진 한강 철교 국군은 북한군이 한강을 넘어서 진격할 것을 우려해 6월 28일 새벽 2시 30분경에 한강 철교를 폭파했다. 이때 4,000여 명의 피란민 가운데 500~800명 정도가 희생되었고, 서울 시민의 발이 묶이게 되었다.

(오른쪽) 무방비 상태인 국군의 방어 진지

병사들의 외출과 외박으로 인해 무방비 상태가 된 국군 진지에서 한 병사가 보초를 서고 있다.

(아래) 낙동강 전선

국군이 낙동강 유역을 방어하고 있다.

(왼쪽) 백선엽 장군

1950년 8월 국군 제1사단 장이었던 백선엽 장군이 지도를 가리키면서 전쟁 상황을 설명하고 있다.

(아래) 다부동 전선

1950년 8월 경상북도 칠곡군 왜관읍 다부동 인근의 산에서는 고지 쟁탈전이 밤낮 없이 계속되었고, 전사자들의 시체가 쌓여 갔다. 미군들이 산등성이의 진지에서 다가올 전투에 대비하고 있다.

입대하는 학도병
입대하는 장병들을 가족들이 환송하고 있다.

사격 훈련 중인 신병들
1950년 9월 신병들이 훈련소에서 목총으로 조준 연습을 하고 있다.
군복도 없이 입던 옷 그대로다.

전선으로 나가는 학도병 군번도 없는 학도병들이 트럭에 실려 전선으로 향하고 있다.

어머니와 아들 1950년 12월 18일 대구에서 한 어머니가 아들을 전방으로 떠나보내며 무운장구를 빌고 있다.

9월 15일, 인천이 열리다

북한군의 공격에 미군이 밀리자 더글러스 맥아더 장군은 1950년 9월 15일 공격 준비 사격을 시작으로 인천 상륙 작전을 펼쳤다. 이날 오전 6시에 한미 해병대는 월미도에 상륙해 2시간 만에 장악하고 106명의 북한군을 생포했다.

맥아더 장군 1950년 9월 15일 맥아더 장군이 마운트 매킨리 호 함상에서 인천 상륙 작전을 진두지휘하고 있다.

공중에서 본 인천 상륙 작전 공중 폭격과 함포 지원을 받은 한미 해병대는 인천에 상륙해 적을 격퇴하면서 해안의 교두보를 확보했다.

상륙의 첫발 해병대 장병들이 만석동 적색 해안에 도착해 사다리를 타고 해벽을 넘고 있다.

월미도에 상륙한 미군 새벽 5시에 시작된 공격 준비 사격 후 미 해병대가 전차 9대를 앞세우고 월미도에 상륙했다.

9월 28일, 서울을 수복하다

국군과 유엔군은 인천 상륙 작전의 성공에 힘입어 사기가 높아졌다. 한미 연합군은 1950년 9월 25일 오후부터 시가전에 돌입해 26일을 고비로 북한군을 제압하는 데 성공했다. 그 결과 9월 28일 오전에 국군 해병대가 중앙청에 태극기를 게양했고, 수도 서울이 90여일 만에 수복되었다.

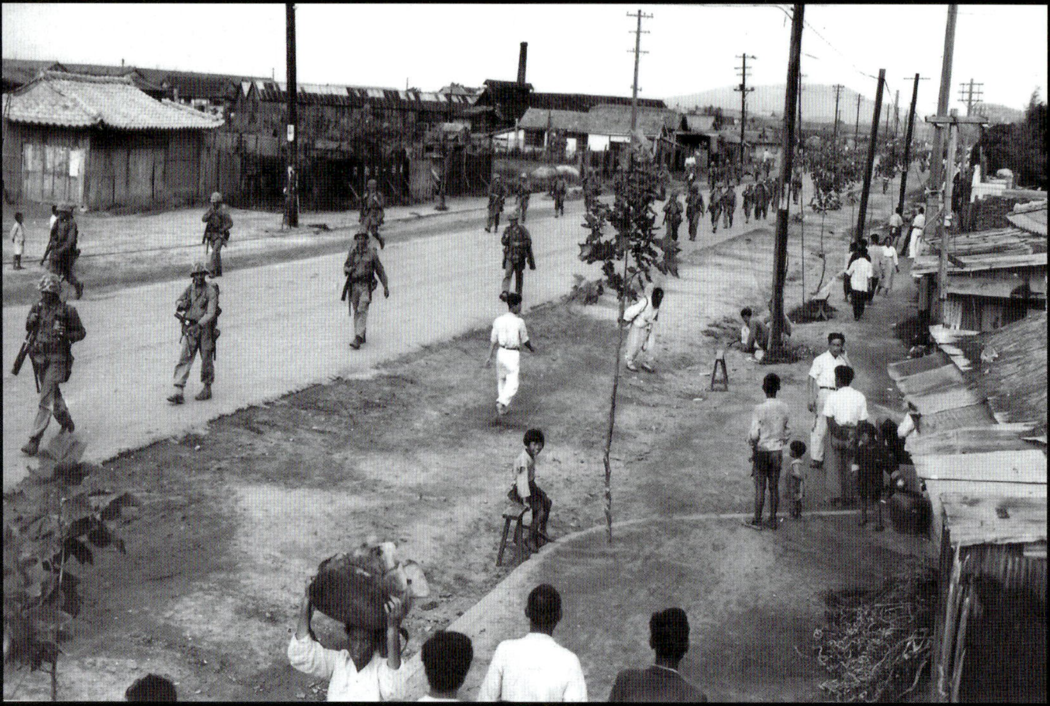

(위) 서울을 수복한 유엔군들 (1950년 9월 17일)
유엔군들이 서울로 들어오자 시민들이 나와서 지켜보고 있다.

(오른쪽) 소년 포로(1950년 9월 28일)
미군 병사가 서울 신당동에서 붙잡힌 두 명의 북한군 소년병을 조사하고 있다.

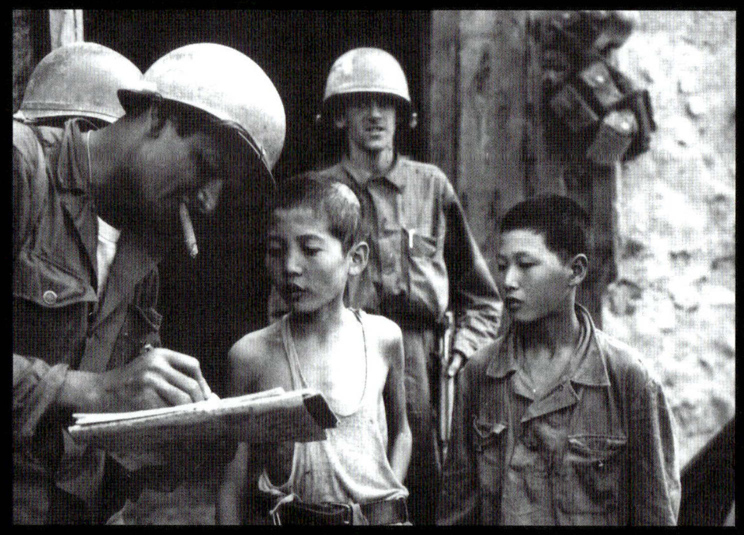

유엔군의 서울 시가전 1950년 9월 20일 서울에 진입한 유엔군 장병들이 잔당들을 소탕하기 위해 시가전을 벌이고 있다.

중앙청 태극기 게양(1954년 9월 28일)

1950년 9월 28일 새벽 6시 10분 서울을 되찾고 중앙청에 태극기가 게양되었다. 사진은 제4주년 서울 수복 기념행사에서 당시의 태극기

게양 장면을 재현하고 있는 모습이다.

(오른쪽) 중앙청 태극기
1950년 9월 28일 중앙청 국기 게양대
에서 박정모 예비역 대령과 병사 최국방
이 게양한 태극기다.

(아래) 중앙청(1950년 9월 29일)
맥아더 원수가 참석하는 서울 수복 기념
식을 위해 폐허가 된 중앙청 주변의
경비가 한층 더 강화되었다.

상흔을 어루만지다

6·25 전쟁은 한반도 전체를 폐허로 만들었다. 약 20만 명의 미망인과 10만 명의 고아, 1,000만 명의 이산가족이 생겼다. 공업 시설의 절반이 파괴되어 경제적 암흑기가 찾아왔고, 가옥도 절반 이상이 파괴되었다.

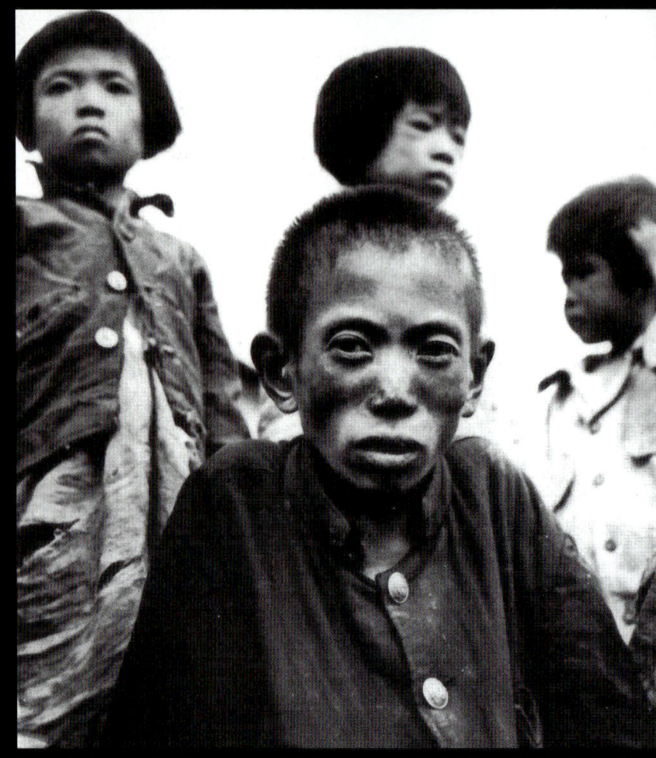

(오른쪽) 굶주린 어린이(1950년 10월)
한 어린이가 굶주림으로 인해 앙상하게 야윈 모습을 하고 있다.

(아래) 전쟁의 잔해로 뒤덮인 서울 거리 (1950년 10월 6일)
전쟁의 상흔이 그대로 남아 있는 서울 거리를 시민들이 걷고 있다.

(왼쪽) 가족을 찾는
사람들(1950년 10월 2일)
경상남도 진주의 학살 현장
에서 살아남은 사람들이
울부짖으며 시체 더미에서
가족을 찾고 있다.

(아래) 파괴된 서울의
모습(1950년 10월 6일)
전쟁으로 폐허가 된 서울
거리에서 한 여자가 머리에
짐을 이고 걸어가고 있다.

구호물자를 받기 위해 몰려든 사람들
유엔과 미국을 비롯한 유럽 각국에서 보내온 의류와 밀가루 등은
전쟁의 폐허 속에서 굶주리던 사람들에게 생명줄과 같은 존재였다.

10월 26일,
압록강 물을 뜨다

국군과 미군은 삼면에서 포위하
고 공격해 마침내 평양을 점령
했다. 이 작전으로 북한군은 평
양에서 철수한 뒤 청천강 북쪽
까지 후퇴했다. 1950년 10월 26
일에는 국군 제6사단 제7연대가
초산까지 진출해 압록강변에서
태극기를 휘날렸다.

압록강 물을 수통에 담는 병사
제6사단 장병들은 압록강까지 진격한 감격을
국민과 함께 나누기 위해 압록강 물을 수통에
담아 압록수라고 적은 다음 이승만 대통령에게
보냈다.

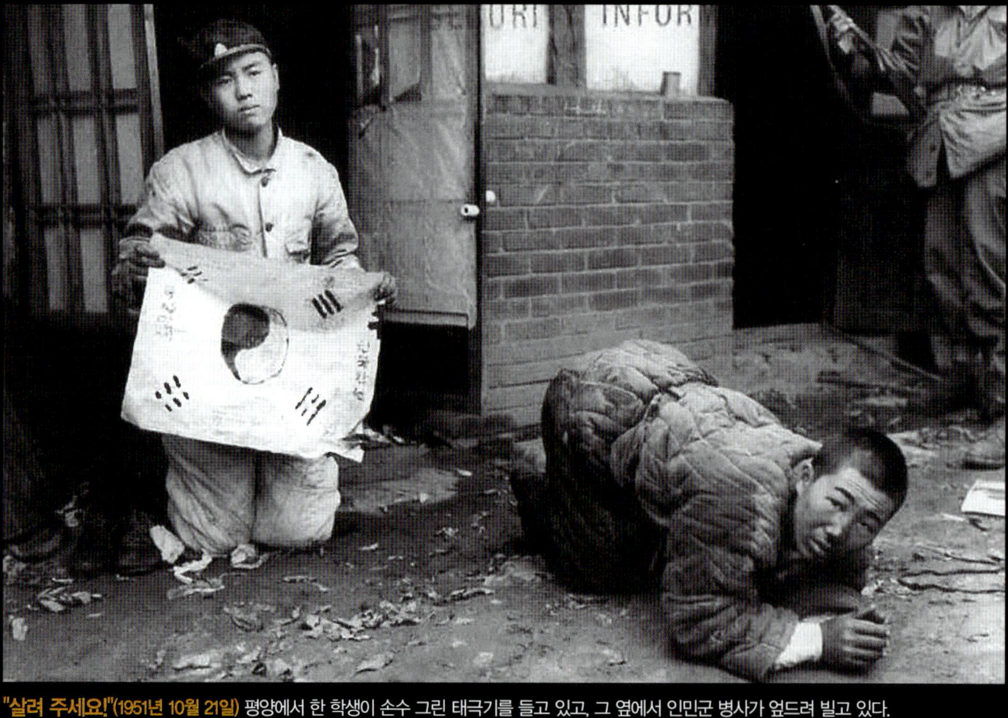

"**살려 주세요!**"(1951년 10월 21일) 평양에서 한 학생이 손수 그린 태극기를 들고 있고, 그 옆에서 인민군 병사가 엎드려 빌고 있다."

끝없이 이어진 북한군 포로들(1950년 11월 2일)
군인의 모습이라고는 보기 힘든 북한군 포로들이 줄지어 연행되고 있다.

원산의 어린이들(1950년 11월 1일)

6 · 25 전쟁 중에 원산의 한 국민학교 어린이들이 운동장에서 뛰어놀고 있다.
전쟁은 이 아이들의 꿈과 평화로운 일상까지 남김없이 파괴했다.

11월 26일, 인간 파도가 밀려오다

1950년 11월 26일 중국군은 유령처럼 나타나 나팔과 피리를 불며 대공세를 펼쳤다. 중국군의 공격에 밀린 유엔군은 12월 4일 평양에서 완전히 후퇴했다. 이렇듯 전세가 불리해지자 12월 14일부터 24일까지 병사와 피란민, 군수품 등을 선박을 통해 철수하게 하는 흥남 철수 작전이 실시되었다.

인해 전술로 공격하는 중국군 디오라마(전쟁기념관)
국군이 물밀 듯이 밀려오는 중국군을 맞아 싸우고 있다.

나팔로 공격 신호를 보내고 있는 중국군
국군과 유엔군은 국경선까지 진격해 통일을 눈앞에 두고 있었지만 1950년 10월부터 중국군의 개입으로 작전상 후퇴를 하게 되었다.

후퇴와 피란(1950년 12월 1일) 군인은 차량과 도로를 이용하고 피란민들은 논길이나 밭길을 이용해 평양 근교에서 남하하고 있다.

중국군 포로들(1950년 11월 24일)

부서진 대동강 철교를 붙잡고 이동하는 피란민들 대규모의 중국군이 6 · 25 전쟁에 참전하자 전세가 불리해진 국군과 유엔군은 12월 4일 평양에서 철수했다. 사진은 AP통신의 종군 기자 맥스 데스퍼가 대동강 철교를 건너는 피란민의 모습을 촬영한 것이다. 데스퍼는 이 사진으로 6 · 25 전쟁의 비극을 가장 잘 나타낸다는 평을 받고 1951년 퓰리처상을 수상했다.

흥남 철수를 위해 부두에 집결한 국군(1950년 12월) 중국군의 개입으로 전세는 역전되었다. 흥남으로 집결한 국군과 유엔군은 흥남 외
곽에 방어 진지를 구축하고 10만여 명의 병력이 해상으로 철수할 수 있도록 엄호하는 교두보 작전을 전개했다. 미국 해병 제1사단이 함경남
도 개마고원의 장진호에서 중국군 12만 명에게 포위되었다가 치열한 전투 끝에 후퇴하는 데 성공해 흥남 철수를 성공적으로 이끌었다.

흥남 철수에 동원된 선박(1950년 12월 19일) 흥남 철수 작전에는 모든 선박을 동원해 군인과 피란민을 수송했다.

1951년 1월 4일, 또다시 서울을 버리다

1951년 1월 4일 국군과 유엔군은 중국군에게 서울을 빼앗기고 1월 7일에는 수원까지 내주었다. 많은 사람들은 흥남 부두를 뒤로한 채 남쪽으로 피란길을 떠났다. 이북 출신의 실향민 대다수가 남한으로 오게 된 계기가 바로 1·4 후퇴였다.

혹한 속의 두 번째 피란, 1·4 후퇴 서울 시민들은 중국군에 밀려 또다시 서울을 버리고 피란길에 올랐다. 사진은 지금의 과천 부근이다.

원산 폭격(1950년 8월 말)

전복된 탱크 옆에서 빨래를 하는 여인들(1951년 1월 8일)

붕대를 감고 있는 **여인들**(1951년 2월 4일) 미군의 공격으로 부상당한 여인들이 수원의 응급 구호소에서 치료를 받고 있다.

서울을 뺏고 뺏기다

1951년 2월에 있었던 중국군의 공격을 막아 낸 유엔군은 3월 2일 한강을 넘어섰다. 3월 12일부터는 중국군이 서울을 포기하고 후퇴하는 조짐이 보이기 시작해 14일에는 서울을 되찾을 수 있었다. 탈환한 서울은 점령군이 계속 바뀌는 과정에서 폐허로 변해 있었다.

(오른쪽) 서울의 시가전(1951년 3월)
서울 재탈환을 위해 국군 제1사단이 마포 일대에서 시가전을 벌이고 있다.

(아래) 무거운 발걸음(1951년 4월 29일)
서울 시민들이 중국군의 공세를 피해 피란을 떠나고 있다.

(왼쪽) 뗏목다리 피란길
(1951년 5월 29일)
피란민들이 뗏목으로 엮어
만든 한강 부교를 건너고 있다.

(아래) 세 번째 피란길
(1951년 5월 29일)
중국군의 춘계 대공세로 서울
시민들은 세 번째 피란 봇짐을
꾸려서 한강을 건너야 했다.

그래도 살아남아라

1·4 후퇴 전에 어쩔 수 없는 상황으로 피란
하지 않은 서울 시민은 약 20만 명이었다.
당시 상황은 이들에게 제공할 식량마저 부족
할 정도로 최악이었다. 정부는 서울의 상황
이 나아질 때까지 시민들에게 복귀를 자제해
줄 것을 당부했다.

(오른쪽) 참외 깎는 여인
1951년 8월 20일 서울 영등포역의 플랫폼에서 남루한 옷을 걸친
한 여인이 두 아이에게 참외를 깎아 주고 있다. 아이들은 배가
고픈 듯 서로 손을 내밀고 있다.

(아래) 우는 아이(1952년)
부산의 한 천막촌에서 아이가 울고 있지만 여인은 바라만 보고
있다.

(왼쪽) 쓰레기를 뒤지는
남매(1950년 11월 17일)
전쟁고아가 된 남매가 철로
옆 쓰레기 더미에서 먹을
것을 찾고 있다.

(아래) 산비탈의 피란민촌
(1952년 9월 26일)
피란길에 오른 사람들은
움집이나 천막집에 삶의
터전을 마련했다.

(왼쪽) 구호물자와 어린이
(1952년 11월 15일)
판문점 부근에서 미군들이
나누어 주는 구호물자를 받으
려고 어린이들이 모여 있다.

(아래) 부산 자갈치 시장
(1951년 6월)
지금은 관광 명소이지만 당시에
는 처절한 생존의 현장이었다.

(오른쪽) 동생을 업고
있는 아이
6 · 25 전쟁 직후 부산의
피란민들은 생계를 위해
밖으로 나가야 했고, 젖먹
이를 돌보는 일은 어린아
이들의 몫이었다.

(아래) 급수차를 기다
리는 부산의 부녀자들
(1951년 7월)
상수도 시설이 미비했던
당시에는 물이 곧 생명수
였다.

배워야 산다(1951년 7월) 피란 생활 중에도 천막으로 학교를 지어 아이들을 가르쳤다.

단장의 능선에서 눈물을 흘리고 있는 미군
국군 제7사단과 미군 제2사단은 1951년 9월과 10월에 강원
도 양구와 인제 사이의 고지인 '단장의 능선'에서 북한군과
처절한 전투를 벌였다. 사진은 비탄에 빠져 눈물을 흘리고
있는 미군 분대장의 모습이다. 분대원 가운데 살아남은 병사
는 두 명뿐이고 탄약마저 거의 다 떨어져 가는데도 상부에서
는 능선을 공격하라는 명령을 내렸다.

(위) 고지를 앞에 두고

1951년 7월 3일 국군들이 유리한 지역을 차지하기 위해 고지 전투를 치르고 있다. 1951년 7월 개성에서 휴전 회담이 시작되었는데, 휴전 협정이 체결되는 시점의 전선을 군사 분계선으로 삼기로 하면서 치열한 고지전이 전개되었다.

(왼쪽) 백마고지 위령비

해발 395m에 위치한 백마고지는 중부 전선의 심장부라고 할 수 있는 '철의 삼각 지대'(철원·김화·평강)의 하나인 철원 평야와 서울을 연결하는 군사적 요충지다. 국군 제9사단은 중국군 3개 사단 병력을 맞아 10여 차례에 걸쳐 고지를 뺏고 뺏기는 혈전을 치른 뒤 끝내 고지를 탈환했다.

(왼쪽) 거제도 포로수용소
(1952년 3월 20일)
기관총이 거치된 포로 감시
초소에서 감시병이 중국군
포로수용소를 향해 총구를
겨누고 있다.

(아래) "북진! 북진!"
부산 미국 대사관 앞에서
여학생들이 '북진'을 외치며
휴전을 반대하는 시위를
벌이고 있다.

8-3 제주도 4 · 3 사건과 6 · 25 전쟁

1 제주도 4 · 3 사건

• **과정** 제28주년 3 · 1절 기념 제주도 대회 시가행진(1947년) → 미군정 경찰의 총격으로 6명 사망 → 미군정청이 경찰과 우익 단체를 동원해 무력으로 탄압 → 민관 합동의 대규모 총파업 → 좌익 세력이 단독 정부 수립에 반대하면서 무장봉기(1948년 4월 3일) → 선거구 3개 중 2개 선거구에서 5 · 10 총선거 무산 → 좌익 세력이 유격전 전개 → 군경의 초토화 작전으로 수만 명의 제주도민이 희생

• **여수 · 순천 10 · 19 사건(1948년)** 제주도 4 · 3 사건의 진압에 동원된 여수 주둔 군대(남로당 세력)가 이에 반발하는 폭동을 일으킴 → 진압 과정에서 잔여 세력이 지리산 등지로 들어감

• **평가** 이념 대결의 양상으로 몰아간 미군정과 이승만의 태도가 원인으로 서북 청년단이나 경찰 등의 무지막지한 탄압에서 비롯됨. 제주도 4 · 3 사건과 6 · 25 전쟁의 진정한 해결은 모든 것을 이념 대결의 양상으로 몰아가는 사회적 풍토가 고쳐졌을 때 가능함

2 6 · 25 전쟁

• **북한의 전쟁 준비** 소련 · 중국과 군사 비밀 협정 체결, 소련에게 비행기와 전차 등 신무기와 각종 군사적 지원을 받음, 국공 내전이 끝난 후 팔로군 소속의 조선 의용군이 북한군에 편입되면서 북한의 군사력이 크게 강화

• **미국의 애치슨 선언(1950년 1월)** 미군 철수와 때를 맞춰 미국 국무 장관 애치슨이 한반도와 타이완을 미국의 극동 방위선에서 제외한다는 선언 발표

• **남북한의 대립** 이승만은 북진 통일론을, 김일성은 민주기지론(38선 이북 지역이 혁명에 더 유리한 조건을 갖추고 있으므로 북한이 먼저 혁명을 성공시켜 민주기지로 강화해야 한다는 이론)을 내세우며 대립

• **전개 과정** 북한군의 무력 남침(1950년 6월 25일) → 서울 함락 → 국군의 낙동강 전선 후퇴 → 맥아더의 인천 상륙 작전(9월 15일) → 서울 수복(9월 28일) → 국군의 압록강 진격 → 중국군 개입(10월 25일) → 흥남 철수 → 서울 재함락(1951년 1월 4일) → 국군과 유엔군 총공세 → 서울 재수복 → 38선 부근까지 진격 → 소련의 휴전 제의로 휴전 회담 진행(1951년 7월) → 포로 송환 문제로 난항 → 이승만 정부의 휴전 반대, 거제도 반공 포로 석방(1953년 6월 18일) → 휴전 협정 체결(1953년 7월 27일)

• **분단의 고착화** 이승만 정부는 반공 이념을 내세워 독재 정권 강화, 한미상호방위조약 체결로 주한 미군 주둔, 김일성은 패전에 따른 정치적 위기를 수습하기 위해 남로당계의 박헌영을 숙청

제주도 4·3 사건의 예에서 볼 때 친미와 반미는 서로 대립되는 개념일까요?

제주도 4·3 사건은 엄청난 인명 피해를 남긴 채 막을 내렸어요. 이승만 정권은 그 책임을 피하기 힘들었지만 그들의 일방적인 책임이라고 말하기도 어렵습니다. 가장 큰 책임은 미군에게 있기 때문이지요. 왜냐하면 '제주도 4·3 사건 진상규명 및 희생자 명예회복위원회'에서 밝혔듯이 제주도 4·3 사건은 미군정 치하에서 시작되었고, 미군 대령이 직접 진압 작전을 지휘했기 때문이에요.

더욱이 미군은 대한민국 수립 이후에도 국군의 작전 통제권을 계속 보유했고, 제주도 진압 작전에 무기와 정찰기 등을 지원했습니다. 이런 점만 보더라도 미군에게 책임이 있는 것이 확실하지만 책임 규명은 철저히 이루어지지 못하고 있어요. 미국은 이념적인 부분에서 우리와 혈맹 관계이기 때문에 비판해서는 안 된다는 사고방식이 자리 잡고 있기 때문일지도 모릅니다. 우리나라에는 아직도 미국을 비판하는 것은 좌익 세력의 논리와 연결된다는 이념 대결 양상이 남아 있어요. 제주도 4·3 사건의 교훈을 아직도 받아들이지 못한 것이지요.

친미나 반미는 이념적으로 대립되는 개념이 아니에요. 우리의 이익을 놓고 미국을 어떻게 바라보느냐에 따라 평가가 달라지는 것일 뿐 이념 대립의 척도로 삼을 수는 없다는 뜻이지요.

국제 정치에서는 영원한 동지도 없고 영원한 적도 없습니다. 시대적 상황과 조건에 따라 어제의 동지가 오늘의 적이 될 수도 있지요. 미국도 예외가 아니에요. 미국이야말로 자국의 이익을 위해서라면 망설이지 않고 뜻한 바를 실행에 옮기는 나라입니다. 이는 아프가니스탄이나 이라크 등 여러 나라와의 관계에서도 쉽게 확인할 수 있어요.

따라서 우리 국민은 친미나 반미의 의사를 자유롭게 드러내야 합니다. 국가와 민족의 이익을 놓고 자신의 판단에 따라 소신껏 행동할 수 있어야 한다는 말이에요. 하지만 국가와 민족의 이익에 반하는 미국의 행동을 그렇지 않은 것처럼 호도하는 것은 문제가 있지요. 친미나 반미를 떠나서 미국에 책임이 있으면 반드시 그 책임을 따져 물어

야 해요.

반미는 이념 대립의 양상으로 치닫는 경향이 있다고 생각할 수도 있습니다. 남북이 대결하고 있는 상황에서 반미는 북한이 남한을 침략할 수 있는 빌미를 제공하는 고도의 술책이라고 보는 것이지요.

하지만 국민은 역사의 주체일 뿐 이념의 추종자가 아니에요. 따라서 친미든 반미든 그 어떤 입장도 허용되어야 합니다. 우리에게 중요한 것은 친미나 반미가 아니라 국가와 민족의 이익이기 때문이지요. 이런 점에서 친미와 반미의 차이를 이념 대결의 양상으로 몰아가는 것은 국민을 기만해 매카시즘의 희생양을 찾으려는 속셈으로밖에 볼 수 없어요.

4 이승만 정부의 그늘 |
4·19 혁명과 장면 내각의 수립

이승만은 하와이에서 한인 학교를 운영하던 교육자이자 외교 독립론을 주장하던 독립운동가였습니다. 또 대한민국 임시 정부의 초대 대통령을 지낸 정치인이었어요. 1945년 12월에는 김구, 김성수 등과 함께 반탁 운동을 주관했고 남한 단독 정부 수립을 지지했지요. 이후 대한민국 초대 국회 의장을 거쳐 제1, 2대 대통령을 역임하고, 사사오입 개헌을 통해 제3대 대통령으로 취임했습니다. 또한 이승만은 부정 선거를 통해 제4대 대통령에 당선되었어요. 그런데 미국의 경제 원조가 유상 원조로 전환되고 액수마저 감소됨에 따라 경기 침체와 실업자 증가로 사회 불만이 고조되었어요. 이런 상황에서 3·15 부정 선거를 계기로 일어난 4·19 혁명 직후에 부정 선거의 책임을 지고 대통령직에서 물러나 미국 하와이로 망명했지요.

- **1951년** 12월 이승만이 원내·외 5개 사회 단체를 통합해 자유당을 창당하다.
- **1954년** 11월 대통령의 3선을 제한하는 헌법을 철폐하기 위해 사사오입의 논리를 적용해 헌법 개정안을 불법으로 통과시키다.
- **1955년** 9월 사사오입 개헌을 계기로 신익희·조병옥 등이 보수 세력을 결집해 민주당을 창당하다.
- **1960년** 이기붕을 부통령에 당선시키기 위해 3·15 부정 선거를 저지르다.
- **1960년** 이승만 정부의 독재와 부정 선거에 항의해 4·19 혁명이 일어나다.

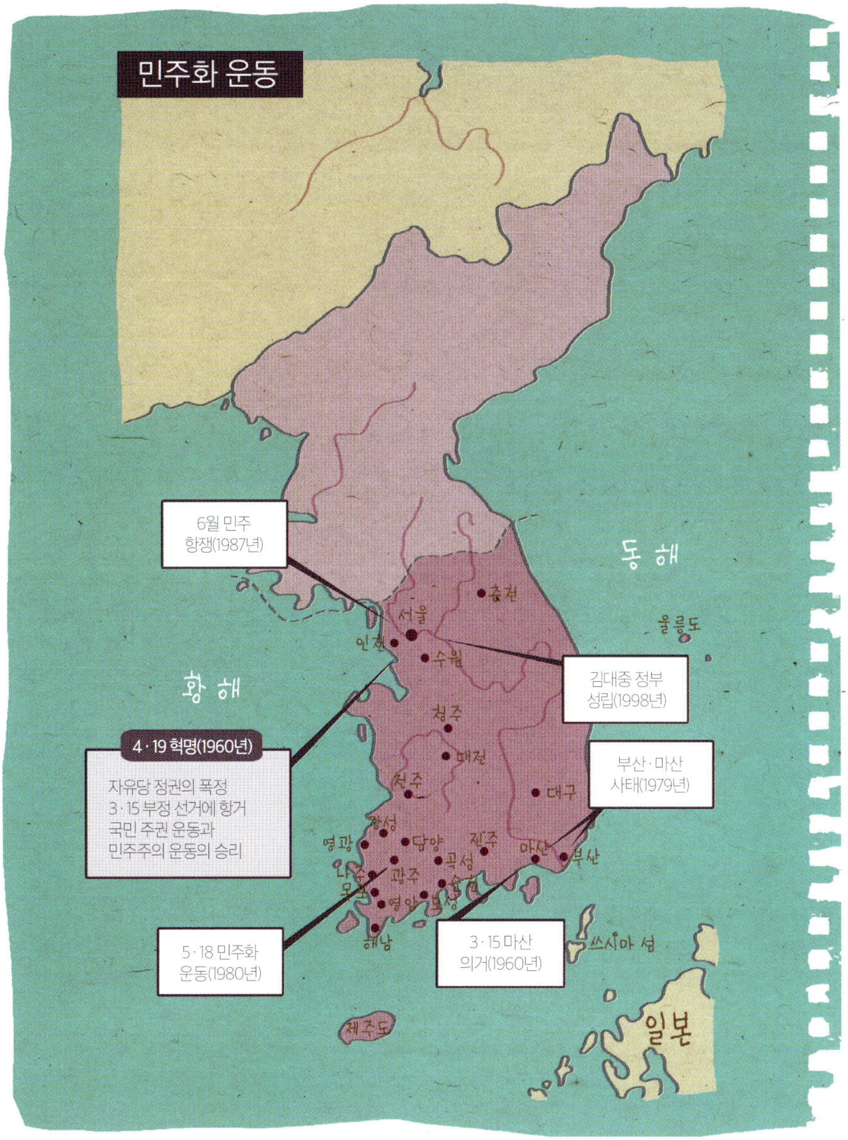

반공 이데올로기의 포로가 된 대한민국

'한국 현대사' 하면 빼놓을 수 없는 두 단어가 있습니다. 바로 '분단'과 '독재'예요. 그럴 수밖에 없었던 이유는 광복 직후 자주 통일 국가가 되지 못하고 분단국가가 되었기 때문이지요. 이렇게 된 데에는 이승만의 책임이 크다고 할 수 있습니다. 이승만 정부는 분단을 극복하는 과정이 아니라 분단을 고착화시키는 과정에서 탄생했어요. 분단 상황은 역으로 이승만 정부의 독재 정치를 연장하는 데 활용되었지요.

분단과 독재는 쉽게 극복하기 어려운 문제예요. 이를 정당화시키는 반공의 논리가 자리를 잡고 있기 때문이지요. 다시 말해 반공은 일제강점기의 잔재를 청산하는 일을 왜곡시킨 것은 물론 분단조차도 정당화시켰어요. 따라서 독재 정치를 해도 반공의 논리 앞에서는 아무 말도 할 수 없었지요.

이는 조선 시대의 성리학과 일맥상통합니다. 당시 성리학은 사상과 문화 발전에 이바지했지만 성리학 이외의 모든 사상을 이단으로 배척했어요. 명의 사대주의에만 빠져 명청 교체기에 대륙의 정세를 제대로 읽지 못하고, 정묘호란과 병자호란을 거치면서 우리 민족 최대의 수치인 삼전도비까지 세우게 되었지요.

우리 민족은 사상에 대해 결코 편협한 태도를 보이지 않았습니다. 우리 민족의 시조인 단군은 홍익인간의 기치를 들고 나라를 세웠어요. 그러므로 어떤 사상이든 사람을 널리 이롭게 하는 것이라면 배척할 필요가 없었지요. 우리나라에 수많은 종교가 퍼진 것도 우리 민족의 사상적 개방성을 보여 주는 단적인 예라고 할 수 있어요. 그렇다면 '홍익인간' 대 '성리학' 또는 '홍익인간' 대 '반공'은 어떨까요?

한 민족이 발전하려면 사상적 기치가 폭넓고 개방적이어야 합니다.

이승만의 반공 포로 사열
(1952년 3월)
이승만 대통령이 광주의 중앙
포로수용소에서 반공 포로들을
사열하고 있다. 휴전 회담에서
포로 교환 협정이 체결되자
이승만 대통령은 유엔군과 상의
하지 않고 반공 포로들을 석방
했는데, 이는 외교 문제가 되기
도 했다.

사상에 대한 편협한 자세나 독단적인 입장은 민족사의 발전에 부정적 영향을 줄 수밖에 없어요. 한국 현대사에 점철된 반공 이데올로기는 우리의 숨통을 조여 왔습니다. 지금도 우리는 반공으로부터 자유롭지 못하지요.

이승만은 1945년 10월 16일 미국에서 돌아온 이후 국민의 무조건적인 단결을 외쳤습니다. 단결은 좋은 구호이지만 식민 잔재를 청산하고 친일파를 척결하는 데 방해가 되었어요. 이승만의 무조건적인 단결론은 민족적 과제를 해결하려고 하는 사람들에게는 분열을 의미하는 주장인 셈이었지요.

그런데도 이승만이 단결을 외친 이유는 그의 철저한 반공주의적 입

**국민 방위군에 소집된
장정들**

국민 방위군은 1950년 말에
약 50만 명의 제2 국민병으로
편성되었다. 그러나 간부들이
보급품을 횡령해 1·4 후퇴 때
굶어 죽거나 얼어 죽은 병사들
이 5만 명에서 8만 명에 이르
렀다. 이 '국민 방위군 사건'의
여파로 1951년 5월 국민 방위
군은 해체되었다.

장 때문이었어요. 공산주의 세력과 소련에 대항하면서 정치적 기반
을 마련하고자 했던 것이지요. 이승만은 자신의 세력을 강화하기 위
해 막강한 조직과 자금력을 가지고 있었던 친일파 세력을 적극적으
로 포용했어요. 이로써 이승만은 최초로 친일파 세력에 면죄부를 준
사람이 되었지요.

소련군은 1948년 12월에 철수했고, 미군도 1949년 6월에 군사 고
문단을 제외하고 모두 철수한 상태였어요. 이처럼 외세가 물러난 상
황에서 서로 노력한다면 통일 정부를 얼마든지 세울 수 있었지요. 하
지만 분단을 고착화시키는 과정에서 탄생한 이승만 정부는 오히려
북진 통일론을 제창했어요.

하지만 북진 통일론은 북한의 적화 통일론에 맞선 구호에 불과했습

니다. 군사력을 강화하기 위해 아무런 노력도 하지 았다는 데서 쉽게 확인할 수 있어요. 결국 이승만 정부는 말로만 북진 통일론을 주장했을 뿐입니다.

이승만 정부는 6 · 25 전쟁 중에 중간에서 보급품을 횡령했어요. 대표적인 예로 국민 방위군 사건을 꼽을 수 있습니다. 1951년 1 · 4 후퇴 때 17세 이상 40세 이하의 청장년들을 국민 방위군으로 편성해 경상북도와 경상남도 일대의 교육대로 후송할 계획을 세웠는데, 예산이 부족한 상태에서 보급품마저 간부들이 횡령해 추위와 굶주림으로 많은 사망자가 발생한 거예요. 이렇게 횡령된 자금의 상당 부분이 이승만의 정치 자금으로 유입되었다는 의혹이 제기되었지요.

자유당 창당과 장기 집권

이승만은 전쟁의 와중에도 다시 집권하기 위해 1951년 12월 23일 자유당을 창당했습니다. 1950년 5 · 30 총선거에서 이승만의 지지 세력이 210석 중 30석 정도밖에 안 되었기 때문이에요. 의원 내각제로는 대통령이 될 수 없다고 판단한 이승만은 어떻게든지 자신의 정치 세력을 형성해 대통령제로 개헌하려고 시도한 것이지요.

그래서 이승만은 임시 수도였던 부산에서 백골단이나 땃벌떼, 민중자결단 등의 폭력 단체를 조직해 공공연하게 국회 의원을 위협하며 국회 해산을 요구하는 관제 데모를 벌이도록 조종했어요. 1952년 5월 25일에는 공비를 토벌한다는 명목으로 비상 계엄령을 선포하더니 급기야 5월 26일에는 야당 국회 의원들에게 국제 공산당과 공모했다는 혐의를 씌워 서범석, 곽상훈 등을 구속하는 부산 정치 파동을 일으켰어요. 한마디로 권력을 차지하고 싶은 자신의 야망을 실현하기 위해 반공을 무기로 악용했던 것이지요.

결국 국회 의원들에게 폭력과 협박을 계속 가하면서 1952년 7월 4일 대통령 직선제를 골자로 하는 발췌 개헌안을 토론도 없이 기립 표결로 통과시켰어요. 당시 국회에는 여당인 자유당의 대통령 직선제 개헌안과 야당인 민주 국민당과 무소속 의원들의 내각 책임제 개헌안이 차례로 제출되었습니다. 이 두 개헌안의 내용을 가려 뽑아 개헌한 것이 발췌 개헌이므로 바람직한 개헌이 이루어진 것으로 보이지만, 안타깝게도 대통령 직선제 개헌안은 권력의 구조가 낳은 결과였어요.

당시 우리 민족은 민주주의라는 환경에 익숙하지 않은 상태였으므로 '당선은 떼어 놓은 당상이다'라고 말할 수 있는 상황이었습니다. 제2대 대통령 선거를 치른다고 공표하자 시골 어른들은 "왕이 아직 살아 계신데 왜 또 뽑아야 해?"라며 어리둥절해했다고 해요.

이렇게 해서 이승만은 제2대 대통령에 당선되었습니다. 그러나 이승만과 자유당은 이에 만족하지 않고 영구 집권을 하기 위해 헌법에 명시되어 있는 대통령의 '3선 금지' 조항을 바꾸기로 했어요. 그래서 초대 대통령에 한해 이 조항을 적용하지 않는다는 개헌안을 발의했지요. 결국 이 과정에서 사사오입 개헌이 이루어지게 되었어요. 1954년 11월 27일 개헌이 의결 정족수 136명 가운데 1명이 부족해 부결된 것으로 선포되었는데, 4 이하는 버리고 5 이상은 취하는 사사오입을 내세워 개헌안이 다시 통과된 것으로 번복했지요.

당시 국회 의원의 정수는 205명이었는데, 개헌 투표에 참석한 국회 의원은 203명이었어요. 개헌안이 통과되려면 203명 가운데 3분의 2 이상, 즉 136명 이상의 찬성이 필요한데, 135명이 찬성했으므로 1표가 부족한 상황이었습니다. 그러나 그날 밤 어용 수학자 한 사람이

203에 3분의 2를 곱해서 나온 수 135.33에서 0.33은 버려도 된다는 사사오입 논리를 근거로 135명도 3분의 2 이상에 해당된다고 우겨 이틀 뒤인 11월 29일 억지로 개헌안을 통과시켰어요.

국민은 의회 민주주의 원칙에 어긋나는 이런 방식에 크게 실망했습니다. 하지만 유세 도중 야당 대통령 후보 신익희가 갑작스럽게 죽자, 1956년 5월 15일 정부통령 선거에서 이승만이 무난하게 제3대 대통령에 당선되었어요. 그런데 무소속으로 출마했던 조봉암이 200만 표 이상을 득표하는 돌풍을 일으킨 데다 부통령에 출마한 자유당의 이기붕이 낙선하고 민주당의 장면이 당선되는 이변이 일어났지요.

그러자 이승만은 위기를 타개하기 위해 어김없이 반공의 칼날을 휘두르기 시작했습니다. 혁신계 정치인들을 좌익이나 간첩으로 몰아붙였던 거예요. 실례로 혁신 세력을 대표하는 진보당 당수 조봉암이 유세 도중 평화 통일안을 주장하자 이를 구실 삼아 조봉암에게 간첩 혐

제2대, 3대 대통령 선거

발췌 개헌안

친일파 청산 문제와 토지 개혁법을 놓고 국회와 갈등을 빚은 이승만은 간접 선거로는 재선 가능성이 희박해지자 1952년 5월 26일 '부산 정치 파동'을 일으켜 정부통령 직선제와 양원제, 국회의 국무 위원 불신임 결의권 등을 골자로 한 발췌 개헌안을 강압적으로 통과시켰다.

(오른쪽, 아래) 제2대 대통령 선거

1952년 8월 5일 발췌 개헌안에 따라 정부통령 선거가 치러졌다. 이 선거에서 자유당의 이승만 후보가 제2대 대통령으로 재선되었고, 무소속으로 출마한 함태영 후보가 제3대 부통령으로 선출되었다.

이승만과 이기붕의 제3대 대통령 선거 포스터

1954년 11월 '초대 대통령에 한해 중임 제한을 없앤다'는 사사오입 개헌에 따라 1956년 5월 15일 제3대 정부통령 선거가 실시되었다. 이 선거에서 이승만은 제3대 대통령에 당선되었지만, 부통령에 출마한 자유당의 이기붕은 낙선했다.

신익희와 장면의 제3대 대통령 선거 포스터

신익희와 장면을 각각 정부통령 후보로 지명한 제1 야당인 민주당은 '못살겠다. 갈아 보자'는 구호 아래 제3대 대통령 선거를 치렀다. 유세 도중 대통령 후보인 신익희가 급사했지만 장면은 자유당의 이기붕을 이기고 부통령에 당선되는 이변을 일으켰다.

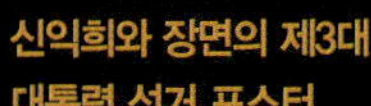

의를 씌워 사형시켰습니다. 나아가 공산당의 흉계를 분쇄하기 위해 국가 보안법을 더욱 강화해야 한다면서 1958년 12월 언론 규제를 골 자로 하는 개정된 신국가 보안법을 통과시켰어요. 한마디로 반공이라 는 매카시즘 선풍을 일으켜 무자비하게 정적을 탄압했던 것이지요.

3·15 부정 선거가 4·19 혁명의 불을 댕기다

1960년 3월 15일 제4대 정부통령 선거에서도 드러내다시피 부정 선 거를 꾸몄습니다. 그런데 민주당 대통령 후보인 조병옥이 선거를 한 달 앞두고 사망해 이승만이 단독 후보로 당선되었어요. 당시 선거법 을 기준으로 했을 때 후보가 사망할 경우 다른 후보로 대체할 수 없었 기 때문이지요. 그런데 문제는 바로 부통령이었어요.

　당시 이승만은 나이가 꽤 많았습니다. 대통령이 죽으면 부통령이 승계해야 하는데, 이미 지난 선거에서 야당인 장면에게 부통령의 자 리를 내주었던 경험이 있었기 때문에 이승만은 어떻게든지 이기붕을 부통령으로 만들려고 했어요. 자유당 정권은 수단과 방법을 가리지

진보당 사건으로 재판을 받고 있는 조봉암
(1898~1959년)
1958년 1월 자유당 정권은 진보당 간부들이 북한의 간첩과 접선하고 북한의 주장과 유사한 통일 방안을 주장했다는 혐의로 조봉암(오른쪽에서 두 번째) 등 진보당 관계자들을 구속했다. 조봉암은 1959년 교수형에 처해 졌으나 사후 52년 만인 2011년 1월 20일 대법원에서 무죄 판결을 내려 복권되었다.

않고 부정을 저질렀지요. 그 결과 이기붕의 득표율이 거의 100%에 육박해 이를 하향 조절해야 하는 어이없는 상황이 벌어졌습니다.

3·15 부정 선거에 대한 저항은 학생들로부터 시작되었어요. 먼저 1960년 2월 28일 대구의 학생들이 대규모로 시위를 벌였습니다. 이승만 정권은 학생들이 야당의 선거 유세장에 갈까 봐 일요일에도 강제로 등교하게 했고, 학생들은 이에 대해 반대 시위를 벌였던 거예요. 이렇게 시작된 시위는 전국으로 확산되었습니다.

투표 당일인 3월 15일 마산에서 유혈 사태가 일어났어요. 경찰이 선거 무효를 주장하는 학생과 시민들에게 발포해, 8명이 사망하고 80여 명이 부상을 당했으며 200여 명이 연행되었지요. 그런데도 이승만 정부는 상투적인 수법으로 공산주의 세력이 개입된 폭력 시위라고 주장했어요. 반공만 외치면 모든 것이 해결된다고 생각했던 것이지요.

4월 11일에 당시 고등학생이었던 김주열 군이 눈에 최루탄이 박힌 채 마산 앞바다에 시신으로 떠오르자 국민의 분노는 극에 달했습니다. 결국 4월 18일에 고려대학교 학생들이 시위에 참여했고, 4월 19일에는 서울의 주요 대학교와 고등학교 학생은 물론 시민들까지 합세해 대통령의 집무실인 경무대로 향했어요. 그러자 이승만은 전국에 비상 계엄령을 선포하고 무장 경찰을 동원해 무차별적으로 발포했지요.

하지만 이미 민심이 떠난 상태에서 권력을 유지할 수 있는 방법은 없었어요. 부정 선거로 부통령에 당선된 이기붕은 4월 23일에 사퇴 입장을 밝히고, 이승만은 4월 24일 자유당 총재직을 사퇴하는 식으로 무마하며 이 위기를 넘기려고 했지요. 하지만 이 정도에서 멈출 수 있는 일이 아니었어요.

결국 4월 25일 서울 지역의 대학교수 258명이 '학생들의 피에 보답

조병옥(1894~1960년)
1960년 제4대 대통령 선거에 민주당 후보로 출마했으나 신병으로 미국 월터리드 육군 병원에서 치료를 받다가 선거를 한 달 앞두고 세상을 떠났다.

하라'는 플래카드를 앞세우고 시위를 벌였습니다. 이승만의 대통령 하야를 요구하는 대학교수단이 종로 4가를 거쳐 종로 2가에 왔을 때 시위 군중은 1만 명으로 불어났어요. 결국 4월 26일 이승만은 국민이 원한다면 물러나겠다고 밝히면서 하야했고, 5월 29일에는 하와이로 망명의 길을 떠났습니다.

이 과정은 어두운 역사의 한 부분으로 남게 되었어요. 광복 이후 자주독립 국가를 세워야 하는 중대한 역사적 기로에서 분단을 고착시

킨 세력이 권력을 잡았지요. 이들은 식민 잔재를 청산해야 하는 민족
사적 과제를 굴절시킨 것도 모자라 반공의 칼날로 독재 정치를 자행
해 물러나게 된 것입니다. 이로 인해 우리 민족은 민주 국가를 건설해
민주적 훈련을 쌓아야 하는 과정조차 제대로 밟지 못하게 되었지요.

　　4·19 혁명은 우리 역사에서 특별한 의미를 지닙니다. 국가의 주권
을 지닌 국민이 주권을 제대로 지키지 못한 지도자를 직접 끌어내렸
기 때문이지요. 그래서 이 사건을 혁명이라고 부릅니다.

국립 4·19 민주 묘지와 뛰어노는 어린이
4·19 혁명 희생자를 기리기 위한 국립묘지에서 어린이가 뛰어놀고 있다. 어린이들이 이처럼 자유롭게 뛰어놀 수 있는 것은 나라를 위해 희생한 사람들이 있었기 때문이다.

3 · 15 부정 선거

1960년 3월 15일 제4대 대통령과 제5대 부통령을 뽑는 선
거가 치러졌다. 자유당의 이승만과 이기붕이 각각 대통령
과 부통령으로 당선되었으나, 4할 사전 투표, 공개 투표,
야당 참관인 축출 등 온갖 부정행위가 자행되었다. 이 선
거는 4 · 19 혁명의 도화선이 되었고, 결국 자유당 정권이
붕괴되었다.

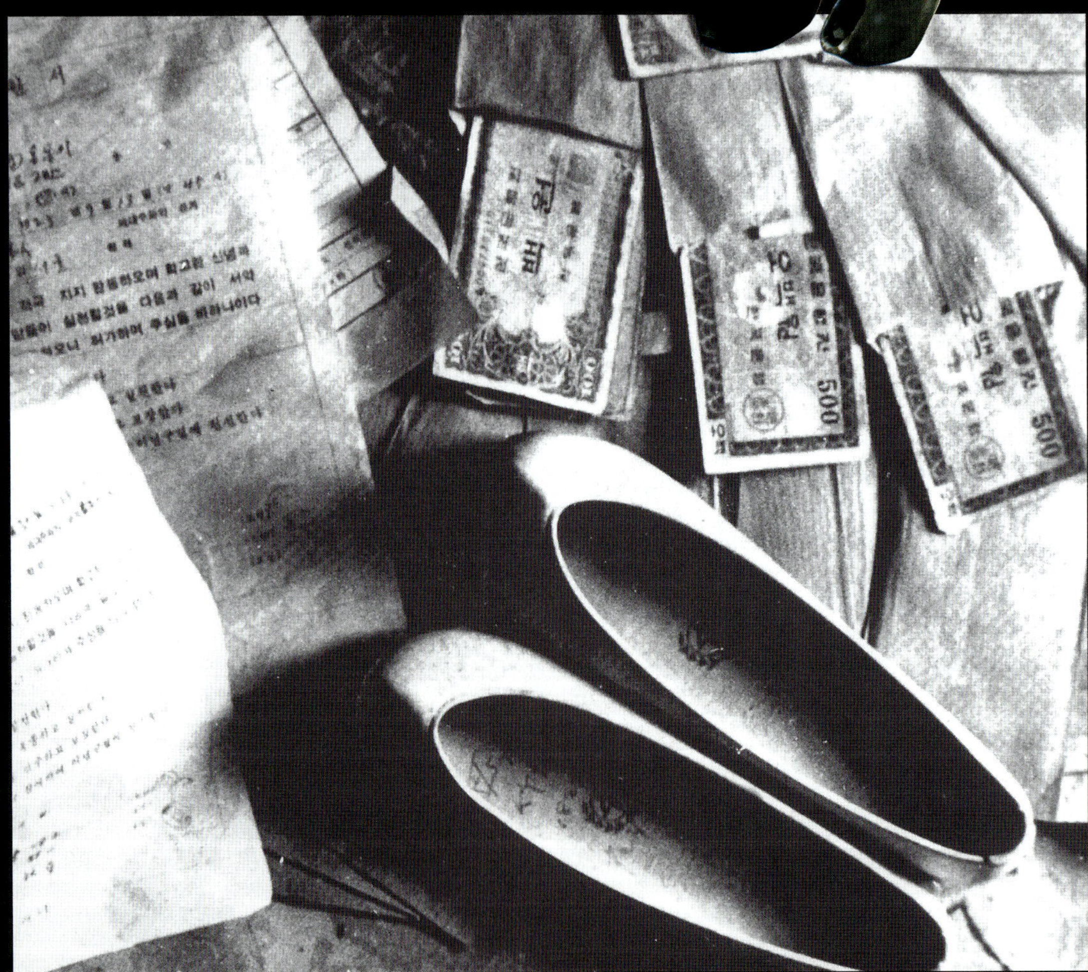

매표 공작의 증거들
3 · 15 부정 선거는 자유당이 표를 얻기 위해 고무신, 막걸리, 돈을 무차별적으로 뿌려 댔다고 해서 일명 '고무신 선거'로도 불린다.

관권에 동원된 주권 돈과 고무신에 회유된 주민들이 긴 투표 행렬을 이루고 있다.

증거를 소멸하라 득표수가 투표수보다 많이 나오자 자유당은 증거를 없애기 위해 투표함을 소각했다. 미래의 유권자인 어린이들이 타다 남은 투표함을 바라보고 있다.

마산 시위와 김주열의 죽음

1960년 3월 15일 부정 선거 행위를 목격한 마산 시민들은
이를 규탄하는 시위를 벌였다. 자유당 정권은 총격을 가하
는 등 무자비하게 시위대를 진압해 시민들의 분노를 샀다.
4월 11일 아침, 당시 마산 상업 고등학교 학생이었던 김주
열의 시신이 마산 중앙 부두 앞바다에서 발견되면서 시민들
의 분노는 극에 달했고, 이후 시위가 전국으로 확산되어
4 · 19 혁명의 기폭제가 되었다.

3 · 15 부정 선거에 항거하는 마산의 고교생들　　　　김주열 군

268

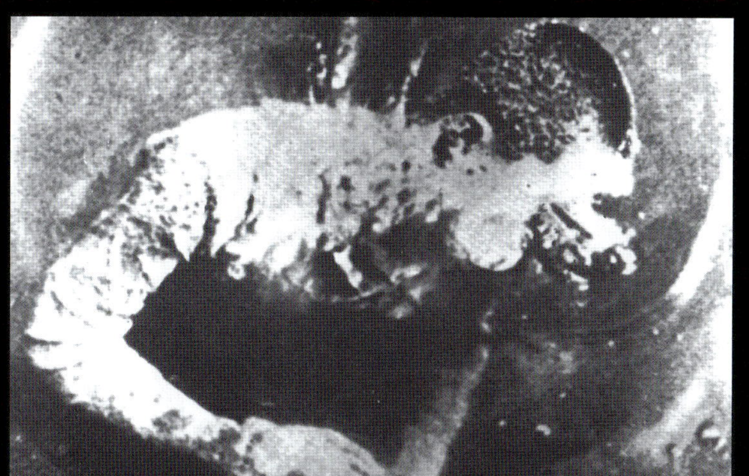

(왼쪽) '원한'이 떠오르다
1960년 4월 11일 얼굴에 최루탄이 박힌
김주열의 시신이 마산 중앙 부두 앞바다에
떠올랐다.
(아래) 배로 인양된 김주열의 시신
꺾인 팔과 찢겨진 교복, 형체를 알아볼 수
없는 얼굴이다. 인양된 시신의 꺾인 팔이
처참한 얼굴을 가리고 있다.

경무대 앞으로 수도관을 굴리며 진격하는 동국대학교 학생들

민중을 향해 총부리를 겨누고 있는 경찰

시위 학생들을 경찰봉으로 난타하는 경찰

정의를 향한 서울대학교 시위대의 행진

계엄령 선포

1960년 4월 19일 경무대로 몰려간 시위대는 이승만 대통령과 면담, 김주열의 죽음에 대한 관련
자 처벌 등을 요구했다. 재선거와 이승만 대통령의 하야를 요구하는 시위대에 당황한 정부는
4월 19일 오후 3시 계엄령을 선포했다.

계엄군의 탱크를 접수한 시위대
계엄군도 시위대의 위세에 눌려 손을 놓았다. 아무리 계엄군이지만 국민을 향해 포를 겨눌 수는 없었다.

총탄을 피하는 시위대
시위대를 향해 무차별 총격이 가해졌다. 하지만 총탄도 시위대를 해산시키지는 못했다.

시위대에 포위된 계엄군

기관총을 들이대는 계엄군
계엄군이 한 학생에게 기관총을 들이대고 있다.

"학생들의 피에 보답하라"

1960년 4월 25일 오후 3시 서울대학교 교수회관에 모인 27개 대학교수들이 시국 선언문을 발표한 뒤 '4 · 19 혁명에 쓰러진 학생들의 피에 보답하라'는 슬로건을 내걸고 시가행진을 벌였다. 이 시위는 이승만 대통령의 하야를 촉진하는 데 큰 역할을 했다.

(오른쪽) 고등학생들의 시위
고등학생들이 어깨동무를 하며 나아가고 있다.

(아래) 국민학생들도 나섰다
국민학생들이 "부모 형제들에게 총부리를 겨누지 말라."며
울부짖고 있다.

교수들의 시가행진 1960년 4월 25일 '학생의 피에 보답하라'는 슬로건을 내건 대학교수들이 행진하고 있다.

이승만 대통령의 하야

이승만은 1960년 4월 25일 서울 지역 교수들의 시위를 계기로 시위 군중이 1만 명으로 불어나자 4월 26일 "국민이 원한다면 물러나겠다."는 담화문을 발표하고 결국 하야했다. 5월 29일에는 자신의 몸을 보전하기 위해 하와이로 망명의 길을 떠났다.

하와이로 망명하는 이승만
국민에게 총부리를 겨누던 정권의 수반은 독재와 실정, 부패에 대해 아무런 책임도 지지 않고 하와이에서 여생을 마쳤다.

환호하는 시민과 계엄군 제15사단장 조재미 장군은 이승만 대통령 하야 성명을 낭독한 후 시민들과 함께 만세를 불렀다.

장면 내각, 경제 제일주의를 내세우다

자유당 정권이 붕괴된 후 허정을 수반으로 하는 과도 정부가 구성되어 내각 책임제와 양원제로 개헌이 이루어졌어요. 이승만 정부의 장기 집권으로 인해 자연스럽게 내각 책임제로 결론지어진 것이지요.

양원제는 상원과 하원을 말하는데, 상원의 정식 명칭은 참의원, 하원의 정식 명칭은 민의원이었어요. 새 헌법에 따라 1960년 7월 29일 총선을 치른 결과 민주당이 압승을 했습니다. 민주당은 민의원 175석, 참의원 31석 등 206석을 얻었으나, 혁신 계열은 3개 정당을 합해 민의원과 참의원에서 8석을 얻는 데 그쳤어요.

내각 책임제에서 국가 원수는 상징적인 존재이고 국회에서 다수를 차지한 정당의 대표가 국무총리로서 정권을 담당합니다. 영국이나 일본에서는 국왕이 군림하나 통치하지 않는 것과 마찬가지로 제4대 대통령으로 선출된 윤보선은 직접 통치하지 않아서 상징적인 존재에 불과했어요. 국무총리로 선출된 장면은 사회 질서의 안정과 국가 안보의 확립, 경제 발전, 평화 통일 등 많은 과제를 안고 있었습니다. 민주당 내부에서는 윤보선이 속한 구파와 장면이 속한 신파 사이에 정치적 갈등이 불거져 구파가 신민당이라는 이름으로 분당하기에 이르렀지요.

제2 공화국은 출범한 이후 나름대로 활발하게 활동했어요. 장면 내각이 가장 먼저 한 일은 3·15 부정 선거의 주모자를 처벌하는 것이었지요. 하지만 당시의 법은 처벌 규정이 너무 약했기 때문에 강력한 법이 필요했어요. 일반적으로 과거의 잘못을 처벌하기 위해 법을 제정하는 소급 입법은 허용되지 않았습니다. 그래서 장면 내각은 4차 개헌을 시도해 소급 입법을 만들었어

허정(1896~1988년)
광복 후 제헌 국회 의원에 당선되었고 국무총리 서리, 서울특별시장, 외무부 장관을 지냈다. 4·19 혁명 후에는 과도 내각의 수반으로 대통령 권한 대행을 맡았다.

장면과 윤보선의
한 지붕 두 살림

내각 책임제에서 국무총리로 선
출된 장면이 정권을 담당했고, 대
통령으로 선출된 윤보선은 상징
적인 존재에 머물렀다. 민주당 내
부에서는 윤보선이 속한 구파와
장면이 속한 신파 사이에 갈등이
불거졌고, 마침내 구파가 신민당
이란 이름으로 분당했다.

장면과 윤보선의 악수 1960년 8월 19일 국무총리 인준 직후 장면 총리(오른쪽)가
윤보선 대통령과 악수하고 있다.

제2 공화국 수립 경축식 1960년 10월 1일 서울 운동장에서 열린 제2 공화국 출범식에서 윤보선 대통령 내외(왼쪽)와 장면 총리 내외(오른쪽)
가 3군 분열식을 받고 있다.

안국동 윤보선가(사적 제438호, 서울시 종로구) 1870년(고종 7년)에 지어진 것을 윤보선 전 대통령의 아버지가 1910년 무렵에 매입한 뒤 윤보선 전 대통령이 거주한 집이다. 민가로서는 최대 규모인 99칸 집이었으나, 지금은 안채, 사랑채, 별관, 대문과 부속채 등이 남아 있다. 한국 최초의 민주 정당인 한국 민주당의 산실이자 1950~1970년대에는 야당의 회의실 겸 집무실로 사용된 장소다.

명륜동 장면 가옥(서울시 종로구) 제2대 국무총리를 지낸 장면이 1937년에 건립해 거주했던 집이다. 안채를 비롯해 사랑채, 경호원실, 수행원실로 사용되던 건물들이 한식과 일식, 그리고 서양식의 건축 양식이 혼합된 독특한 양식으로 지어져 있다.

요. 그러나 부정 선거의 책임자를 처벌하는 데 소극적인 모습을 보여 국민을 실망시켰지요.

1950년대 후반 이후 미국의 원조액이 급감하면서 미국의 경제 원조가 무상 원조에서 차관 원조로 바뀌었어요. 미국의 원조에만 의존해 오던 한국은 가난의 굴레에서 벗어나지 못했고, 장면 내각은 가난을 해결하기 위해 경제 개발 계획을 수립했습니다.

이 시기에 학생들은 학교를 자유롭게 운영할 수 있는 학원 자율화를 요구하고, 전시에 대비하기 위해 중등학교 이상의 학생들을 군사 조직에 편입한 학도 호국단의 폐지를 주장했어요. 교사들은 교원 노조의 결성을 요구했고, 6·25 전쟁의 유가족들은 양민 학살에 관한 진상 조사를 요구했지요. 이승만이 물러나고 반공 이데올로기의 족쇄가 풀리자 묻혀 있던 양민 학살 사건이 불거져 나온 거예요. 대표적인 것이 거창 양민 학살 사건이었는데, 유족들이 중심이 되어 진상 조사를 요구했습니다. 진보 세력인 혁신계는 중립화 통일론을 주장했지요.

아직 반공 이데올로기에 사로잡혀 있던 대다수의 국민은 학생들과 혁신 세력의 주장을 위험하다고 받아들였습니다. 장면 내각도 국민의 넘치는 욕구와 통일에 대한 열망에 제대로 대처하지 못했지요.

이렇듯 여러 계층에서 다양한 요구들이 봇물 터지듯 쏟아져 나오면서 사회적인 혼란이 지속되다가 1961년이 되면서 점차 시위가 줄어들었어요. 장면 내각은 1961년 4월 말경에 경제개발 5개년계획을 완성해 장기적인 국가 발전의 로드맵을 추진하고 있었어요. 그러므로 일부 군인들이 일으킨 5·16 군사 정변에 정당성을 부여할 수는 없습니다. 사실 5·16 군사 정권이 1962년 1월 13일에 발표한 경제개발 5개년계획은 장면 내각의 안을 베낀 것이에요.

8-4 4·19 혁명과 장면 내각의 수립

1 이승만 정부의 장기 집권

- **발췌 개헌(1952년)** 제2대 국회 의원 선거(1950년 5월)에서 정부에 비판적인 무소속 출마자들이 대거 당선 → 국회 의원의 간접 선거 방식으로는 이승만의 대통령 당선이 어려워짐 → 임시 수도인 부산에서 1951년 12월 자유당을 조직한 후 계엄령 선포 → 야당 국회 의원 50여 명을 국제 공산당의 자금을 받았다는 혐의를 씌워 헌병대로 연행 → 발췌 개헌안(대통령 직선제를 골자로 하는 정부안과 내각 책임제를 골자로 하는 국회안을 발췌)을 국회 기립 표결로 통과시킴 → 대통령 선거에서 이승만 재당선(1952년)

- **사사오입 개헌(1954년)** 장기 집권을 위해 초대 대통령에 한해 횟수에 제한 없이 대통령에 출마할 수 있다는 헌법 개정안 제출 → 표결 결과 1표 부족으로 부결 → 이틀 뒤 사사오입을 내세워 개헌안 통과 선언

- **민주당 창당** 야당 정치인들은 민주당을 창당해 이승만 독재에 맞섬(1955년) → 제3대 대통령 선거에서 자유당의 이승만이 대통령, 민주당의 장면이 부통령으로 당선

- **진보당 사건(1958년)** 1956년 대통령 선거에서 혁신 세력을 대표하는 진보당 당수 조봉암이 크게 약진하자 진보당 사건을 조작해 조봉암에게 간첩 혐의를 씌워 처형 → 반공 체제의 강화를 내세우며 신국가 보안법(이적 행위의 범위를 확대한 법안)을 통과시킴(1958년)

- **원조 경제** 농산물과 면직물, 설탕, 밀가루 다수 유입 → 삼백 산업(제분, 제당, 면방직) 발달 → 1950년대 후반 이후 미국의 원조액이 급감하면서 무상 원조가 차관 원조 방식으로 전환

2 4·19 혁명과 장면 정부의 수립

- **3·15 부정 선거** 대통령 승계권을 가진 부통령에 이기붕을 당선시키기 위해 부정 선거 감행

- **4·19 혁명 과정** 대구 경북고등학교 학생들의 시위(2월 28일) → 마산에서 3·15 부정 선거를 규탄하는 시위가 발생(3월 15일) → 마산 상업 고등학교 학생인 김주열 군의 시신이 눈에 최루탄이 박힌 채 마산 앞바다에 떠오름(4월 11일) → 전국으로 시위 확대 → 경무대 앞에서 경찰의 발포로 100여 명 사망(4월 19일) → 전국 대도시에 계엄령 선포 → 서울 지역의 교수들이 '학생들의 피에 보답하라'는 구호를 내걸고 시위 참여(4월 25일) → 이승만 하야(4월 26일), 하와이로 망명(5월 29일)

- **허정 과도 정부 수립** 내각 책임제와 양원제 국회(상원인 초대 참의원 76명과 하원인 제5대 민의원 233명이 선출되어 구성됨)

- **장면 내각** 개정 헌법에 따라 민주당의 윤보선이 대통령에, 장면이 국무총리에 선출 → 경제 개발 5개년 계획안 마련, 지방 자치 실시, 부정 선거 책임자와 부정 축재자 처벌에는 소극적 → 민주당 내에서 윤보선 중심의 구파와 장면 중심의 신파가 대립 → 구파가 신민당 결성

4 · 19 혁명은 왜 미완의 혁명이 되었을까요?

이승만 독재 정부를 무너뜨린 4 · 19 혁명은 반독재 민주화 운동인 동시에 자주와 평화의 통일 운동이었습니다. 사회의 각 분야에서 민주화 요구가 분출되었고, 혁신 정당이나 한국 교원 노동조합 연합회 같은 진보적인 노조 결성 운동도 뒤를 이었어요. 통일 운동의 열기가 확산되면서 학생들은 남북 학생 회담을 제의하고, 혁신 정당과 단체들은 남북 정당과 사회단체의 정치 협상을 제안하기도 했지요. 하지만 이런 활동들은 1961년에 일어난 5 · 16 군사 정변 세력에 의해 물거품이 되고 말았어요.

혁명 과업을 완수할 때 가장 중요한 점은 제기된 과제를 빠른 시일 안에 해결하는 것입니다. 시간을 늦추게 되면 방해하는 세력의 조직적 반발에 부딪치기 때문이지요. 단적으로 말하면 광복 이후 반민족행위 특별조사위원회의 활동이 무산된 것도 친일파를 신속하게 척결하지 못한 것이 주된 원인이었어요.

4 · 19 혁명을 일으킨 주체는 혁명 과제를 허정의 과도 정부에게 맡겼고, 내각 책임제와 양원제 국회를 골자로 하는 내용으로 헌법을 개정했습니다. 허정은 이승만에 의해 외무부 장관으로 임명된 사람이었으므로 4 · 19 혁명의 요구를 제대로 수용할 능력이 부족했어요. 허정의 과도 정부 아래 민주당이 집권했지만, 민주당 역시 이승만의 자유당 세력과 별반 차이가 없었지요. 이어 새 헌법에 따라 총선거가 실시되어 장면 내각이 들어서게 되었어요. 내각은 4 · 19 혁명의 요구를 실현하기보다 신파와 구파로 나뉘어 서로 권력 다툼을 벌이는 데 정신이 없었지요.

이렇게 될 수밖에 없었던 이유는 당시 4 · 19 혁명의 요구를 조직적으로 실현할 수 있는 정치 세력이 형성되지 못했기 때문이에요. 그만큼 이승만의 반공 통치에 의한 탄압의 후유증이 컸다고 할 수 있지요. 이 때문에 학생과 시민이 민주화와 통일을 요구하며 직접 나설 수밖에 없었어요. 1960년 10월에는 부정 선거의 책임자를 처벌하는 일이 미진한 데 대해 항의하는 투쟁이 벌어졌고, 11월에는 서울대학교 학생들이 민족 통일 연맹을 구성해 남북 학생 회담의 개최를 요구했습니다. 또한 통일을 모색하던 혁신계 정치

세력이 주축이 되어 민간 차원의 통일 운동을 전개하기 시작했어요. 민주당의 집권 세력은 이렇게 분출된 요구가 도리어 자신들의 정치적 기반에 위협을 가한다고 느꼈어요.

이에 장면 내각은 반공 임시 특별법과 데모 규제법을 도입하려고 했습니다. 어차피 이들은 4 · 19 혁명의 요구를 수행할 수 있는 세력이 아니었던 거예요.

결국 이들은 5 · 16 군사 정변의 세력이 등장하는 것을 보고 적극적으로 대항해 막으려고 하지 않았습니다. 어쩌면 스스로 넘겨주었다고 할 정도로 비겁하게 처신했어요.

4 · 19 혁명의 세력은 5 · 16 군사 정변의 세력에 대항할 수 있는 조직의 정비나 대응을 다 갖추지 못한 채 그들의 군홧발에 짓밟히게 된 것이지요.

이와 같은 사실을 통해 우리는 국민의 혁명적 요구를 실현하려면 국민이 주체가 되어 수행해야 한다는 것을 알 수 있어요. 방관자의 입장에서 다른 세력에게 과제를 맡기면 결코 바라는 목적을 달성할 수 없습니다.

5 '한국적 민주주의'의 빛과 그림자 |
박정희 정부와 유신 체제

5·16 군사 정변은 1961년 5월 16일 새벽 3시에 제2 군사령부 부사령관이었던 소장 박정희가 육군 사관학교 출신의 장교들과 함께 사회의 혼란을 명분으로 병력을 동원해 제2 공화국을 무너뜨린 일을 말합니다. 5·16 군사 정변으로 인해 민주적으로 선출된 장면 내각은 붕괴되고 국가재건 최고회의를 통해 약 3년간 군정 통치가 이루어졌어요. 박정희 정부는 군정 기간 중 중앙정보부를 설치하고 민주 공화당을 조직해 헌법을 개정함으로써 장기 집권을 노렸습니다. 일각에서는 민주당 정권의 부정과 무능에 맞서 일어났다는 점을 감안해 5·16 군사 정변을 5·16 군사 혁명이라고 평가하기도 해요. 이에 대한 논쟁은 아직도 끝나지 않고 있지요.

- **1961년**　5월 16일 박정희가 정부의 무능과 사회 혼란을 구실로 군사 정변을 일으키다.
- **1964년~1973년**　미국의 한국군 파병 요청에 따라 미국의 경제적 · 군사적 지원을 약속받고 베트남 파병을 결정하다.
- **1965년**　6월 한일 협정을 체결해 광복 이후 단절된 한일 간의 국교를 정상화하고 한 · 미 · 일 공동 안보 체제를 형성하다.
- **1967년**　화학 · 철강 · 기계 등 산업의 고도화를 목표로 제2차 경제개발 5개년계획이 시행되다.
- **1972년**　10월 27일 대통령 간선제와 종신제를 골자로 하는 유신 헌법을 공포하다.
- **1979년**　부마 민주 항쟁(10월 16일)에 이어 김재규 중앙정보부장이 박정희 대통령을 시해하다.

4 · 19 혁명을 짓밟다 — 5 · 16 군사 정변

박정희 정부는 한국 현대사에서 매우 중요한 위치를 차지하고 있습니다. 한국 현대사의 정치와 경제 구조의 기본 골격이 바로 박정희 정부 때 형성되었다고 해도 지나친 말이 아니기 때문이지요.

이승만 정부는 미국과의 관계에서 주로 정치적 · 군사적 동맹 관계가 형성됐을 뿐이고, 경제적 관계에서는 미국의 경제 구조에 정확히 편입되지 않은 상태였어요. 좀 더 정확히 말하자면 6 · 25 전쟁을 겪은 데다 미국의 원조에 의해 한국 경제가 좌우되던 관계로 경제 구조가 자립적으로 발전할 가능성을 점점 잃어 가고 있었지요.

이런 상황에서 박정희 정부는 정치적 · 군사적인 상황과 함께 경제 구조 면에서 새롭게 질서를 재편해 나갔습니다. 하지만 아쉽게도 민족적 과제나 민주적 요구를 실현하는 방향에서 이루어진 것이 아니었어요. 박정희 정부가 4 · 19 혁명을 짓밟고 탄생했다는 것에서도 이를 확인할 수 있지요.

박정희(1917~1979년, 『대한민국 정부 기록 사진집』)
5 · 16 군사 정변을 통해 정권을 장악한 뒤 1963년 12월부터 1979년 10월 26일까지 대한민국 제5~9대 대통령을 지냈다.

4 · 19 혁명은 3 · 15 부정 선거를 계기로 일어났지만 본질적인 내용은 이승만 정부에 의해 뒤틀어진 민족사적 과제를 바로잡고 민주적 요구를 실현하기 위한 것이었어요. 그런데 장면 내각이 이런 문제에 소극적인 모습을 보이자 3 · 15 부정 선거 책임자와 부정 축재자 처벌을 비롯해 민족 통일의 요구까지 제기하면서 점차 분출된 것이지요. 바로 이때 군사 정변을 일으킨 군인들이 등장해 4 · 19 혁명을 짓밟아 버렸어요.

박정희 정부의 성격은 당시 국군이 주로 일본군과 만주

(왼쪽) 예비 소위 박정희

일제가 세운 만주국 신경군관 학교를 거쳐 1944년 4월 일본 육군 사관학교를 졸업한 직후 박정희의 계급은 일본 헌병 소조였다. 박정희는 견습 사관 과정을 거쳐 1944년 7월 만주군 보병 제8사단에 배속된 뒤, 그해 12월 만주군 소위로 임관했다.

(오른쪽) 여수·순천 사건 토벌대의 박정희 소령

1948년 숙군 작업이 펼쳐지기 직전 박정희의 모습이다. 그해 10월 여수·순천 사건을 진압하기 위해 광주 토벌 사령부에 내려간 박정희 소령(왼쪽)이 송호성 사령관과 협의하고 있다.

군 출신에 의해 주도되고 있었다는 사실만으로도 어느 정도 짐작할 수 있습니다. 당시 상하이 임시 정부의 광복군 출신이나 다른 군사 단체 출신들은 국군의 모체가 되었던 국방 경비대나 육군 사관학교의 전신인 조선 경비 사관학교를 철저하게 외면했어요. 친일파와 함께 군에 참여할 수 없다는 것이 이유였지요.

박정희도 독립군을 탄압했던 만주군 장교 출신이에요. 박정희의 출신 기반 때문에 군부 쿠데타 세력이 민족적 과제와 민주적 요구를 실현하는 데 커다란 사명감을 가지고 있었다고 보기는 어렵지요.

당시 상황을 보면 군부에서 쿠데타가 일어날 가능성이 매우 높았어요. 다른 나라와의 전쟁 구도가 형성되면 군대가 강력한 조직체로 등장하면서 그 영향력이 커지게 마련이지요. 당시 한반도의 상황은 이미 6·25 전쟁을 치른 데다 그 연장선상에서 대립적 자세를 취하고 있었기 때문에 더욱 그러했어요.

이런 상황에서는 정부 군부의 움직임에 대해 촉각을 세우고 민감하

게 대응했어야 합니다. 하지만 쿠데타를 모의한 과정이 사전에 감지
되었는데도 어느 누구 하나 적극적인 대책을 세우지 않았어요. 작전
통제권을 가지고 있던 미국도, 집권 내각의 수반이었던 장면 총리도,
군대를 책임지고 있던 육군 참모 총장 장도영도 모두 소극적이었지
요. 쿠데타는 바로 헌정을 파괴하는 행위인데도 말이에요.

그렇다면 왜 이런 일이 발생했을까요? 그것은 이들 세력이 군부의
쿠데타 세력보다 4·19 혁명 세력을 더 무서워했기 때문이에요. 그만
큼 이들 세력은 민족적 과제의 해결과 민주적 요구를 원하지 않았던
것이지요. 게다가 미국의 또 다른 요구 사항이 있었어요. 미국은 군

비 부담을 줄이고 동북아시아에서의 지위를 공고히 할 수 있는 새로운 대외 정책을 마련하려고 했습니다. 그것은 바로 한국을 동북아시아의 반공 전초 기지로 강화하면서 일본을 자신들의 대리자로 삼아 한·미·일 삼각 안보 체제를 형성하는 일이었어요. 그러려면 한국에서의 평화적 통일 운동을 막고 한국과 일본의 불편한 관계도 풀어야 했지요. 미국은 이를 해결하기 위해 강력한 반공 보루 집단이 필요했어요. 당시 상황으로 볼 때 강력한 조직체로 등장하고 있던 군부가 그 대안이었지요.

이렇게 보면 미국과 5·16 군사 정변을 일으킨 세력 간의 이해관계는 서로 맞아떨어졌다고 할 수 있습니다. 이런 이유로 5·16 군사 정변 세력은 미국의 묵인 아래 1961년 5월 19일 군사 혁명 위원회를 국가재건 최고회의로 개편해 군정 최고의 통치 기구로 삼으면서 권력을 장악해 갈 수 있었던 거예요. 5월 21일에는 정당 및 사회단체 해산령을 발표하고, 22일에는 평화적 통일을 외쳤다는 이유만으로 잠재적 용공주의자라는 혐의를 씌워 체포한 930명을 포함해 총 2,000여 명의 정치범을 투옥했습니다.

6월 10일에는 국가재건 최고회의 직속으로 중앙정보부를 설치했어요. 중앙정보부는 장애가 되는 인물을 반혁명 분자로 몰아 제거하면서 자신들의 활동을 뒷받침하기 위해 7월 3일 반공법을 공포했습니다. 반공법은 자유당의 국가 보안법을 훨씬 강화시킨 법인데, 원래 장면 내각이 시도하다가 국민의 반대에 부딪쳐 좌절된 법이에요. 장면 내각이나 5·16 군사 정변 세력은 평화적 통일과 민주적 요구를 실현할 의사가 없었던 것이지요.

5·16 군사 정변

1961년 5월 16일 박정희 소장이 육군 사관학교 출신의 장교들과 함께 병력을 동원
해 제2 공화국을 무너뜨린 뒤 정권을 장악했다.

1961년 5월 16일 새벽, 탱크를 앞세우고 남대문을 지나 서울 시내로 진입하고 있는 쿠데타 군

서울에 진주한 5 · 16 군사 정변의 수뇌부(앞줄 왼쪽이 박정희, 그 뒤쪽이 박종규, 앞줄 오른쪽이 차지철)

5 · 16 군사 정변 후 서울 중앙 방송국을 통해 담화문을 발표하는 박정희 소장

'민족적 민주주의'를 묻으라! – 한일 협정

반공법은 코에 걸면 코걸이, 귀에 걸면 귀걸이가 되는 식으로 반공이라는 명분만 있으면 국민의 모든 권리를 억압하고 탄압할 수 있는 내용을 담고 있었어요. 그래서 폭력을 동원해 언론을 탄압하는 일이 숱하게 발생했지요. 이런 와중에도 중앙정보부는 정권의 정당성을 확보하기 위해 경제 발전에 주력했지만 자본이 부족했어요. 그래서 일본과 국교를 정상화하기 위한 작업에 착수했지요.

1961년 11월 22일 박정희는 일본을 방문하여 이케다 총리를 만나 "맨주먹으로 황폐한 조국을 이끌어 보겠다는 의욕만은 왕성하다."라며 협조를 요청했어요. 박정희의 협조 요청에 따라 일본 외무상 오히라 마사요시 일행이 한국에 입국했지요. 1962년 11월 12일 당시 중앙정보부장이었던 김종필은 오히라 마사요시를 만나 '일본이 배상금으로 무상 공여로 3억 달러를, 유상으로 2억 달러를 제공한다'는 합의를 이끌어 냈어요. 이 합의 사항은 '김·오히라 메모'로 불립니다. 그런데 이 한일 회담에서 일본의 식민 지배에 대한 사죄와 배상 문제, 약탈한 문화재의 반환 등은 거론조차 하지 않았어요.

박정희는 장기 집권을 시도했습니다. 하지만 민간에 정권을 이양하겠다는 약속을 무한정 미룰 수도 없어 권력 이양을 거듭 약속했어요. 그러나 이 약속은 빈말이었습니다. 이들은 이미 권력을 장악하기 위한 물밑 작업을 진행하고 있었기 때문이에요. 1962년 3월 16일 정치 활동 정화법을 공포해 다른 정치인들이 정치 활동을 못하도록 봉쇄하고, 5월에는 중앙정보부를 통해 비

김종필(1926~2018년)
1961년 5·16 군사 정변에 현역 중령으로 참여했던 김종필은 1962년 11월 12일 중앙정보부장으로서 오히라 마사요시 일본 외무 장관과 이른바 '김·오히라 메모'를 작성해 청구권 문제의 해결 원칙에 합의했다.

밀리에 민주 공화당의 전신인 재건 동지회를 조직해 창당 활동을 벌여 나갔던 것이지요. 결국 이런 과정을 통해 1963년 10월 15일 제5대 대통령 선거에서 민주 공화당 후보로 출마한 박정희가 야당 후보인 윤보선을 간신히 누르고 당선됨으로써 제3 공화국 정부가 들어서게 되었어요.

박정희 정부가 가장 먼저 한 일은 국가재건 최고회의 때부터 진행해 온 한일 국교 정상화의 얽힌 매듭을 푸는 것이었습니다. 이것이 미국과 일본의 지원을 받을 수 있는 확실한 고리였기 때문이지요. 여기에는 정치적 · 군사적 지원뿐만 아니라 경제적 지원까지 포함되어 있었어요. 친일 경력에 군사 쿠데타로 권력을 장악했으니 정권의 정당성을 경제 개발에서 찾고자 했던 것이지요.

한일 회담 반대 침묵시위
1964년 3월 정부가 한일 회담을 재개하면서 4 · 19 혁명에 버금가는 대규모 반대 시위가 일어났다. 사진은 1965년 4 · 19 혁명 5주년 기념식을 마친 대학생들이 보슬비를 맞으며 침묵시위를 하는 모습이다.

　1964년 3월 정부는 한일 외교 정상화 방침을 밝혔습니다. 굴욕적인 한일 회담의 내용이 밝혀지자 대학생들이 들고 일어났어요. 3월에 시작된 시위는 6월 3일에 절정에 이르렀지요. 그래서 이 시위를 6 · 3 시위라고 부릅니다. 5 · 16 군사 정변의 주역들이 가장 자랑스럽게 내세우는 슬로건이 바로 '민족적 민주주의'였어요. 6 · 3 시위 때 대학생들은 이를 빗대어 '민족적 민주주의의 장례식'을 구호로 내걸고 실제로 관을 들고 가면서 장례식 장면을 연출했지요. 당시 서울대학교 학생이었던 김지하 시인은 '시체여! 너는 오래전에 이미 죽었다. 죽어서 썩어 가고 있었다. 넋 없는 시체여! 반민족적, 비민주적, 민족적 민주주의여! …… '라는 내용의 조사를 썼어요.

　박정희 정부는 반대를 무릅쓰고 1965년 한일 협정에 조인합니다.

그런데 무상 3억 달러와 차관 형식의 유상 2억 달러라는 액수가 일제의 착취에 대한 배상금으로는 너무 적다는 비판에 직면했어요. 이승만 정권은 수교의 조건으로 20억 달러의 배상을 요구했고, 장면 정권은 28억 5,000달러를 요구했습니다. 필리핀은 일본에게 받아 낸 배상금이 14억 달러였지요.

문제는 일본이 사과조차 하지 않고 앞으로 일체의 배상을 하지 않겠다는 내용까지 집어넣었다는 것입니다. 이로 인해 일본군 위안부와 강제 징용자, 원폭 피해자 등에 대한 배상에 관해서도 더 이상 논의할 수 없게 되어 버렸어요. 이미 배상금을 다 지불했다는 것이지요.

일본의 사과도 받아 내지 않고 한일 협정을 이끌어 낸 김종필은 "내가 제2의 이완용이라는 소리를 들어도 그 길밖에는 없다고 생각했다. 비록 적은 액수였지만 빨리 공장을 세우고 기술을 배웠기 때문에 우리 경제가 빠르게 성장할 수 있었다."고 회고했어요.

일본은 원래 배상금을 줄 생각도 없었고 한국에 사과할 생각도 없었어요. 하지만 미국은 소련, 중국, 북한과 맞서기 위해 한·미·일 삼각 동맹을 구축할 필요가 있었기 때문에 일본에게 한일 협정을 종용했지요. 한일 협정의 이면에 미국이 있었다는 것을 기억할 필요가 있습니다. 미국은 군사비를 줄이기 위해 한일 간의 국교 정상화가 필요했어요. 일본이 돈을 대도록 의도한 것이지요.

민족적 민주주의의 장례식
한일굴욕외교반대 학생총연합회는 1964년 5월 20일 서울대학교에서 박정희가 주장한 민족적 민주주의에 대한 장례식을 거행했다.

정권의 정당성을 경제 개발에서 찾다
─베트남 파병과 경제개발 5개년계획

한일 협정 문제로 시끄러운 상황에서 미국은 한국에 베트남 파병을 요청했습니다. 그만큼 자신들의 군비를 절감할 수 있었기 때문이지요. 그 대가로 한국은 국군 장비의 현대화와 경제 개발을 위한 차관 제공 등을 약속받았어요.

결국 박정희 정부는 1964년 9월 '젊은이의 피를 파는 행위'라고 비판하는 야당의 반대 속에서 공화당 의원들만으로 베트남 파병안을 통과시켰습니다. 이후 1966년 3월 4일 브라운 각서에 따라 국군의 장비가 현대화되었어요.

제1조 대한민국 국군의 현대화 계획을 위해 앞으로 상당량의 장비를 제공한다.

제2조 베트남에 파견되는 추가 병력에 필요한 장비를 제공하며 또한 추가 병력에 따르는 일체의 추가적 원화 경비를 부담한다.

경부 고속 도로 개통

경부 고속 도로는 1968년 2월 1일 착공해 1970년 7월 7일 개통되었다. 세계 고속 도로 건설 사상 최단 기간에 완공되었다. 박정희 대통령을 비롯한 정부 관계자들이 탄 승용차가 경부 고속 도로 위를 달리고 있다.

제3조 베트남에 파견된 대한민국 부대에 소요되는 보급 물자와 용역 및 장비를 대한민국에서 구매하며, 베트남에 파견된 미군과 베트남군을 위한 물자 중 선정된 구매 품목을 한국에 발주한다.

제4조 수출 진흥의 전 부문에서 대한민국에 대한 기술 원조를 강화한다.

제5조 대한민국의 경제 발전을 지원하기 위해 추가로 AID(국제 개발처) 차관을 제공한다.

박정희 정부는 왜 국민의 반대를 무릅쓰고 한일 협정과 베트남 파병을 결정했을까요? 이것이 바로 4·19 혁명을 짓밟고 등장한 5·16 군사 정변 세력의 운명이었어요. 이들은 정권의 정당성을 확보하기 위해 경제 발전에 매달려야 했고, 그러려면 외세와 결탁하는 길로 나아갈 수밖에 없었지요. 그리고 바로 여기에 한·미·일 삼각 안보 체제의 확립이라는 미국의 요구가 가로놓여 있었던 거예요. 박정희 정부는 이런 과정을 통해 마련된 자금으로 경제 개발을 하려고 했을 수도 있지요.

하지만 이런 정치적 입장 속에서 진행된 경제 개발은 민족 경제를 확립하는 차원이 아니라 미국과 일본의 경제 구조에 한국 경제를 편입시키는 과정으로 진행될 수밖에 없었어요. 이는 미국이 원조가 아니라 차관을 통해 한국의 경제 구조 편성에 개입하기 시작했다는 사실에서도 드러납니다.

미국이 원조를 차관으로 바꾼 또 하나의 이유가 있어요. 예전에는 원조를 통해 한국 경제가 자립적으로 발전할 수 있는 소지를 없애려고 했지만 이제는 자신들의 입맛에 맞는 경제 구조를 세울 필요가 있었던 것입니다. 바로 이런 이유

축하의 샴페인을 뿌리고 있는 박정희
(『대한민국 정부 기록 사진집』)
1969년 12월 29일 박정희 대통령이 경부 고속 도로 부산~대구 구간 개통식에서 샴페인을 뿌리고 있다.

베트남 전쟁 한국군 파병
베트남 전쟁은 1960년 미국이
지원하는 남베트남 정권에 대항
하는 남베트남 민족 해방 전선이
결성되면서 시작되었고, 1975년
4월 30일 수도 사이공이 북베트
남에 함락되면서 끝났다. 이 기
간에 박정희 정부는 1964년 9월
11일 1차 파병을 시작으로, 1966
년 4월까지 총 4차에 걸쳐 파병
했다. 파병된 국군 32만 명 가운
데 5,000명이 전사하고 31만여
명이 생존해 귀환했다.

때문에 여러 부수적인 조건을 달아 차
관을 제공한 것이지요.

미국은 장면 내각 때부터 이런 조건
을 제시하고 있었어요. 박정희 정부가
업적으로 내세운 경제개발 5개년계획
은 장면 내각이 마련했던 계획을 약간
수정한 것에 불과했지요. 다시 말하면
한국의 경제 개발 전략은 미국의 요구
속에서 진행되고 있었던 셈이에요.

이에 따라 경제 전략은 수출 드라이
브 정책으로 진행될 수밖에 없었습니
다. 미국의 중요한 요구 사항이 미국 경
제에 한국 경제를 편입시키는 것이었
으니까요. 따라서 외국에서 들여온 자
본으로 공장을 세워 수출을 늘려 가는
방식이 된 것이지요.

수출을 늘리려면 기업에 온갖 특혜를 주어야 했습니다. 하지만 이
와 반대로 노동자와 농민들에게는 최소한의 생존권도 보장하지 않은
채 노동에 시달리게 만들어야 했어요. 그렇지 않으면 수출이 안
되고 기업도 유지할 수 없었기 때문이지요. 문제는 수출을
할수록 공장 설비와 원료를 더 들여오게 되어서 수입이
점점 늘어났다는 거예요. 게다가 수출은 덤핑이었
고 수입은 독점 가격이었으며, 차관 등으로

빌린 돈의 이자와 원금까지 갚아야 했지요.

결국 한·미·일의 삼각 안보 체제의 확립은 경제 성장에는 어느 정도 도움을 주었지만 미·일 경제 체제로의 편입이라는 결과를 가져왔어요. 우리의 경제 구조가 민족 경제를 확립하는 방향으로 나아간 것이 아니라 대외 의존도가 높아지는 과정으로 나아간 데에는 바로 이런 정치적 입장이 가로놓여 있었지요.

이러한 경제 구조 속에서 재벌은 온갖 특혜를 받으면서 성장했습니다. 그러다 보니 정경유착 같은 관행이 만들어졌지요. 하지만 노동자나 농민들은 저임금, 저곡가 정책 등에 시달리며 온갖 고통을 감내할 수밖에 없었어요.

파월 한국군 진지 모습
(1973년 3월 22일,
「대한민국 정부 기록 사진집」)

박정희 정부의 경제 개발

박정희 정부는 1962년부터 제2 공화국 정부가 기획 중이었던 제1차 경제개발 5개년계획을 실시하고 울산 공업 단지를 건설하기 시작하면서 경제 발전을 모색해 나갔다. 이후 1981년까지 네 차례의 경제개발 5개년계획이 성과를 거두면서 한국 경제는 성장을 거듭했다. 그러나 대기업 위주의 경제 성장은 빈익빈 부익부 현상을 낳았고, 그에 따라 외화내빈의 부실한 경제 구조가 형성된 어두운 면도 있다. 김영삼 정부 때 외환 위기로 국가 부도의 상황에 처한 것은 이와 관련이 있다.

『대한민국 정부 기록 사진집』

포항종합제철소 1기 설비 준공식(1973년 7월 3일)

(왼쪽) 포항종합제철소 전경(1979년 4월 2일)
1968년 3월에 설립된 포항종합제철은 2000년 9월
정부 지분을 매각하여 민영화되었고, 2002년 3월
포스코로 상호가 변경되었다.

(아래) 울산 정유 공장 전경(1981년 6월 19일)
울산석유화학공단에는 정유 · 화학 관련 공장이
밀집해 있다.

"우리는 기계가 아니다"

박정희 정부가 경제개발 5개년계획을 추진함에 따라 경제는 놀랍도록 빠른 속도로 성장했어요. 이를 흔히 '고도성장'이라고 하지요. 1960년에는 3,300만 달러였던 수출이 1977년에는 100억 달러로 늘어났습니다. 숱한 반대를 무릅쓰고 완성한 경부 고속 도로는 고도성장의 상징이 되었어요. 서울 한복판에 흐르던 청계천은 콘크리트로 덮은 다음 그 위에 고가 도로를 만들었지요. 농촌에서는 새마을 운동이 일어나 '새마을 노래'가 온 동네에 울려 퍼졌어요. 통일벼라는 새로운 품종의 벼를 심어서 쌀 생산량도 획기적으로 늘어났지요. 이렇듯 우리나라는 선진국이 장기간에 걸쳐 이룩한 산업화 과정을 수십 년이라는 짧은 기간에 달성했지만 그 성장의 바탕은 노동자들의 짓밟힌 인권으로 얼룩져 있었어요.

수많은 청소년들이 하루에 12시간씩 또는 밤샘을 하며 공장에서 일하고 쥐꼬리만 한 월급을 받았습니다. 당시 이들을 가리키는 '공돌이'나 '공순이'라는 말이 일상적으로 쓰일 정도였으니까요. 평화 시장에서 재단사로 일하던 전태일은 이들의 고통스러운 상황을 세상에 알리기 위해 노력했어요. 당시 청계천변의 평화 시장에는 옷 만드는 공장들이 즐비했습니다. 꿈을 품고 서울로 올라온 10대 소녀들은 어두컴컴한 작업장에서 제대로 자지도 못하고 먹지도 못한 채 일에만 매달리다가 분진으로 인해 폐병에 걸려 죽는 경우가 많았어요.

전태일은 기술을 지닌 재단사였기 때문에 그나마 월급이 상대적으로 나은 편이었습니다. 어느 날 전태일은 우연히 근로 기준법에 대해 알게 되었어요. 이런 법이 있는지조차 몰랐던 전태일은 기뻐서 어쩔

줄 몰랐다고 합니다. 그는 근로자들도 스스로 삶을 개척하면 기계의 부속품처럼 대우받는 비참한 현실에서 벗어날 수 있다고 믿었어요. 전태일은 평화 시장의 노동자들을 상대로 설문 조사를 시작했고, 이 조사를 바탕으로 진정서를 만들어 노동청과 회사에 제출했습니다. 하지만 어떤 변화도 일어나지 않았어요.

결국 전태일은 대통령에게 편지를 썼습니다. 조영래의 『전태일 평전』에는 전태일이 대통령에게 쓴 탄원서가 소개되어 있어요.

저의 직장은 시내 동대문구 평화 시장에 있으며, 종업원은 2만 명 정도입니다. 그중 40%를 차지하는 보조공들은 평균 연령 15세의 어린이들입니다. 이들은 전부가 다 영세민의 자제들이며, 굶주림과 어려운 현실을 이기려고 하루에 90원 내지 100원의 급료를 받으며 1일 15시간씩 작업을 합니다. …… 저희들의 요구는 하루 15시간의 작업 시간을 1일 10~12시간으로 단축해 달라는 것입니다. 1개월 휴일을 2일 늘려서 일요일마다 쉬기를 원합니다. 건강 진단을 정확하게 해 주십시오. 보조공의 수당을 50% 이상 인상해 주십시오. 절대로 무리한 요구가 아님을 맹세합니다. 인간으로서 최소한의 요구입니다.

전태일은 청소년 근로자들의 비참한 현실을 개선해 보려고 온갖 노력을 다했지만 방법이 없었습니다. 그래서 전태일과 그의 친구들은 근로 기준법 화형식을 갖기로 했지만 전태일은 그것만으로는 아무도 관심을 가지지 않을 거라고 생각했어요. 1970년 11월 13일, 근로 기준법 화형식을 위해 500여 명의 평화 시장 노동자들이 모여들었고, 노동자들이 내건 플래카드에는 '우리는 기계가 아니다'라고 쓰여 있었지요.

평화 시장 다락방 작업장
열악한 작업장에서 하루 평균 14~15시간씩 근무한 평화 시장 노동자들은 만성 질병에 시달렸다. '평화 시장 아가씨들은 3년만 고생하면 고물이 된다'는 말까지 생겨날 정도였다.

전태일 추도 행진
1970년 11월 20일 서울대
학교 법대생들이 전태일의
영정을 들고 추도 행진을
하고 있다.

경찰은 몽둥이를 휘두르며 노동자들을 해산시키려고 했습니다. 그때 온몸에 불이 붙은 전태일이 뛰어나오면서 외쳤어요.

"우리는 기계가 아니다. 노동자들을 혹사시키지 마라!"

전태일은 이렇게 말하고는 쓰러졌습니다. 누군가가 근로 기준법 책을 던지자 그 책도 전태일과 함께 불길 속으로 타 들어갔어요. 전태일은 쓰러지기 직전에 "나의 죽음을 헛되이 말라."라는 말을 남겼지요. 결국 전태일은 며칠 후 23세의 나이로 숨을 거두었습니다. 그의 죽음을 계기로 노동 운동이 요원의 불길처럼 전국으로 번져 나갔어요. 우리나라의 노동자들이 자신의 권리를 당당하게 내세울 수 있게 된 것은 불과 십수 년밖에 되지 않았지요.

하지만 노동 운동의 후유증도 만만치 않았습니다. 일부 기득권을 가진 노동자들은 자신들의 권익을 과도하게 내세워 무리한 노사 분쟁을 일삼거나 비정규직과 거리를 두기도 해요. 근로 기준법의 권리를 내세우며 정작 근로의 의무를 소홀히 하는 경우도 있지요. 한국의 기업이 노동조합을 결성하려고 하면 외국 투자 업체들이 투자 계획을 철회하는 경우도 종종 발생했어요. 강성 노조가 있는 회사는 경쟁력이 없다고 판단한 것이지요. 일부 귀족 노동자들의 자기 밥그릇 챙기기는 전태일의 뜻을 망각하는 행위예요.

이상한 한국적 민주주의

닉슨(1913~1994년)
1969년 7월 25일 괌에서 '아시아의 방위는 아시아인의 힘으로 한다'는 내용을 골자로 한 닉슨 독트린을 발표했다. 이 독트린을 통해 미국은 베트남 전쟁 패전으로 인한 군사적 부담을 줄이고자 아시아의 방위를 아시아 국가 스스로 책임지도록 요구했다.

한국의 정치 상황과 양극화되어 가던 경제 구조는 1970년대로 접어들면서 일정하게 변화하기 시작했습니다. 먼저 동북아시아의 정세 변동에 따라 정치 상황이 달라졌어요. 이것은 1969년 7월 닉슨 독트린의 영향이라고 할 수 있지요. 미국은 베트남 전쟁에 개입했다가 실패로 끝나자 자신들의 군사적 부담을 줄이기 위해 아시아의 방위를 아시아 국가 스스로 책임지도록 요구했어요. 대신 자신들은 핵우산을 제공함으로써 소련을 봉쇄할 전략을 실현하려고 했지요.

이런 정책의 영향으로 1971년 6월까지 주한 미군 2만 명이 철수했어요. 아울러 1971년 4월에는 소련에 대한 봉쇄 조치의 일환으로 중국과 핑퐁 외교를 시작했지요. 마침내 1972년 2월 닉슨 대통령이 중국을 방문해 중국의 지도자들과 상하이 공동 성명을 발표하기에 이르렀어요. 상황이 이렇게 변하자 박정희 정부도 남북 간의 대결만을 주장할 수 없게 되었습니다. 당시 박정희는 국민들의 저항에도 불구하고 1969년 10월 대통령의

3선 연임을 허용하는 3선 개헌을 추진해 1971년 4월 신민당 대통령 후보인 김대중을 누르고 제7대 대통령에 당선되었어요.

시대가 바뀌어 남북 대화가 요구되는 상황에서 반공에 의지해 온 박정희 정부는 위기의식을 느끼게 되었습니다. 그래서 1971년 8월에는 남북한 이산가족 찾기를 위한 회담을 제의하면서도 다른 한편으로는 영구 집권을 위한 작업을 추진했어요. 1971년 12월 6일에 국가 비상사태를 선포하고 12월 27일 야당의 불참 속에 국가 보위법을 통과시킨 것이지요. 여기에는 대통령에게 비상 대권을 부여하고 근로자의 단체 교섭권과 행동권을 규제하는 내용이 담겨 있었어요.

이런 일들을 진행하면서 박정희 정부는 중앙정보부장 이후락을 비밀리에 북한에 보내 김일성과 만나게 한 다음, 1972년 7월 4일에 7개

유신 헌법 반대 시위

유신 헌법이 공포된 다음 해인 1973년 10월 서울대학교 학생 시위를 계기로 유신 반대 운동이 본격적으로 전개되었다. 학생들의 강력한 반대 시위에 직면한 박정희 정권은 긴급 조치를 발동해 이를 진압하고자 했다.

납치 경위를 밝히는 김대중

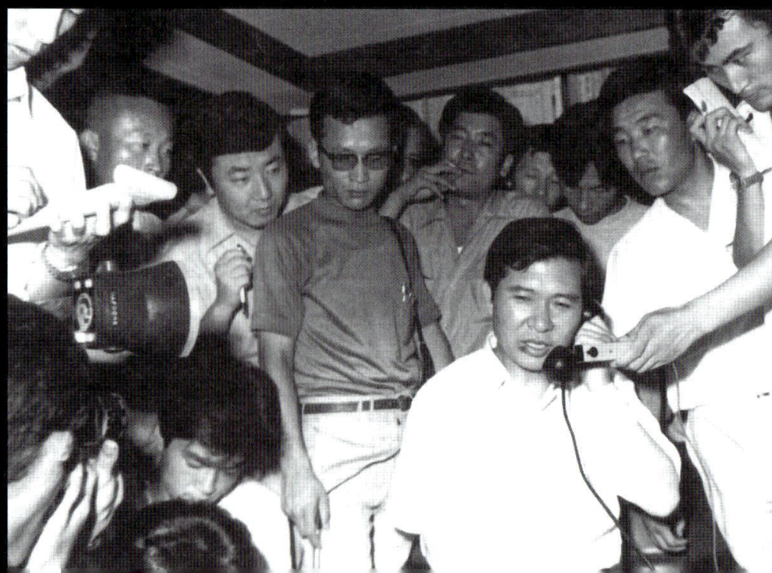

972년 신병 치료차 일본에 체류하고 있던 김대중은 유신 헌법이 선포되자 해외에서 반체제 활동을 벌였다. 1973년 8월 한국 민주회복 통일촉진 국민회의 지부 설립을 위해 일본에 간 김대중은 도쿄의 그랜드 팰리스 호텔에서 한국 정보기관원들에게 납치되었다. 해상으로 이송하던 중 생사의 기로에 놓였다가 납치된 지 129시간 만인 8월 13일 오후 서울 동교동 자택 앞에서 풀려났다.

항으로 이루어진 남북 공동 성명을 서울과 평양에서 동시에 발표했습니다. 7·4 남북 공동 성명의 핵심은 평화 통일 3대 원칙, 즉 자주, 평화, 민족적 대단결이었어요. 그러나 국민들은 반공을 내세우던 정부가 갑자기 평화 통일을 들고 나오자 당황하지 않을 수 없었지요.

박정희 정부는 남북 대화를 뒷받침할 수 있는 국민 총화가 필요하다면서 1972년 10월 17일에 비상계엄령을 선포했어요. 그러고는 휴교령을 내리고 국회를 해산시켜 모든 정치 활동을 금지시킨 가운데 10월 유신을 단행했지요. 북한 역시 사회주의 헌법을 통과시켜 김일성 독재 체제를 강화했어요.

박정희 정부는 10월 유신을 추진하면서 한국적 민주주의를 내걸었습니다. 우리는 왕조 체제에 익숙해져 있기 때문에 대통령을 중심으로 단결하는 민주주의가 필요하다는 논리였어요. 또 우리나라에는 서유럽의 민주주의가 맞지 않으므로 한국적 민주주의를 구현해야 한다는 것이었지요.

이를 구현하기 위해 중임 제한을 철폐해 놓고, 대통령 직속 기구나 마찬가지인 통일주체 국민회의에서 대통령을 뽑겠다는 것이었어요. 게다가 그 권한이 얼마나 막강한지 국회 의원의 3분의 1을 임명할 수 있고, 국회 해산권과 법관 인사권은 물론이고 법적 효력에 상응하는 긴급 조치권을 행사할 수 있었지요. 유신 체제 아래에서는 결코 대통령을 바꿀 수가 없게 된 거예요.

모든 것이 얼어붙었던 '겨울 공화국'에서도 목숨을 걸고 저항하는 사람들이 있었습니다. 김대중은 테러의 위협을 피해 일본으로 망명해 그곳에서 유신 반대 운동을 펼쳤어요. 이에 박정희 정부는 1973년

에 김대중을 납치한 다음 배에 태우고 가다가 돌멩이를 매달아 현해
탄에 던지려고 했습니다. 이 사건이 알려졌을 때 학생들이 들고 일어
났고, 정부는 긴급 조치권을 발동해 학생들과 민주 인사들을 구속했
어요. 결국 일본과 미국이 박정희 정부에 압력을 넣어 김대중은 풀려
나게 되었지요.

유신 헌법 개정 운동을 펼친 장준하는 등산을 갔다가 사망했어요.
원인은 실족사라고 알려졌지만 진짜 실족사인지 의문사인지는 지금
까지도 논란의 쟁점이 되고 있지요. 김지하 시인의 「타는 목마름으
로」라는 시가 당시의 분위기를 잘 전해 주고 있어요. 이 시는 김광석
이 노래로도 불렀답니다.

박정희 정부는 외국 기업이나
합작 기업에게 온갖 특혜를
보장해 주는 등 적극적인 조치
를 취했다. 그 결과 한국 경제의
대외 의존성이 더욱 심해졌다.

가난의 극복과 IMF라는 양날의 칼

박정희 정부가 종신 독재 체제를 구축하는 가운데 경제 구조에서도 변화가 일어났어요. 수출 주도형 공업화 정책은 1960년대에 이어 1970년대에도 계속 추진되었습니다. 하지만 문제가 발생했어요. 계속해서 수출 드라이브 정책을 추진하다 보니 대외 의존도가 더욱 높아졌고, 수출을 하면 할수록 수입이 더 늘어나 외채 상환은 고사하고 당장 필요한 수입조차 곤란한 상황에 부딪친 것이지요. 결국 부족한 달러를 충당하기 위해 더 많은 외국 빚을 얻어 와야만 했어요.

미국과 일본은 차관을 무기로 한국의 경제 구조를 자신들의 입맛에 맞게 편입시킨 상태에서 한국 경제를 장악하려고 했습니다. 그러기 위해서는 직접 투자를 통해 한국 경제의 자본과 기술, 시장 등을 장악해야 했어요.

박정희 정부는 직접 투자를 유치하기 위해 외국 기업이나 합작 기업에게 온갖 특혜를 보장해 주는 등 적극적인 조치를 취했습니다. 그 결과 한국 경제의 대외 의존성이 더욱 심해지고, 미국과 일본을 중심으로 하는 외국 자본의 직접적인 지배를 받는 방향으로 나가게 되었어요. 이런 가운데 노동자와 농민들을 비롯한 국민은 생존권조차 보장받지 못한 채 큰 고통을 겪으며 살아가야 했지요.

1970년대의 정치 상황과 경제 구조는 1960년대의 연장선상에서 더욱 악화 일로로 치닫고 있었어요. 여전히 한 · 미 · 일 삼각 안보 체제가 유지되는 가운데 더욱 혹독해진 유신 체제가 형성되었고, 미국과 일본의 경제에 편입되면서 더욱 의존도가 높아져 외세 독점 자본의 직접적인 지배를 받게 된 것이지요.

박정희 정부 때 경제 구조는 당시의 문제로만 끝난 것이 아니었어요. 그래서 박정희 정부의 경제 정책이 성공적이었다고 평가할 수 없지요. 박정희 정부의 경제 대책은 한국 경제의 기초가 될 수밖에 없었는데, 경제 구조가 대외 의존적이었기 때문에 연적으로 IMF라는 사태를 불러올 수밖에 없었어요. 박정희 정부의 경제 정책은 가난의 극복과 IMF라는 양날의 칼을 지니고 있었던 것이지요.

부마 민주 항쟁으로 유신 체제가 무너지다

박정희는 1978년 7월 6일 통일주체 국민회의에서 단 한 명이 입후보한 가운데 99.99%로 제9대 대통령에 선출되었습니다. 하지만 철옹성 같은 유신 체제도 국민의 반대에 무 지기 시작했지요.

결정적으로 박정희 정부는 1979년 10월 부마 민주 항쟁을 계기로 몰락했습니다. 부마 민주 항쟁은 YH 무역 사건과 김영삼 야당 총재의 의원직 제명 사건을 계기로 촉발되었어요. YH 무역은 국내 최대의 가발 업체로서 상당한 외화를 벌어들이던 우량 기업이었습니다. 하지만 기업주가 이익을 외국으로 빼돌리고 경영난을 이유로 고의로 폐업하려고 했어요. 그러자 노동자들은 120일간 파업으로 맞섰지요. 회사가 폐업을 선언하자 노동자들은 신민당사로 장소를 옮겨 농성을 계속했어요. 신민당 총재였던 김영삼은 "당사를 찾아 준 것을 눈물겹게 생각한다. 여러분을 지켜 주겠으니 걱정하지 말라."라고 노동자들을 위로했지요.

박정희 정부는 1979년 8월 11일 새벽에 신민당사에 경찰을 투입해 농성하던 여성 노동자들을 강제로 해산시켰어요. 이 과정에서 노조 집행 위원장인 김경숙이 신민당사 건물에서 떨어져 사망하고 여성 노동자 172명이 연행되었지요. 이 사건을 계기로 신민당과 공화당은 더욱 첨예하게 대립하게 되었어요. 김영삼은 〈뉴욕 타임스〉와의 인터뷰에서 "살인 정권은 머지 않아 무참히 쓰러질 것이다. 미국은 한국 정부에 압력을 가해야 한다."라고 목소리를 높였습니다. 그러자 정부는 나라의 일을 외부에 알렸다는 이유로 김영삼을 의원직에서 제명시켰어요.

이로 인해 부마 민주 항쟁이 일어났습니다. 부산과 마산에서 벌어진 이 시위는 점차 전국으로 확산될 조짐을 보이고 있었어요. 그만큼

국민의 분노는 극에 달하고 있었지요. 이런 심각한 상황을 알아차린 중앙정보부장 김재규는 마침내 1979년 10월 26일 궁정동의 한 만찬장에서 박정희를 살해합니다. 이로써 박정희 정부의 유신 체제는 막을 내리게 되었어요.

결과 지상주의가 부정과 부패를 부른다

역사는 과거와 현재의 끊임없는 대화예요. 과거만으로 역사를 재단할 수 없다는 뜻이지요. 이런 의미에서 박정희는 대단히 모순적인 존재였어요. 박정희는 일제 만주군 장교 출신이었던 경력을 바탕으로 대한민국 군에 입대했습니다. 그 후 남로당 비밀 조직책으로 체포되었으나 동료들을 고발해 살아났지요. 5·16 군사 정변을 일으켜 성공한 뒤에는 권력 유지를 위해 민주화를 차단하고 인권을 유린했어요. 개인적인 독재 정권을 위해 유신 헌법이라는 '맞춤 헌법'까지 만들어

박정희 대통령 빈소에 조문하는 김영삼 신민당 총재 (1979년 10월 28일, 『대한민국 정부 기록 사진집』)

철수와 영이의 꿈
1960년대와 1970년대의 국민
학교 교과서에 등장한 철수와
영이는 궁핍한 삶을 살았던 한
국인에게는 꿈과 희망의 얼굴이
었다. 꿈을 키우는 교육이 산업
화와 민주화의 밑거름이 되었는
지도 모른다. 1970년대 이후부
터는 영이가 영희로 바뀌었다.

냈지요. 반면에 박정희는 검소했고 자신에게 철저했습니다. 민주화
를 탄압한 불굴의 의지는 산업화에도 접목되었어요. 아이러니하게도
산업화의 결과로 형성된 중산층이 민주주의를 가능하게 했으니, 박
정희는 한국 민주주의의 태동자라 해도 무리가 없을 것입니다.

박정희 정부가 이룬 산업화는 그가 아니었더라도 가능했을 것이라
는 주장도 나름 타당성이 있어요. 하지만 당시의 산업화 모델은 오늘
날 급변하는 세계의 모델에 접목할 수 없으므로 재현한다는 일 자체
가 불가능하지요. 더구나 우리나라는 1961년 당시처럼 1인당 국민
소득이 60달러가 아니라 2만 달러가 넘는 나라가 되었어요. 당시와는
추구해야 할 목표가 달라졌지요.

과거로의 퇴행적인 사고는 현재와 과거의 대화가 될 수 없습니다.
과거의 이웃들을 희생으로 삼아 오늘날 잘 살게 되었다고 해서 이웃
들을 희생시킨 사람들을 추앙할 수는 없어요. 결과만 좋으면 과정이
야 어찌 되든 상관없다는 잘못된 인식이 우리의 의식 속에 자리 잡아
서는 안 됩니다. 부정과 부패는 이러한 인식 속에서 독버섯처럼 자라
나기 때문이에요.

8-5 박정희 정부와 유신 체제

1 박정희 정부

- 5 · 16 군사 정변(1961년) 정부의 무능과 사회 혼란을 구실로 군사 정변을 일으킴 → 국가재건 최고회의를 구성해 군정 실시 → 민주 공화당 창당 → 정치인의 활동을 규제하는 정치 정화법 발표 → 대통령 중심제와 단원제 국회를 골자로 하는 헌법 개정 → 박정희가 제5대 대통령으로 당선
- 김종필 · 오히라 비밀 회담(1962년) 한 · 미 · 일 삼각 안보 체제의 강화를 위한 미국의 요구와 경제 개발 추진을 위한 자금 확보의 필요성이 맞물림 → 중앙정보부장 김종필과 일본 외무대신 오히라 간에 비밀 회담 진행 → 대일 청구권 문제가 경제 협력 방식으로 해결됨
- 6 · 3 시위 발생(1964년) 대학생들이 굴욕 외교에 반대하는 시위를 벌임 → 비상계엄령 선포
- 한일 협정 체결(1965년 6월) 광복 이후 단절된 한일 간의 국교 정상화, 한 · 미 · 일 공동 안보 체제형성 → 독립 축하금 3억 달러, 정부 차관 2억 달러, 3억 달러 이상의 상업 차관 제공(식민 지배에 대한 사죄나 배상을 얻어 내지 못하고 경제 개발에 필요한 자금 마련에만 치중)
- 베트남 파병(1964~1973년) 미국의 국군 파병 요청 → 미국으로부터 경제와 군사 지원을 약속받고 파병을 결정 → 베트남에서의 건설 참여와 외화 획득으로 경제 성장을 이루었으나 고엽제 후유증과 라이따이한(국군 병사와 현지 베트남 여성 사이에서 태어난 2세) 등의 문제 발생
- 브라운 각서(1966년) 미국으로부터 군의 현대화와 경제 발전을 위한 기술과 차관 제공 등을 보장받음
- 3선 개헌(1969년) 1968년 북한의 도발 → 국가 안보를 빌미로 장기 집권 추진 → 대통령 3선 연임을 허용하는 개헌안 통과(이승만 정부의 사사오입 개헌과 유사) → 장기 집권의 기반 마련
- 제7대 대통령 선거(1971년) 신민당의 김대중 후보가 돌풍을 일으켰으나 근소한 차이로 박정희가 승리해 3선에 성공

2 유신 체제

- 성립 과정 닉슨 독트린으로 냉전 체제 완화, 세계 경제의 불황으로 국내 경기 침체 → 비상계엄령 선포, 국회 해산 → 유신 헌법 제정(1972년) → 통일주체 국민회의에서 박정희 선출, 대통령 중임 제한 폐지, 대통령 임기를 6년으로 늘림
- '한국적 민주주의'라는 이름의 독재 대통령의 국회 장악(국회 해산권, 의원 3분의 1 추천권), 긴급 조치권(법의 효력 정지, 국민 기본권 탄압)
- 민주화 운동 서울대학교 문리대학 학생의 유신 반대 운동(1973년), 장준하 등 재야인사의 개헌청원 100만인 서명운동(1973년), 3 · 1민주 구국선언(1976년) 발표
- 유신 반대 운동 탄압 김대중 납치 사건(1973년, 중앙정보부가 일본에서 유신 반대 운동을 벌이던 김

대중을 납치), 민청학련 사건(1974년 4월, 전국민주청년학생총연맹의 학생 약 180명을 민중 봉기를 획책했다는 구실로 구속, 기소), 인혁당 사건(1974년, 민청학련의 배후에 북한의 지령에 따르는 인민 혁명당이 있다고 조작해 관련자를 구속, 기소)

• 유신 체제 붕괴 제2차 석유 파동과 중화학 공업에 대한 중복 투자로 인해 경제 위기 고조 → 농성 중인 YH 무역 노동자들을 강제 해산시킴 → 김영삼을 국회에서 제명 → 1979년 10월 부산과 마산을 중심으로 유신 독재 반대 시위가 벌어짐(부마 민주 항쟁) → 1979년 중앙정보부장 김재규가 박정희 시해(10·26 사태)

3 1960년대와 1970년대의 경제

• 제1차 경제개발 5개년계획(1962~1966년) 미국의 원조 삭감과 차관 도입 종용으로 경제 개발 계획 추진 → 자립 경제 건설과 산업화 기반 구축이 목표, 1964년부터 1966년까지 연 44%의 수출 성장률 기록

• 제2차 경제개발 5개년계획(1967~1971년) 산업 구조의 근대화와 자립 경제의 확립 추구, 의류와 신발, 합판, 가발 등 노동 집약적 상품을 중심으로 한 수출 주도형 경제

• 제3차 경제개발 5개년계획(1972~1976년) 수출 주도형 중화학 공업화 추진, 포항제철소 준공

• 제4차 경제개발 5개년계획(1977~1981년) 전체 제조업에서 중화학 공업 비중이 54%로 확대, 수출 100억 달러 달성(1977년)

• 석유 파동(오일 쇼크) 제1차 석유 파동(1973년)은 제4차 중동 전쟁으로 야기되었으나 기업들이 중동의 건설 사업에 대거 참여해 오일 달러를 벌어들임으로써 극복함. 제2차 석유 파동(1978년)은 이란 혁명과 이란·이라크 전쟁으로 야기되었는데, 중화학 공업에 대한 과잉 투자와 함께 우리 경제를 크게 위협함

4 산업화에 따른 사회 변화

• 노동 운동 농촌의 젊은이들이 일자리를 찾아 도시로 이동, 저임금과 장시간 노동에 시달림 → 전태일 분신 사건(1970년), YH 무역 사건(1979년)

• 새마을 운동(1970년) 근면·자조·협동 정신을 바탕으로 농민의 소득 증대와 농촌 생활 개선을 위해 추진

• 이중 곡가제 농민 보호를 위해 정부와 협동조합이 곡물을 비싸게 사들이고 소비자에게 싼 가격으로 판매 → 농가 소득이 도시 가구 소득을 능가하자 저곡가 정책(농산물 가격을 동결시키거나 수매 가격 인상률을 물가 상승률보다 낮게 책정)으로 전환 → 농가 경제 악화, 대체 작물의 재배 촉진

경제 발전을 위해서는 어느 정도 독재가 불가피할까요?

박정희에 대한 세간의 평가는 크게 엇갈리고 있습니다. 한쪽에서는 독재자라고 혹독하게 평가하고, 다른 한쪽에서는 한강의 기적을 이루어 낸 지도자라고 평가하지요. 이렇게 서로 다른 주장이 나오게 된 이면에는 그동안 민주화를 외쳤던 사람들이 권력을 잡고 난 후 별다른 성과를 보여 주지 못했을 뿐 아니라 경제적으로도 더 살기 힘들어졌다는 부정적인 인식이 반영되었기 때문이에요.

그래서 민주화, 즉 정치와 경제는 서로 상반된 관계에 놓여 있을 수 있다는 생각을 하게 되었는지도 모릅니다. 정치와 경제를 분리해서 바라보는 것은 바람직한 시각이 아닙니다. 역사의 과정을 종합적으로 살펴볼 수 없기 때문이에요. 나아가 역사에 대한 그릇된 인식을 갖게 되어 결국은 잘못된 역사를 바로잡지 못하게 되지요.

이 같은 시각은 박정희를 훌륭한 지도자라고 평가하는 사람들의 논리에서 드러나요. 이들은 경제 발전을 위해서는 어느 정도 독재가 불가피했다고 생각합니다. 그러나 이 같은 생각은 참으로 심각한 문제가 아닐 수 없어요. 경제가 발전하려면 투명한 민주적 원리에 의해 진행되어야 합니다. 정경유착이나 불투명한 경제 관행 등은 경제 발전에 해악만을 가져올 뿐이지요. 또한 경제 발전을 위한 일이라면 정치적 권리를 누리지 못해도 괜찮다는 식의 주장은 민주적 원리를 크게 저버린 생각이에요.

하지만 이들의 주장은 여기서 멈추지 않았어요. 민주화는 경제적 문제를 해결하고 난 다음의 과제일 뿐 가난에 허덕이고 살 때에는 사치에 불과한 것이라는 주장까지 나오고 있지요. 지금 우리가 민주적 권리를 누리고 살 수 있는 것은 가난을 해결한 박정희 정부가 있었기 때문이라는 거예요. 이러한 주장에는 국민의 정치적 권리는 상황에 따라 얼마든지 짓밟혀도 된다는 논리를 함축하고 있지요.

하지만 박정희 정부의 경제 구조는 대외 의존적이었기 때문에 필연적으로 IMF라는 사태를 불러올 수밖에 없었어요. 박정희 정부 이후 한국의 경제 정책에서 수입 개방화가

지속적으로 이루어지고, 결국에는 세계화 정책까지 추진하게 된 이유가 바로 여기에 있습니다.

박정희 정부가 사용했던 '한국적'이라는 말도 세계의 보편적인 진리를 한국이라는 구체적인 실정에 맞게 적용시키자는 의미가 아니었습니다. 유신 체제를 통한 영구 집권을 정당화시키기 위해 '한국적'이라는 말을 차용했을 뿐이에요. 이들의 주장에는 독재자의 통치 논리가 은연중에 녹아 들어가 있다는 것을 알 수 있어요.

하지만 그 어떤 논리에도 불구하고 나라의 주인이 국민이라는 사실은 결코 바뀔 수 없습니다. 역사적 평가를 내릴 때에는 국민의 입장에 서서 정치와 경제 등을 긴밀하게 관련시켜 엄격하게 평가해야만 제반의 문제를 해결할 수 있어요. 경제와 정치는 함께 가는 수레바퀴니까요.

6 누구를 위해 총부리를 겨누었나 |
5·18 민주화 운동

1980년 5월 18일부터 27일까지 광주 시민이 중심이 되어 전두환 보안 사령관과 12·12 사태를 주도한 신군부의 퇴진 및 계엄령 철폐 등을 요구하는 시위 과정에서 계엄군의 발포로 사상자가 속출했습니다. 이를 5·18 민주화 운동이라고 해요. 이 민주화 운동은 대외 의존적이고 성장 일변도인 유신 체제의 경제 정책과 경직된 정치 구조 속에서 누적되어 온 시민의 불만이 10·26 사태 이후 증폭되다가 5월 17일 비상계엄 전국 확대 조치를 계기로 폭발한 것입니다. 5·18 민주화 운동은 집권 세력에 대항해 최초로 무장 항쟁을 전개했다는 점에서 의의를 찾을 수 있지요. 1980년대 이후 5·18 민주화 운동은 급격하게 고양된 반독재 민주화 운동의 실질적인 출발점이 되었어요. 김영삼 정부 당시 5·18 민주화 운동을 재조사하는 과정에서 광주 학살의 주범인 전두환, 노태우 두 전직 대통령이 교도소에 수감되었지요.

- **1979년** 12월 12일 전두환을 중심으로 하는 신군부가 권력을 장악하다.
- **1980년** 계엄령 철폐와 유신 헌법 폐지, 민간 정부 수립 등을 요구하는 민주화 운동이 전개되다.
- **1980년** 5 · 18 민주화 운동이 일어나다. 계엄령이 전국으로 확대되고 계엄군의 무차별 발포에 맞서 광주에서 자발적으로 시민군이 조직되다.
- **1980년** 8월 전두환이 통일주체 국민회의에 의한 간접 선거로 제11대 대통령에 취임하다.

5·18 광주 민주화 운동 사적지 순례 코스

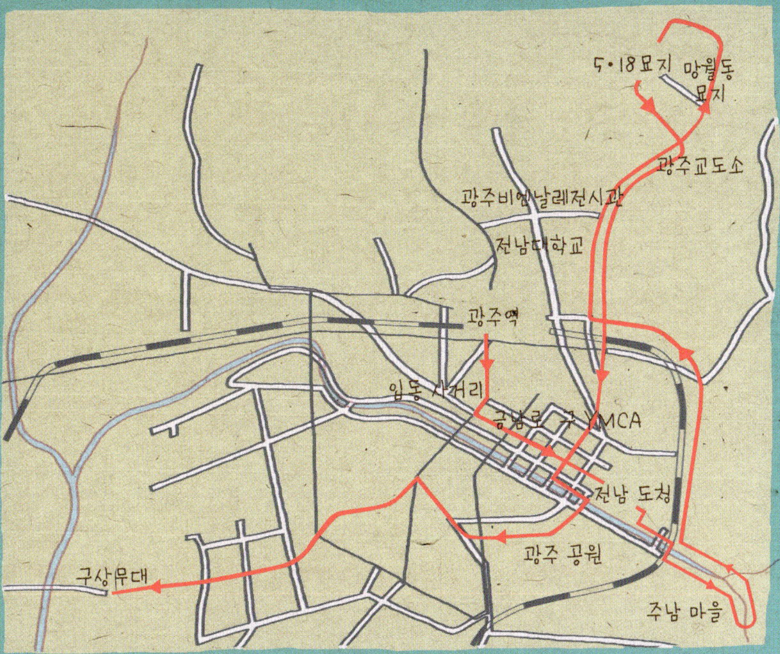

신군부의 등장

우리 역사에서 독재자가 스스로 권좌에서 물러난 사례를 찾기는 어려워요. 끝까지 권력을 유지하려고 하다가 비참한 최후를 맞이하는 경우가 대부분이었지요. 박정희의 유신 정부 또한 마찬가지였어요.

독재자가 최후를 맞이했다고 해서 그것으로 모두 끝난 것은 아니에요. 또 다른 아류가 반드시 나타나기 때문이지요. 특히 권력의 실체가 명확하게 붕괴되지 않았을 때, 잔당을 끌어 모아 권력을 잡으려는 기회주의자들이 기승을 부리게 마련이에요.

1979년 10월 26일 궁정동에 총소리가 울리면서 박정희 정부는 급속히 와해되었습니다. 이렇게 된 이유는 유신 체제가 1인 독재 체제에 불과했기 때문이지요. 하지만 이 상황에서도 유신 잔당들은 결코 물러나려고 하지 않았어요. 대표적인 세력이 바로 전두환과 노태우를 중심으로 한 신군부였지요.

한국의 군부는 5·16 군사 정변 이후 정치 권력의 핵심으로 자리 잡고 있었어요. 박정희 정부가 군부 독재였기 때문이지요. 이 때문에 군부는 서로 파벌을 형성하면서 자기 세력을 확장하는 데 여념이 없었어요. 이런 상황에서 가장 강력하게 성장한 세력이 바로 전두환 보안 사령관을 중심으로 한 하나회 그룹이었습니다.

하나회 그룹은 전두환을 비롯해 노태우, 김복동, 최성택, 박병하 등 영남 출신의 육군 사관학교 생도들이 만들었던 5성회에서 출발했어요. 5성회는 5·16 군사 정변 후 정호용 등이 가세하면서 7성회로 이름을 바꾸었지요. 그러다가 1963년 다시 확대 개편되어 일심회, 한마음회를 거쳐 하나회가 되었어요. 따라서 하나회는 출발부터 정치 지향적인 비밀 사조직이었습니다. 이들이 얼마나 정치 지향적이었는지

는 당시 하나회의 주축이었던 전두환 대위가 5 · 16 군사 정변이 발생한 직후 육사 생도들이 쿠데타를 지지하기 위해 벌인 시가행진을 주도하면서 권력의 핵심부에 접근했다는 사실에서도 잘 드러나지요.

하나회는 박정희의 비호 아래 영남 출신의 소장파 장교들을 계속 끌어들여 조직을 더욱 확대해 나갔습니다. 1970년대 초반에는 선배가 후배를 추천하고 밀어주는 방식으로 군내 주요 요직을 장악해 갔어요. 몇몇 정치 장교의 비밀 결사로 출발해 군부 요직을 독식함으로써 군대를 소수 정치 군인의 권력욕을 채우는 기관으로 전락시킨 것이지요.

신군부의 중심인물인 전두환과 노태우
(『대한민국 정부 기록 사진집』)
1979년 10 · 26 사태로 박정희 유신 정권이 무너지자 전두환과 노태우를 중심으로 한 신군부가 12 · 12 쿠데타를 일으키면서 권력을 장악했다. 사진은 1981년 7월 11일 육군 대장 진급 신고 후 악수하고 있는 전두환 대통령과 노태우 대장의 모습이다.

유신 정권이 붕괴한 이후 이들은 발 빠르게 움직였어요. 이들이 가장 먼저 취한 행동은 국가 권력의 핵심부에 접근하는 것이었습니다. 군부의 실권을 상당 부분 장악했더라도 국가 권력을 장악하기 위한 기반을 마련하지 못하면 그대로 밀려날 수밖에 없었기 때문이에요.

권력이 공백 상태일 때 향후 어떤 세력이 권력을 장악하게 될 것인지는 권력의 생성 과정이 어떻게 되느냐에 따라 결정됩니다. 권력의 생성 과정이 향후 권력의 창출 과정을 좌우하기 때문이지요.

10 · 26 사태 다음 날인 10월 27일 최규하 총리는 대통령의 권한을 대행하면서 전국에 비상계엄령을 선포했습니다. 그리고 통일주체 국민회의에서 보궐 선거를 통해 대통령을 뽑겠다고 자신의 입장을 밝혔어요. 이것은 유신 관료들이 유신 체제를 계속 유지해 권력을 장악하겠다는 뜻이었지요.

민주화 세력은 1979년 11월 24일 YMCA 위장 결혼식을 통해 대통

최규하 대통령의 전두환 중앙정보부장 서리 임명 (1980년 4월 16일, 「대한민국 정부 기록 사진집」)

령 보궐 선거 반대와 유신 체제 종식을 위한 거국 내각 구성을 주장했습니다. 유신 체제로 인해 민족적 과제와 민주적 요구가 가로막힌 상황에서 민주적 권리를 누리기 위해서는 새로운 방식으로 국가 권력을 창출해야 하기 때문이지요. 하지만 이런 요구는 무시된 채 경찰이 대회장에 난입해 이들을 탄압했어요.

1979년 12월 6일 최규하가 통일주체 국민회의에서 제10대 대통령으로 선출되었습니다. 한편에서는 군부의 실력자들도 정국의 상황을 지켜보며 서서히 움직이고 있었어요.

12월 12일, 군사 쿠데타가 일어나다

신군부는 더 이상 시간을 끌 수가 없었어요. 이들은 권력을 장악하기 위한 첫 단계로 군사 쿠데타를 감행했습니다. 그리고 권력을 장악하기 위한 기반을 만들기 위해 먼저 정승화 계엄 사령관을 제거하려고 했어요.

정치군인들은 1979년 12월 12일 군사 쿠데타를 감행해 정승화 계엄 사령관을 보안사 서빙고 분실에 감금하고, 국방부와 언론사를 장악했어요. 군대 내의 사조직인 하나회를 통해 군의 정상 지휘 계통을 무시하고 군사 쿠데타를 일으켜 군부부터 장악한 것이지요. 이렇게 해서 전면에 나선 전두환 군사 정권은 어찌 보면 하나회가 확대 재편된 것이라고 할 수 있어요.

최규하 대통령은 군사 쿠데타에 단호하게 대처하지 못하고 사실상 승인하고 맙니다. 국군의 작전 지휘권을 가지고 있었던 미국 또한 마찬가지였어요. 미국은 한국의 민주화에 관심이 있었던 것이 아니라 자신의 이해관계에 따라 처신한 것이지요.

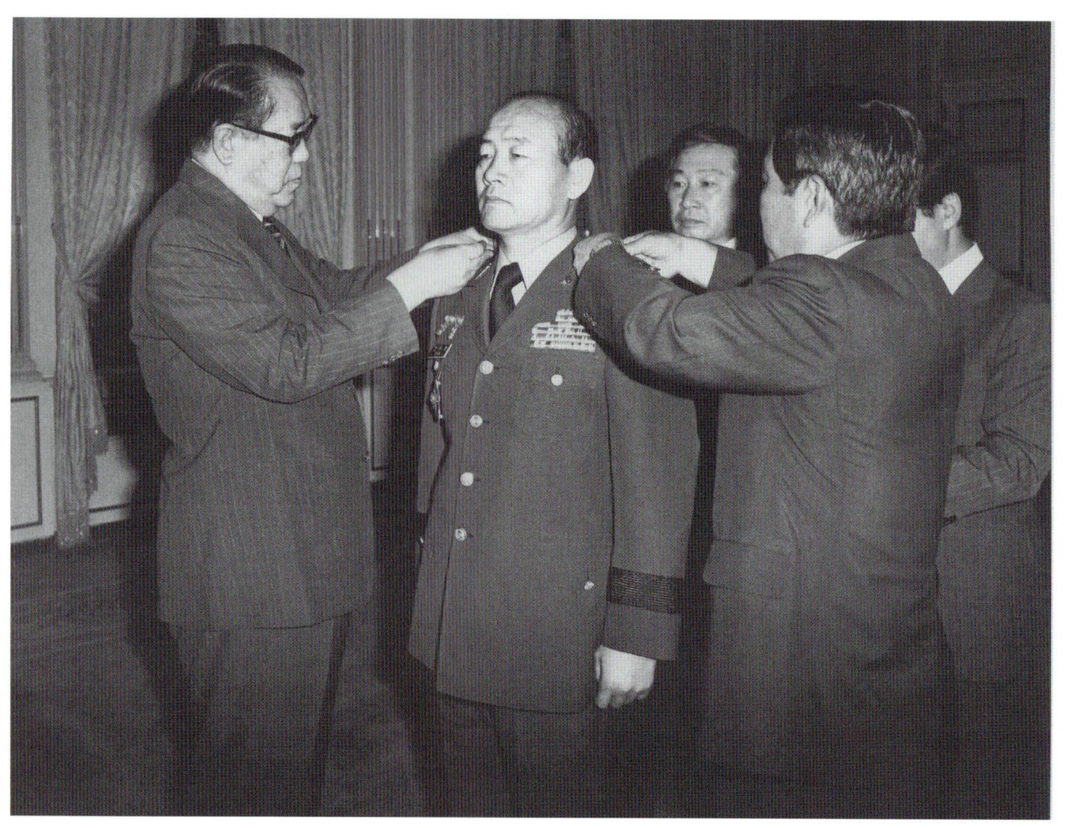

12 · 12 사태로 권력의 기반을 장악한 신군부는 곧바로 최규하 대통령의 권력을 빼앗지는 않았어요. 이렇게 했다가는 국민의 반대에 부딪쳐 고립될 수도 있었기 때문이지요. 그래서 신군부는 최규하 대통령을 방패막이로 삼으면서 마지막 수순을 밟아 가기 시작했어요.

만반의 준비를 갖춘 신군부는 마침내 그 실체를 드러냈습니다. 1980년 4월 16일 보안 사령관인 전두환이 중앙정보부장 서리로 취임한 거예요. 비상시국에서 보안 사령관과 중앙정보부장을 겸직하는 것은 군은 물론이고 행정부를 통제할 수 있는 거점까지 마련했다는 뜻이지요.

당시 야당 정치인들은 가급적이면 군부를 자극하지 않고 선거를 통해 권력을 잡으려고 했습니다. 게다가 박정희라는 공동의 적이 사라지자 김영삼과 김대중은 신민당으로 단합하지 못하고 서로 제 갈 길을 가고 있었어요.

이런 상황에서도 국민은 점차 대열을 갖추기 시작했습니다. 노동자들은 1980년대 봄을 맞이해 노조를 결성하기 시작했어요. 1980년4월 21일에는 강원도 사북에 있는 동원 탄좌에서 노동자들의 투쟁이 치열하게 전개되었고, 이 영향으로 전국에서 노동자들의 투쟁이 거세지기 시작했지요. 그러나 아직 대오를 완벽하게 정비한 것은 아니었어요. 군인들이 도로 곳곳을 지키고 서 있었지만 사람들은 겨울 공화국의 긴 터널을 빠져나와 민주주의로 가는 희망에 부풀어 있었어요. 이때를 '서울의 봄'이라고 부릅니다. 하지만 4월은 잔인한 달이었어요. 봄날의 향기가 채 가시기도 전에 서울과 광주는 군화에 짓밟히게 되었지요.

왜 총을 들 수밖에 없었나? − 5·18 민주화 운동

당시 가장 강력한 대오를 형성했던 것은 4·19 혁명 때와 마찬가지로 학생들이었습니다. 학생들은 학생 자치 기구이자 투쟁 기구인 학생회 구성을 3월에 마무리 짓고 4월에는 학원 민주화 투쟁을 본격적으로 시작했어요. 이것은 학원 내 유신 독재의 잔재를 청산하는 작업이었지요.

5월이 되자 학생들은 점차 학원에 안주할 수 없게 되었어요. 신군부의 실체가 드러나고 이들의 쿠데타 음모가 감지되면서 쿠데타를 막느냐 못 막느냐 하는 것이 중대한 문제로 대두되었지요.

각 대학 총학생회장단을 중심으로 한 학생 운동 지도부는 가두시위를 자제하면서 비폭력적인 교내 시위를 전개한다는 입장이었습니다. 결국 민주화 세력이 결전을 적극적으로 준비하지 못한 가운데, 신군부는 5월 10일 개헌 공청회를 철회하고 전군과 경찰에 비상경계 체제에 돌입하라는 명령을 내렸어요. 5월 12일부터는 군부대를 이동시키기 시작했지요. 이에 학생 운동 지도부는 농성 학생들을 귀가시키고 피신해 버렸어요.

하지만 민주화를 염원하던 학생들은 그대로 보고만 있지 않았습니다. 5월 13일 밤 연세대학교 학생들을 주축으로 서울 시내 6개 대학 2,500여 명의 학생들이 서울 도심에서 본격적인 가두시위를 벌이기 시작했지요.

이렇게 되자 5월 14일에는 각 대학의 총학생회장단들도 전면적인 가두시위에 참가했어요. 5월 15일에는 계엄 철폐와 유신 세력 척결 등의 구호를 외치며 서울에서만 10만 명의 대학생들이 거리로 뛰쳐나왔고, 지방의 각 대학들도 일제히 포문을 열기 시작했지요.

그러자 상황이 급반전되었습니다. 5월 15일에 각계 저명인사 134명이 학생들의 주장을 전폭 지지하는 시국 선언을 발표했어요. 김대중과 김영삼도 학생들의 시위를 지지하면서 5월 16일에 회동해 비상계엄 해제를 건의했지요. 공화당 또한 최규하 정부에 계엄령 해제 시기를 밝힐 것을 요구했어요. 아울러 기자 협회는 5월 17일 비상계엄령에 의해 실시되고 있는 보도 검열을 거부하고 자율 언론을 실천하기로 결의했지요. 신군부에 반대하는 모든 세력들이 힘을 결집하는 상황이 발생한 것입니다.

그런데 이 중요한 시기에 학생 운동 지도부는 5월 15일 서울역에서 다시 자진 해산하기로 결정했어요. 군 병력이 이동하고 있다는 제보가 잇따르자 심야에 군부대와 충돌하는 것은 바람직하지 않다고 생각했기 때문이지요.

결국 가두시위가 소강상태로 접어든 1980년 5월 17일 신군부는 그날 24시를 기해 비상계엄을 전국으로 확대하고 모든 정치 활동을 금지시켰습니다. 그리고 총학생 회장단 회의에 참석한 55개 대학의 총학생 회장을 연행하고, 김대중과 김종필 등을 비롯한 정치인들을 체포했어요. 전국의 모든 대학에는 휴교령을 내리고 군부대를 투입했지요. 이로써 신군부의 쿠데타는 성공한 것처럼 보였습니다. 하지만 광주에서는 그렇지 못했어요. 광주에서도 16일에 시위가 벌어졌으나 학생 운동 지도부의 결정을 존중해 17일에는 가두시위를 펼치지 않았지요. 대신 만약의 경우를 대비해 휴교령이 내려지면 '오전 10시 학교 정문 앞, 정오에 도청 앞에 집결한다'는 행동 방침만 정해 놓은 상태였어요.

그러자 광주에서도 검거 작전이 시작되었습니다. 수많은 민주 인사들을 비롯해 일부 학생 대표들이 검거되었지요. 각 대학도 공수 부대에 의해 장악된 상태였어요. 이런 상황에서 1980년 5월 18일 광주 민주화 운동이 전남대학교 앞에서 시작되었습니다. 오전 10시가 넘으면서 학생 수가 200여 명 정도로 불어나자, 용기를 낸 학생들은 '비상계엄 해제'를 외치며 투쟁하기 시작했어요. 공수 부대는 학생들의 투석전에도 아랑곳하지 않고 돌격전을 벌여 도망가는 학생들까지 쫓아

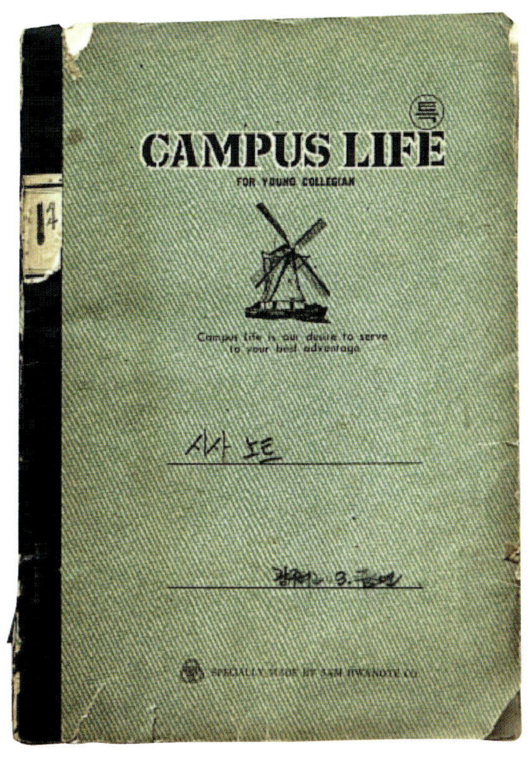

한국판 안네의 일기

1980년 5 · 18 민주화 운동 당시 현장을 기록한 주소연 씨의 일기장이다. 광주 여자 고등학교 3학년에 재학 중이던 주 씨가 전남 도청에서 봉사 활동을 하며 목격한 5 · 18 상황을 담고 있다. 이 일기장에는 '공수 부대의 만행으로 사망자는 200명을 능가했지만 언론은 이 상황에 대한 보도 없이 광주 시민을 폭도로 몰고 있다'는 기록 등 5 · 18 민주화 운동의 실상이 생생하게 기록되어 있다. 이 일기장을 포함한 '5 · 18 민주화 운동 기록물'은 유네스코 세계 기록 유산으로 등재되었다.

가 가차 없이 짓밟는 만행을 저질렀지요. 신군부는 무력을 동원해서라도 광주의 저항을 하루 빨리 진압하려고 했어요. 이곳의 저항이 다른 곳으로 확산된다면 그들로서는 감당할 수 없었기 때문이지요.

정오에 도청 앞에 집결하자는 약속에 따라 학생들이 모이면서 상황은 일파만파로 확대되기 시작했습니다. 신군부는 공수 부대를 직접 도청으로 보내 학생들의 저항을 신속히 제압하라는 명령을 내렸는데 진압 방식이 너무 잔인했어요. 공수 부대가 닥치는 대로 폭력을 휘두르자 광주 시내 도처에서는 피비린내가 진동했습니다. 5월 19일에는 분노한 광주 시민들까지 시위 대열에 참여하면서 시민 항쟁으로 발전하게 되었어요. 그러나 방송사들은 공수 부대의 만행에 대해 단 한마디도 보도하지 않았지요.

시민들이 합세하자 신군부는 광주로 계속 병력을 투입했어요. 5월 21일에는 3개 공수 여단과 20사단까지 합쳐 2만 명의 대병력을 투입했지요. 하지만 광주 시민들은 영웅적인 투쟁을 전개해 점차 진압 부대를 포위해 갔어요. 그러자 진압대는 5월 21일 오후 1시를 기해 총격을 가하기 시작했습니다. 광주 시민들은 이에 대응하기 위해 나주, 화순 등 광주 인근으로 빠져나가 지서와 파출소 등의 무기고를 부수고 직접 무장하기 시작했어요. 1980년 5월 25일 광주 시민군의 궐기문을 보면 당시의 상황을 잘 알 수 있습니다.

우리는 왜 총을 들 수밖에 없었는가? 그 대답은 너무나 간단합니다. 너무나 무자비한 만행을 더 이상 보고 있을 수만 없어서 너도나도 총을 들고 나섰던 것입니다. …… 그러나 정부 당국에서는 17일 야간에 계엄령을 확대 선포하고 일부 학생과 민주 인사, 정치인을 도무지 믿을 수 없는 구실

로 불법 연행했습니다. 이에 우리 시민 모두는 의아해했습니다. …… 그러나 아! 이럴 수가 있단 말입니까? 계엄 당국은 18일 오후부터 공수 부대를 대량 투입해 시내 곳곳에서 학생, 젊은이들에게 무차별 살상을 자행했으니! …… 너무나 경악스러운 또 하나의 사실은 20일 밤부터 계엄 당국이 발포 명령을 내려 무차별 발포를 시작했다는 것입니다. 이 고장을 지키고자 이 자리에 모이신 민주 시민 여러분! 그런 상황에서 우리가 할 수 있는 일이 무엇이겠습니까? 우리가 어떻게 해야 되겠습니까?

결국 5월 21일 3시 15분경 자체 무장한 시민군이 나타나면서 공수 부대와의 교전이 시작되었습니다. 이 과정에서 공수 부대가 포위되어 진압이 불가능해지자 신군부는 작전을 변경했어요. 그들은 광주를 철저히 고립시키면서 내부에서 와해시키는 방법을 쓰기로 했지요.

5월 21일 오후 4시 공수 부대는 장갑차를 앞세우고 퇴로를 확보하면서 퇴각하기 시작했어요. 이로써 광주는 계엄군으로부터 벗어나게 되었지요. 이를 계기로 광주 인근의 목포와 함평 등지로 시위가 확산되었어요. 하지만 22일이 되자 시민수습대책위원회가 등장해 더 이상의 유혈 사태를 방지하고 사태를 평화적으로 해결하기 위해 무기를 자진 반납한 뒤 치안을 계엄군에게 맡기자고 주장했습니다.

이 주장에 반발한 학생들을 중심으로 제1차 민주수호 범시민궐기대회가 개최되기도 했지만, 많은 시민들이 시민수습대책위원회의 설득에 공감하고 무기를 자진 반납했어요. 이로써 광주는 점점 고립되어 갔지요.

결국 5월 26일 오후 3시에 제5차 민주수호 범시민궐기대회가 개최되었으나 이 대회가 마지막이라는 것을 모두가 직감했습니다. 밤이

되면서 마지막 결전에 나선 사람들은 YMCA와 도청 등에 나누어 배치되었어요. 5월 27일 새벽 2시에 계엄군이 쳐들어온다는 가두방송이 잠 못 이루던 광주 시민들의 가슴을 울렸습니다. 그리고 새벽 3시 30분경 도청 주위에서 총성이 울리기 시작하면서 장엄했던 항쟁은 처절한 죽음으로 막을 내렸어요.

5·18 민주화 운동이 남긴 교훈

광주 시민의 항쟁을 학살로 진압한 신군부는 권력을 이양하기 위한 본격적인 작업에 돌입했습니다. 1980년 5월 31일에 정부 업무를 총괄하는 국가보위 비상대책위원회를 설치해 7월 4일 김대중 내란음모 사건의 전모를 조작 발표하고, 7월 9일 고위 공무원을 대대적으로 몰아냈어요. 7월 30일에는 교수와 언론인을 강제 해직시켰지요.

게다가 반항 세력을 누르고 공포 분위기를 조성하기 위해 1980년 8월 1일부터 1981년 1월 25일까지 군과 경찰을 투입해 총 6만 755명을 법원의 영장 발부 없이 검거해 삼청교육대에 집어넣었어요. 삼청교육대는 폭력범과 사회 풍토 문란 사범을 소탕한다는 명분으로 설치됐지만 사실 이곳에서는 무자비한 인권 탄압이 이루어졌지요.

1988년 국회의 국방부 국정 감사 발표에 의하면 삼청 교육대 현장 사망자가 52명, 후유증으로 인한 사망자가 397명, 정신 장애 등 상해자가 2,678명이 발생했습니다. 훈련 내용이나 생활 수칙들도 인간을 대상으로 한 것이 아니었어요. 삼청 교육대에서 저녁마다 외우게 했다는 '수련생 수칙'을 보면 이를 잘 알 수 있지요.

하나, 나는 교육대원의 명령에 절대복종한다.

둘, 나는 신문, 잡지 구독 및 라디오, TV 시청을 금한다.

산 자와 죽은 자
1980년 5월 27일 새벽 2시에
계엄군이 쳐들어온다는 가두방송
이 잠 못 이룬 광주 시민들을 불
안하게 했다. 새벽 3시 30분경
도청 주위에서 총성이 울리기 시
작하면서 장엄했던 항쟁은 처절
한 죽음으로 막을 내렸다.
〈중앙일보〉 사진 제공

셋, 나는 공공시설을 애호하고 음주, 흡연을 금한다.

넷, 나는 주면 주는 대로 먹는다.

다섯, 나는 때리면 때리는 대로 맞는다.

여섯, 나는 개인행동을 일절 금한다.

(삼청교육대 진상규명투쟁위원회 공동의장 류영근 목사의 수기 중에서)

신군부의 입장에서는 정적을 제거하고 공포 분위기를 형성했기 때문에 더 이상 최규하 대통령이라는 방패막이도 필요 없게 되었어요. 결국 8월 16일 최규하 대통령을 하야시키고, 8월 27일에는 전두환이 통일주체 국민회의에 의해 대통령에 선출되었습니다.

이렇게 권력을 장악했지만 신군부 또한 유신 체제에 대한 국민의 반발을 고려해 1980년 10월 22일 국가보위 비상대책위원회에서 임기 7년의 대통령 간선제를 골자로 하는 헌법을 새롭게 제정했어요. 1981년 2월에는 전두환이 단독 출마해 선거인단 2,525명 중 무효표 1표를 제외한 2,524표를 얻어 대통령에 선출되었습니다. 이로써 3월 3일 전두환이 7년 임기의 간선제 대통령으로 취임하면서 제5 공화국이 탄생되었지요.

전두환 정부는 우리 현대사에 새로운 과제를 남겨 놓았습니다. 우선 독재자가 사라졌다고 해서 저절로 국민의 요구가 실현되는 것은 아니라는 점이에요. 그리고 독재 정치를 유지하려는 세력과의 싸움에서 기필코 승리해 민

민주 정의당(민정당) 중앙당 현판식에 참석한 전두환 대통령(왼쪽 뒤)
(1981년 1월 15일)

족적 과제와 민주적 요구를 실현해야 한다는 것이지요.

이런 연장선상에서 학생들을 중심으로 반미 운동이 시작되었습니다. 신군부가 군대를 동원해 12·12 사태를 일으키고 5·18 민주화 운동을 무력으로 진압한 것이 미국의 묵인 아래 이루어졌다고 보았기 때문이에요. 국군의 작전 지휘권을 가지고 있었던 미국이 병력의 움직임을 모를 리가 없었다는 것이지요. 그 결과 광주와 부산, 대구 등에서 미국 문화원에 대한 타격이 일어났고, 1985년 5월에는 서울 미국 문화원 점거 사건이 일어나게 되었어요.

5·18 민주화 운동은 미국에 대한 책임 추궁으로만 끝날 문제가 아닙니다. 결국 미국이 우리 국민에게 어떤 존재인가를 생각해야만 하기 때문이지요. 미국은 신군부가 벌이는 일이 자신들의 국익에 손해

가 되지 않는다고 보고 모두 용인했어요.

이를 통해 미국은 우리의 인권도 민주화도 아닌 자국의 이익을 가장 중요하게 여긴다는 사실을 알 수 있습니다. 말로는 한국과 우방이고 혈맹이라고 하지만, 자신들의 국익에 손해가 될 때에는 침묵하고 방관한다는 사실을 직시해야 해요.

5 · 18 민주화 운동에서 수천 명의 광주 시민이 피를 흘리면서 외쳤던 것은 그 누구에게도 기대지 말고 우리 국민의 힘으로 민족적 과제와 민주적 요구를 이루자는 말이었습니다.

8–6 5 · 18 민주화 운동

1 신군부의 등장과 5 · 18 민주화 운동

- 12 · 12 사태(1979년) 전두환을 중심으로 하는 신군부(박정희 정부의 보호를 받으며 성장한 육사 출신의 전두환, 노태우, 정호용 등)의 권력 장악
- 서울의 봄(1980년) 서울역에서 10만여 명의 학생과 시민이 모여 비상계엄 해제와 조기 개헌 등을 주장하는 시위를 벌임(5월 15일). 계엄령 철폐, 유신 헌법 폐지, 민간 정부 수립 요구
- 5 · 18 민주화 운동(1980년) 신군부는 비상계엄을 전국으로 확대 → 공수 부대 투입, 학생과 시민에게 발포 → 광주 시민이 계엄군의 무차별 발포에 맞서 자발적으로 시민군 조직 → 광주를 봉쇄, 전남 도청에서 끝내 진압

2 전두환 정부(1981~1988년)

- 국가보위 비상대책위원회(1980년 5월 31일) 최고 군사 회의의 성격을 띤 국보위 설치 → 헌법 개정(7년 단임, 대통령 선거인단에 의한 대통령 간접 선거) → 전두환 대통령 취임
- 강압 통치 '정의 사회 구현'을 내세워 민주화 운동 탄압, 삼청교육대 운용
- 유화 정책 야간 통행금지 해제, 교복과 두발 자율화, 국외 여행 자유화, 서울 올림픽 대회 유치

3 1980년대의 경제

- 저임금 · 저곡가 정책 수출 상품의 경쟁력 제고를 위한 저임금 정책은 주요 곡물 가격을 낮게 유지하는 저곡가 정책을 낳음 → 노동자와 농민의 희생 강요
- 3저 호황 국제 경기가 저유가, 저금리, 저환율 상태를 보여 수출에 유리한 상황이 조성 → 연 10% 이상의 경제 성장 기록, 1인당 국민 소득 5,000달러 돌파(1989년)
- 재벌 중심의 경제 구조 수출을 주도하는 일부 대기업이 정부의 특혜 속에서 재벌로 성장 → 정치인과 기업인이 정책적 혜택과 정치 자금을 거래하는 정경유착 문제가 발생

미래 지향적인 관점에서 주한 미군의 주둔 문제에 대해 어떻게 생각하나요?

한국에서는 주한 미군에 대해 언급하는 것조차 오랫동안 금기시되어 왔어요. 그런데 5·18 민주화 운동이 이를 다시 논의하게 만들었지요. 5·18 민주화 운동에서 분명하게 드러나듯이 주한 미군은 우리 민족의 군대가 아니에요. 주한 미군의 주둔을 어떻게 보느냐는 쉽게 말하기 어려운 여러 가지 측면을 내포하고 있습니다.

하지만 먼저 생각할 수 있는 것은 어떤 경우에도 자기 나라의 국방은 자기 힘으로 지켜야 한다는 것이에요. 그래야만 자기 민족의 이익을 지킬 수 있기 때문이지요. 주한 미군도 예외가 아니에요. 아무리 우리가 혈맹이고 우방이라고 외쳐도 주한 미군은 자국의 이익에 따라 움직일 것이고, 그 과정에서 우리 민족의 이익과 배치되는 상황도 발생할 수 있습니다.

게다가 주한 미군의 주둔은 한국과 미국의 미래 지향적인 관계를 놓고 볼 때 재고되는 것이 마땅해요. 두 나라의 관계가 평등해져야 더욱 가까운 협력 관계를 유지할 수 있기 때문이지요. 하지만 지금 한국과 미국의 관계는 주한 미군의 주둔으로 평등한 관계가 되지 못하고 있어요. 원래 외국군이 주둔하는 것 자체가 불평등한 관계를 전제로 하기 때문이지요.

또한 한반도가 차지하고 있는 지정학적인 위치를 감안할 때 주한 미군의 주둔이 우리 민족의 이익에 꼭 부합한다고 단정할 수도 없습니다. 한반도는 주위에 4대 열강이 포진해 있고, 대륙 세력과 해양 세력이 서로 만나는 교차 지점에 놓여 있어요. 그래서 이 세력들이 맞붙어서 힘을 겨루는 장소로 전락할 수도 있지요.

그렇다면 이에 대해 우리 민족이 취해야 하는 입장은 무엇일까요? 우선은 우리 영토가 대결 장소로 전락하지 않도록 노력해야 합니다. 만약 대결 구도가 이루어져 싸움이 벌어지면 우리가 최대 피해국이 될 수밖에 없기 때문이에요.

주한 미군은 북한은 물론이고 구소련과 중국 등과 대항하기 위해 만들어졌습니다. 즉

주한 미군의 주둔을 허용한다면 대결 구도를 받아들이는 셈이 되는 것이지요. 이런 대결 구도는 중국이나 러시아와 협력을 강화할 때 문제가 될 소지가 큽니다. 한반도에서 전쟁이 일어나는 것을 막으려면 이런 대결 구도 자체가 생기지 않도록 해야 해요.

통일을 이루기 위해서라도 한반도가 대결의 장이 되어서는 안 됩니다. 남북이 분단된 데에는 여러 원인이 있지만 가장 큰 이유는 외세가 한반도를 대결의 장으로 삼았기 때문이에요. 또 미래 지향적인 동북아시아의 정세를 위해서도 한반도가 강대국의 대결의 장이 되어서는 안 되지요. 우리는 이런 입장에서 다른 강대국과의 관계를 풀어 나가야 해요. 우리 민족 스스로 대결 구도에 편입되는 어리석음을 범해서는 안 될 뿐만 아니라 이제부터라도 대결 구도에서 벗어나야 합니다.

이런 이유 때문에 주한 미군의 주둔을 재고할 필요가 있어요. 물론 주한 미군을 철수시키면 북한의 남침을 우려할 수도 있지만, 남북 간의 군축 협상을 동시에 벌여 나간다면 결코 풀지 못할 숙제는 아니지요.

7 6월의 아픔을 딛고 일어서다 |
6월 민주 항쟁과 전두환 · 노태우 · 김영삼 정부

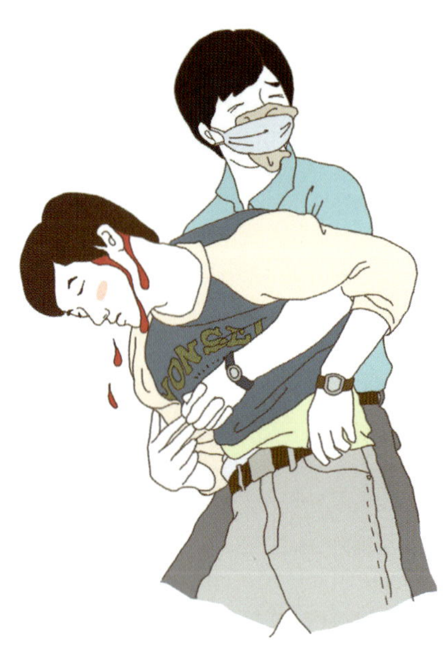

1987년 6월 10일부터 6월 29일까지 전국적으로 벌어진 6월 민주 항쟁은 1960년대 4 · 19혁명, 1970년대 부마 민주 항쟁, 1980년대 5 · 18 민주화 운동의 뒤를 잇는 반독재 · 민주화 투쟁이었어요. 6월 민주 항쟁은 대통령 선거인단이 대통령을 뽑는 간접 선거에 대한 전두환 대통령의 호헌 조치, 경찰의 박종철 고문치사 사건, 이한열 최루탄 사망 사건 등이 도화선이 되어 6월 10일 이후 전국적인 시위로 번져 갔지요. 결국 전두환 정부는 차기 대통령 후보로 내정된 노태우를 통해 대통령 직선제를 수용한다는 6 · 29 민주화 선언을 발표했어요. 6월 민주 항쟁으로 인해 국가 권력의 창출은 국민의 손으로 이루어야 한다는 귀중한 교훈을 얻었고, 어떤 정치 세력도 국민의 눈치를 보지 않으면 안 된다는 것을 깨닫게 되었지요.

- **1987년** 1월 서울대학교 학생 박종철이 제5 공화국 말기에 공안 당국에 붙잡혀 고문을 받다 사망하다.
- **1987년** 6월 민주 항쟁이 일어나다. 전국적으로 박종철 고문을 규탄하는 6 · 10 대회를 개최하다.
- **1987년** 노태우가 직선제 개헌을 수용하는 6 · 29 민주화 선언을 발표하다.
- **1988년** 2월 12 · 12 사태에 가담한 노태우가 제6 공화국 대통령으로 취임하다. 9월 17일 서울 올림픽 대회가 열리다.
- **1993년** 2월 문민정부를 표방한 김영삼이 대통령에 취임하다.

6월 민주 항쟁

6월 민주 항쟁은 1987년 6월에 일어났지만 이때 갑자기 터진 것은 아닙니다. 광복 이후 1960년대 4·19 혁명을 거쳐 1980년대 5·18 민주화 운동의 계보를 잇는 투쟁이라고 할 수 있어요. 당시 광주 시민을 무고하게 학살하고 집권에 성공한 전두환 정부는 단임 7년제 임기가 끝나 가고 있는 상황이었습니다. 이들도 집권을 연장하기 위한 시도를 했는데, 이것이 1987년 4·13 호헌 조치였어요. 이 호헌에 반대하면 좌경 용공 세력으로 몰려 탄압의 대상이 되었지요. 4·13 호헌 조치는 개헌 논의를 막아 국민을 배제시켜 놓고 체육관에서 대통령을 뽑겠다는 의지를 보여 준 것이에요.

12·12 쿠데타를 일으키고 광주 시민을 학살한 다음 권력을 잡은 정부가 무슨 정통성이 있겠어요? 권력을 유지하기 위해서는 폭력적 탄압에 의존하지 않을 수 없었지요. 전두환 정부 때에는 수많은 해직자가 발생했고, 성 고문을 비롯한 각종 고문 사건과 의문사가 줄을 이었어요. 이런 정부가 권력을 연장하겠다고 나섰으니 국민들은 반발할 수밖에 없었지요. 전두환 정부는 더욱 탄압의 고삐를 조였어요. 1987년 1월 14일 치안 본부 남영동 대공 분실에 잡혀가 조사를 받던 박종철 군이 고문으로 죽는 사건이 발생했습니다. 이 사건에 대해 당국은 '책상을 탁 하고 치니 억 하고 죽었다'는 식으로 경위를 설명했어요.

4·13 호헌 조치와 박종철 고문치사 사건으로 국민의 분노는 극에 달했습니다. 사람들은 마침내 '호헌 철폐', '독재 타도', '직선제 쟁취' 등의 구호를 들고 투쟁에 나섰어요. 천주교 정의구현 사제단은 5·18 민주화 운동의 정신을 계승하는 자리에서 박종철 군의 고문치사 사건이 은폐 축소되었다고 규탄했지요. 5월 27일에는 군사 정권과 타협하

6월 민주항쟁 진원지
덕수궁 옆 대한성공회 서울주교
좌대성당 뒤편에 있는 한옥 형
태의 주교관 앞에 '6월 민주 항
쟁 진원지'라고 새겨진 표석이
있다. 1987년 6월 10일 6월
민주 항쟁의 시작을 알리는 6·
10 국민 대회가 이곳에서 열린
것을 기념하는 표석이다. 주교관
왼쪽에 있는 근대식 건물은
경운궁(덕수궁의 옛 이름) 양이재
다. 이 건물은 궁내부 산하 황족
과 귀족들을 위한 근대식 교육
기관인 수학원으로 사용되었다.

려는 신민당에서 탈당해 새롭게 창당한 통일 민주당과 군사 정권에 완강히 반대하던 재야 세력이 힘을 합쳐 민주헌법쟁취 국민운동본부를 발족시켜 거국적 항쟁을 준비했어요.

6월 9일에는 연세대학교에서 시위를 하던 이한열 군이 경찰이 쏜 최루탄에 맞아 사경을 헤매는 사건이 발생했습니다. 국민운동본부는 6월 10일 전국의 22개 지역에서 24만 명이 참여한 가운데 '박종철 군 고문살인 은폐조작 규탄 및 민주헌법 쟁취 범국민대회'를 개최했어요. 서울에서만 30여 곳에서 대규모의 시위가 벌어졌지요. 그러나 군사 정권은 무차별적인 최루탄 난사와 직격탄 발사, 사복 체포조 등을 동원해 시위대를 무차별로 연행했어요. 폭력으로 국민을 굴복시키려고 한 것이지요. 그러면서 자신들은 계획에 따라 잠실 체육관에서 '민정당 제4차 전당대회 및 대통령 후보 지명대회'를 열어 노태우를 민정당(민주 정의당)의 대통령 후보로 선출했어요.

밤늦게까지 시위를 벌인 명동 성당의 시위대는 경찰을 밀어내고 농성 투쟁을 시작했는데, 이 사건으로 6월 민주 항쟁이 더 크게 일어나게 되었어요. 이에 맞서 군사 독재 세력은 6월 13일 국민운동본부의 간부 13명을 전격 구속하면서 투쟁의 불길을 막으려고 했지요.

하지만 한번 불이 붙은 시위는 멈추지 않았고, 6월 15일에는 전국적인 규모의 시위가 다시 일어났습니다. 6월 18일 시위의 열기는 더욱 거세게 타올랐어요. 이날 시위에는 전국적으로 150여 만 명이 참가했지요. 전두환 정부는 이제 경찰력만으로는 투쟁을 막을 수 없게 되자 6월 19일 고위 시국대책회의를 열어 군대로 시위를 진압할 것인지를 놓고 고민했어요.

6·29 민주화 선언, 미국의 작품인가 자작극인가

한국 정치사에 큰 영향력을 행사하던 미국은 이런 상황을 면밀히 주시하다가 공개적으로 개입하기 시작했습니다. 6월 23일 미국은 국무부 대변인을 통해 군을 투입하는 것에 반대 입장을 표명했어요. 동아시아·태평양 담당 차관보였던 개스턴 시거는 전두환과 노태우, 김대중, 김영삼 등을 만나기 시작했지요. 이때 이들 간에 무슨 이야기가 오갔는지는 정확히 알려져 있지 않지만 그 이후에 노태우의 6·29 민주화 선언이 나오게 되었어요.

투쟁에 나선 국민들은 군을 투입하려는 움직임에도 전혀 동요하지 않았습니다. 이런 열기는 6월 26일 100만여 명이 참여한 국민평화대행진에서도 나타났어요. 이제 전두환 정부는 어떤 형태로든 결단을 내려야만 했지요. 여기에서 나온 대책이 당시 민정당의 대통령 후보였던 노태우의 6·29 민주화 선언입니다. 6·29 민주화 선언은 대통령 직선제 수용, 대통령 선거법 개정, 김대중 사면 복권 및 시국 관련 사범의 석방, 국민 기본권 신장, 언론 자유 창달, 지방 자치제 실시 등 8개 조항으로 이루어져 있었어요. 20여 일 동안 벌어진 6월 민주 항쟁으로 사실상 전두환 정부의 항복을 받아 낸 것이지요.

여기에서 '6 · 29민주화 선언을 받아 낸 일을 과연 승리라고 말할 수 있는가'라고 되물을 수 있어요. 군사 독재 세력의 핵심이었던 노태우가 대통령에 당선되는 결과를 가져왔기 때문이지요.

노태우는 자신의 고독한 결단에서 6 · 29 민주화 선언이 나왔다고 말했지만, 한편에서는 미국의 작품이라고 보기도 합니다. 또 위기에 빠진 전두환 정부가 정권을 연장하기 위해 노태우에게 힘을 실어 준 것이라고도 하고, 노태우가 직접 연출한 것으로 보기도 해요.

전두환의 부인인 이순자의 회고록에 의하면 6월 17일 오전 10시 청와대에 들어간 노태우는 전두환 앞에서 "직선제 개헌을 수락한다면 대통령 후보를 사퇴하겠다."라는 입장을 분명하게 표명했다고 합니다. 이를 근거로 볼 때 노태우가 6 · 29 민주화 선언을 주도했다는 주장은 그대로 믿기 어려워요. 6 · 29 민주화 선언은 사실상 전두환 정부가 항복했다는 것을 의미합니다. 더 엄밀히 말하면 군사 독재 세력과 국민 간에 절충이 이루어졌다고 보는 것이 타당할 거예요.

한편 전투 경찰이 쏜 최루탄에 뒷머리를 맞아 한 달 동안 사경을 헤매던 이한열 군은 7월 5일 22세의 나이에 사망했어요. 6 · 29 선언을 이끌어 냈지만 끝내 꽃다운 나이에 지고 말았지요. 7월 9일 그의 장례식은 '민주 국민장'이라는 이름으로 거행됐는데, 연세대학교 본관, 신촌 로터리, 서울 시청 앞, 광주 5 · 18 묘역의 순으로 이동하며 진행되었어요. 당시 추모 인파는 서울 100만, 광주 50만 등 전국적으로 총 160만 명이었다고 합니다.

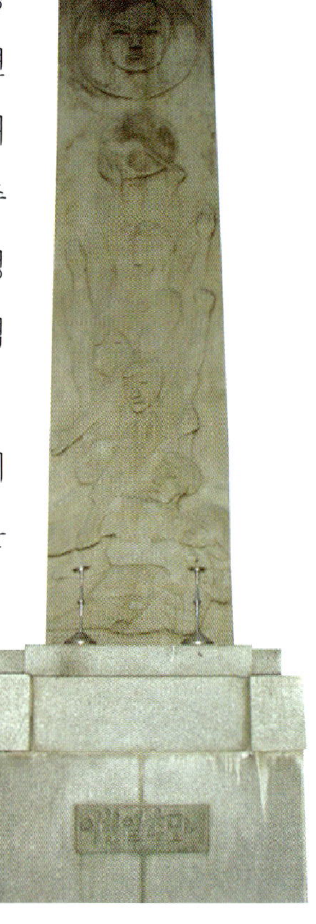

6월 민주 항쟁 당시 사망한 이한열 군의 추모비

이한열 군의 노제가 치러진 서울 시청 앞 광장에 모여든 시민들
1987년 7월 9일, 6월 민주 항쟁 당시 전투 경찰이 쏜 최루탄에 맞아 사망한 연세대학교 학생
이한열의 영결식이 행해졌다. 연세대학교에서 서울 시청 앞까지의 장례 행렬을 보기 위해 100만
명의 추모 인파가 몰려들었고, 분노한 시민들은 시청 정문을 점거하고 군부 독재 타도를 외치며
격렬한 시위를 벌였다. 〈연합뉴스〉 사진 제공

야당의 분열로 노태우가 당선되다

6월 민주 항쟁의 승리로 국민들은 대통령을 직접 뽑는 일만 남게 되었습니다. 따라서 집권 여당은 당연히 심판을 받아야 했지요. 하지만 야당은 단일 후보를 내지 못했어요. 김영삼과 김대중이 대통령에 당선될 거라고 생각하고 각자 출마했기 때문이지요.

그 결과 1987년 12월 16일에 치러진 대통령 선거에서 36.6%의 지지를 얻은 노태우가 대통령에 당선되었어요. 김영삼과 김대중의 표는 합하면 과반이 넘었지요. 만일 단일화를 이루었다면 단일 후보가 대통령에 당선되었을 거예요. 이로써 6월 민주 항쟁의 승리는 군사 독재를 종식시키는 과정으로 곧바로 나아가지는 못했습니다. 야당의 분열로 노태우가 대통령이 되었지만 국회 의원 선거에서는 야당 국

전두환 대통령과 노태우 육군 대장 내외(1981년 7월 13일, 『대한민국 정부 기록 사진집』)

회 의원들이 대거 당선되어 여소야대 정국이 형성되었어요. 그런데 3당 합당으로 인해 여소야대가 곧바로 여대야소로 바뀌고 말았지요.

민주 정의당의 노태우, 통일 민주당의 김영삼, 신민주 공화당의 김종필이 손을 잡고 민주 자유당을 만든 것입니다. 김영삼은 야합이라는 비난을 무릅쓰고 3당 합당을 한 이유에 대해 "호랑이를 잡기 위해서는 호랑이 굴에 들어가야 한다."라고 말했어요. 노태우로서는 여대야소가 되어 정국을 주도할 수 있게 되었고, 김영삼으로서는 차기 대권에 유리한 고지를 점유하게 되었지요.

노태우 정부는 동유럽 공산주의 국가 및 소련·중국과 외교 관계를 수립하는 북방 정책을 추진했어요. 유엔에 남북한이 함께 가입하고 남북 기본 합의서를 채택하기도 했지요. 노태우 정부 때는 지방 자치제가 부분적으로 실시되었어요. 그러나 노태우 정부는 적극적인 개혁을 추진하지 못한 채 부정과 비리로 인해 국민적 지지를 얻지 못했지요.

김영삼의 이빨 빠진 호랑이 사냥

오랜 야당 생활 끝에 민주 자유당 창당에 참여했던 김영삼은 1992년 대선에 당선되어 1993년 2월 제14대 대통령으로 취임했어요. 오랜 경쟁과 협력 관계에 있었던 김대중과 현대 그룹을 이끌었던 통일 국민당의 정주영을 누르고 승리한 것이지요.

김영삼은 자신이 공언한 대로 호랑이를 잡았습니다. 김영삼은 금융 실명제를 위반하며 천문학적 규모의 비자금을 은닉한 노태우를 구속한 데 이어 12·12 사태를 일으키고 5·18 민주화 운동을 탄압한 전두환을 구속했어요. 이로써 12·12 사태는 군사 쿠데타로 규정지어졌고, 5·18 민주화 운동 희생자들에 대한 명예 회복이 이루어지게 되었지요. 또 국립중앙박물관으로 사용되던 조선 총독부 청사를 철거하고 경복궁 복원 사업을 시작했어요. 5 · 16 군사 정변 후 중단되었던 지방 자치제도 전면적으로 실시했지요.

1970년부터 2000년 사이에는 이름을 기억할 수 없을 정도로 정당이 자주 바뀌었습니다. 이는 이념이나 정책 노선보다는 인물을 중심으로 정당이 형성되었기 때문이에요. 30년간 한국 정치를 이끌었던 인물은 김영삼, 김대중, 김종필이었습니다. 이들은 지역 기반을 정치적 자산으로 삼아 지도자의 지위를 유지했으므로 이들을 중심으로 뭉치고 흩어질 수밖에 없는 구조였지요.

김영삼 정부는 박정희, 전두환, 노태우 등의 군인 출신 대통령과 차별화해 '문민정부'로 자처했어요. 또 이름에 걸맞게 공직자의 재산 등록과 금융 실명제 등을 법제화해 부정부패 척결에 노력했지요. 또 지방 자치제를 전면적으로 실시하기도 했어요. 대통령이 소속된 집권당의 명칭은 민자당에서 신한국당으로 바뀌었습니다.

김대중(왼쪽)과 김영삼
두 사람은 역경을 함께한 동지
이자 영원한 라이벌이기도 했다.
같은 길을 걸었던 이들이 동시
에 정상에 설 수는 없었기 때문
에 서로를 견제했는지도 모른다.

빗나간 세계화의 결과물, IMF 사태

김영삼 정부는 '역사 바로 세우기'에 이어 세계화 정책을 추진했어요. 1996년 서방 선진국들의 모임인 경제협력개발기구(OECD)에 가입함으로써 세계 각국과의 무한 경쟁에 본격적으로 돌입했습니다. 당시 한국의 1인당 국민 소득은 1만 달러를 넘어섰고, 수출액은 1,000억 달러를 돌파한 상황이었어요. 한국인들은 마치 선진국 국민이라도 된 듯이 행동했지만, 외국의 경제 전문가들은 "한국이 샴페인을 너무 일찍 터뜨렸다."라고 지적하기도 했지요.

'세계화'라는 말은 김영삼 정부 때 급속하게 퍼졌어요. 당시에는 세계화를 수용하지 않으면 시대에 뒤떨어진 사람처럼 평가될 정도였지요. 심지어 세계화를 위해 국어를 영어로 바꾸자는 주장까지 제기되었어요.

문민정부의 김영삼 대통령은 왜 '세계화'를 주장했을까요? 이 말에도 지구촌이 하나가 되어 평화롭고 행복하게 살자는 의미보다는 무한 경쟁 시대가 된 상황에서 경쟁에서 이겨 국제 사회로 진출하자는 뜻이 담겨 있어요. 그런데 다른 나라에 진출하려면 결국 자국의 문도 열어야 합니다. 한국 경제가 대외 의존적인 경제 구조가 된 상황에서 필연적으로 우리나라의 문을 열 수밖에 없었어요. 이러한 경제적 현실을 '세계화'라는 말로 얼버무렸던 것이지요.

그러나 김영삼 정부는 집권 말기에 국제 경제 여건의 악화, 세계화 정책의 후유증, 외환 부족 등으로 인해 자력으로 외채를 상환할 수 없는 상황에 처했어요. 결국 1997년에 국제 통화 기금(IMF) 구제 금융 신청으로 어려움을 극복할 수밖에 없었지요. IMF에서 요구한 구조 조정을 거치는 과정에서 기업의 부도와 실업의 증가라는 고통도 감내

해야 했어요.

엄밀히 말해 IMF 사태는 어느 날 갑자기 뚝 떨어진 것은 아닙니다. 한국 경제는 박정희 정부의 수출 주도형 경제에 의해 대외 의존적인 경제 구조로 나아가게 되었습니다. 그러다가 외세 독점 자본의 직접 투자가 이루어졌고, 이후 여러 분야에서 개방이 이루어지면서 외세 독점 자본의 전면적인 영향 아래 놓이게 되었어요.

직접 투자를 진행한 외세의 독점 자본이 한국 경제의 주요 명맥을 장악했다면 그다음에는 무엇을 요구할까요? 당연히 전면적인 개방을 요구하면서 한국 경제의 모든 것을 장악하려고 하겠지요. 박정희 정부 이후 한국의 경제 정책에서 수입 개방화가 지속적으로 이루어졌고, 결국에는 세계화 정책까지 추진하게 된 것입니다. 그 결과 한국 경제는 IMF를 맞게 되었고, 국민은 고통스러운 삶을 겪게 되었어요.

김대중 정부에 와서 국민의 단합된 노력으로 2001년 8월에 상환을 완료하고 IMF 관리 체제에서 벗어났습니다. IMF 극복을 위해 노동자, 회사, 정부가 삼위일체가 되어야 한다는 인식 아래 노사정 위원회가 구성되었어요. 외화를 한 푼이라도 더 모으기 위해 온 국민이 금 모으기 운동에도 나섰지요. 또 IMF 체제에서 벗어나기 위해 자본 시장을 전면적으로 개방하는 신자유주의 경제 정책을 수행했어요. 아이러니하게도 IMF가 국가 경제의 체질을 강화하는 '쓴 약'이 된 셈이에요. 이런 과정을 거쳐 1995년 세계 무역 기구(WTO) 출범 이후 시장 개방과 그에 따른 무한 경쟁 속에서 지속적인 경제 발전을 추구하게 되었지요.

8-7 6월 민주 항쟁과 전두환 · 노태우 · 김영삼 정부

1 6월 민주 항쟁(1987년)

• **배경** 광복 이후에서부터 1960년 4 · 19 혁명, 1979년 부마 민주 항쟁, 1980년 5 · 18 민주화 운동의 연장선상에서 진행되어 온 투쟁으로서 시민들이 1987년 6월 거국적으로 궐기

• **대통령 직선제 개헌 운동(1980년대 중반)** 총선에서 승리한 신한 민주당과 재야 세력이 개헌 서명 운동 전개 → 1987년 1월 서울대학교 학생 박종철이 경찰의 고문을 받다가 사망

• **4 · 13 호헌 조치 발표(1987년)** 전두환은 헌법을 개정할 수 없다고 천명 → 민주헌법쟁취 국민운동본부 결성(1987년 5월 27일)

• **6월 민주 항쟁** 전국적으로 6 · 10 대회를 개최, 정식 명칭은 '박종철 군 고문살인 은폐조작 규탄 및 민주헌법 쟁취 범국민대회'임. 대회 하루 전인 6월 9일 연세대학교에서 시위를 벌이던 이한열이 최루탄에 맞아 쓰러짐 → 1987년 6월 19일 고위 시국대책회의를 열어 군의 투입을 논의 → 미국은 군의 투입에 반대 입장 표명 → 100만여 명이 참여한 국민평화대행진 개최(1987년 6월 26일)

• **6 · 29 민주화 선언(1987년)** 여당의 차기 대통령 후보였던 노태우가 민주화 요구에 굴복해 시국 수습 방안 발표. 대통령 직선제 수용, 대통령 선거법 개정, 김대중 사면 복권 및 극소수를 제외한 시국 관련 사범의 석방, 지방 자치제 실시 등 8개 조항 → 5년 단임 대통령 직선제 개헌

2 노태우 정부(1988~1993년)

• **민자당 결성** 야당 측의 김대중 후보와 김영삼 후보의 단일화 실패로 노태우 당선 → 여소야대 국회형성 → 청문회를 통해 5공 비리, 5 · 18 민주화 운동의 진상 규명 노력 → 노태우의 민주 정의당, 김영삼의 통일 민주당, 김종필의 신민주 공화당이 민주 자유당 결성(3당 합당)

• **북방 외교** 1988년 서울 올림픽 대회의 성공적 개최 이후 북방 외교 추진(1990년에는 소련, 1992년에는 중국과 외교 관계 수립), 남북한 유엔 동시 가입

3 김영삼 정부(1993~1998년)

• **문민정부 수립** 5 · 16 군사 정변 이후 30여 년 만에 민간인 출신 김영삼 대통령이 당선됨. 전두환, 노태우를 반란 및 내란 혐의로 구속함

• **개혁 정책** 공직자 재산 등록 실시, 금융 실명제와 부동산 실명제 도입, 전면적 지방 자치제 실시, 역사 바로 세우기 운동 전개

• **경제 정책** 경제협력개발기구(OECD)가입(1996년), 국가 부도 위기로 국제 통화 기금(IMF)에 구제금융 신청(1997년)

조직의 분화 과정과 분열 행위는 어떻게 받아들여야 할까요?

단결하면 승리하고 분열하면 패배한다는 말이 있습니다. 그만큼 국민의 권리 투쟁에서도 단결이 중요하지요. 6월 민주 항쟁이 군사 독재의 종식으로까지 나가지 못했던 이유는 김영삼과 김대중의 분열과 재야 세력의 분열이 가장 큰 원인으로 지적되고 있어요. 그렇다면 분열이 꼭 나쁘다고만 할 수 있을까요? 분화 과정은 어떻게 이해해야 할까요? 그리고 분열을 극복할 수 있는 방안은 무엇일까요? 결론부터 말하자면 분화 과정은 꼭 잘못된 것이라고 말할 수 없지만 분열은 잘못된 것이에요.

하나의 정치 세력이 서로 다른 입장을 보이며 분화 과정을 밟는 것은 어찌 보면 자연스러운 현상이라고 할 수 있어요. 시대의 흐름에 따라 처음에는 똑같았던 입장도 점차 차이를 보일 수도 있지요. 오히려 역사가 발전하는데 분화 과정을 보이지 않는다는 것이 이상한 거예요. 따라서 입장 차이에 따라 분화 과정을 겪는 것을 무조건 나쁘다고 볼 수는 없습니다.

하지만 분화 과정이 아니라 같은 편끼리 갈라선 것이라면 옳은 행위라고 보기 어려워요. 상식적으로 보더라도 남과 갈라서려면 무엇인가 분명한 차이가 있어야 하지요. 더욱이 같은 정치적 입장을 가진 사람이라면 더욱 그 선이 분명해야 해요. 하지만 차이가 없는데도 갈라선다면 목적을 공동으로 달성하기가 힘들어지겠지요. 정치 세력이 서로 갈라설 때는 무엇보다 정치적 입장의 차이를 놓고 살펴보아야 합니다. 입장 차이에 따른 자연스러운 분화 과정인지, 아니면 사욕을 채우기 위한 분열 행위인지를 파악해야 하지요. 대의명분과 자기희생이 없다면 사리사욕을 채우기 위한 분열 행위로 보아야 해요.

6월 민주 항쟁 시기에 김영삼과 김대중은 서로 갈라설 만큼 분명한 정치적 입장 차이가 존재했을까요? 두 사람은 군사 독재를 종식시키겠다는 맥락에서 거의 같은 입장이었어요. 이처럼 갈라설 만큼 차이가 크지 않았는데도 함께하지 않았다는 것은 자신들의 욕

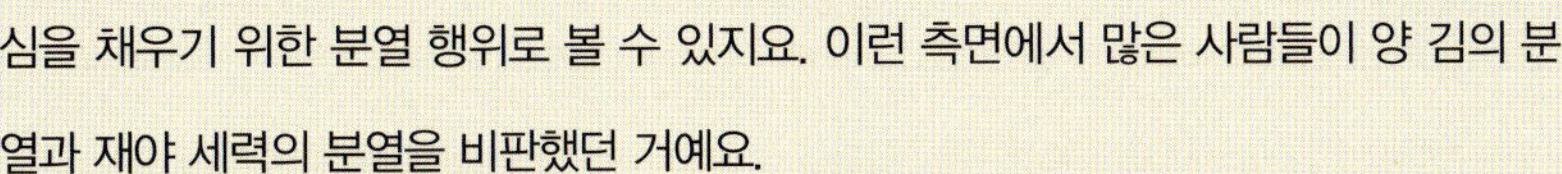

심을 채우기 위한 분열 행위로 볼 수 있지요. 이런 측면에서 많은 사람들이 양 김의 분열과 재야 세력의 분열을 비판했던 거예요.

두 사람이 갈라선 것 자체를 놓고 무조건 비판하는 사람은 없었습니다. 예를 들어 6월 민주 항쟁이 일어나기 전에 신민당이 군사 독재와 타협하는 기색을 보이자, 김영삼과 김대중은 신민당을 탈당해 통일 민주당을 만들었어요. 이때 신민당과 갈라섰다고 비난하는 사람은 없었습니다. 왜냐하면 군사 독재와 함께할 수 없다는 측면에서 갈라서야 하는 이유가 명백했기 때문이에요.

정치적 입장에 큰 차이가 없는데도 사적인 이유로 갈라선다면 이것은 곧 분열 행위가 됩니다. 지금도 수많은 정치인들이 이합집산을 하고 있어요. 이런 파행적인 상황을 극복하기 위해서라도 정치인들은 자신의 노선과 입장을 분명히 밝혀야 합니다. 그래야 정당 또한 정치적 노선과 입장에 따라 새롭게 재편될 수 있어요.

8 감상주의는 금물이다 |
통일 운동과 북한

국민의 권리를 쟁취하기 위한 투쟁이 끊임없이 이어져 왔듯이 통일 운동 또한 계속되어 왔습니다. 1972년 7·4 남북 공동성명에서는 자주, 평화, 민족 대단결이라는 조국 통일의 3대 원칙에 합의했고, 1991년 12월 13일 남북 기본 합의서에서는 남북의 화해와 불가침, 교류 협력의 의지를 확인했어요. 김대중 정부는 남측의 연합제 통일안과 북측의 연방제 통일안을 절충해 2000년 6월 15일 6·15 남북 공동선언을 발표했습니다. 뒤이은 노무현 정부도 지금까지의 성과를 지키면서 더욱 폭넓은 교류와 협력을 강화하기 위해 2007년 10월 4일 '남북관계 발전과 평화번영을 위한 선언'을 발표했어요. 비록 통일이 늦어지고 있기는 하지만 다른 민족이 겪었던 선례를 교훈 삼아 가장 모범적인 통일안을 찾아야 합니다.

- **1972년** 박정희 정부가 7 · 4 남북 공동성명을 발표하다.
- **1991년** 12월 남북 기본 합의서를 통해 남북의 화해와 불가침, 교류 협력의 의지를 확인하다.
- **1998년** 2월 자유민주연합과 후보 단일화에 성공한 김대중이 대통령에 취임하다.
- **2000년** 김대중 정부가 남측의 연합제 통일안과 북측의 연방제 통일안을 절충한 6 · 15 남북 공동선언을 발표하다.
- **2003년** 2월 참여 정부를 표방한 노무현 대통령이 취임하다.
- **2007년** 10월 노무현 정부가 '남북관계 발전과 평화번영을 위한 선언'을 발표하다.

통일에는 일정이 필요하다 – 남북 정상의 만남

표면적으로 국민의 투쟁이 실패한 것처럼 보일 때가 있습니다. 아마도 단번에 성공하지 못하기 때문에 그렇게 느껴질 수도 있어요. 하지만 수많은 좌절과 우여곡절을 겪으면서도 투쟁은 지속되어 왔고 통일 운동도 마찬가지였지요. 국민의 권리 투쟁이나 통일 운동은 주체가 국민이라는 점과 국민의 행복 추구를 위한 것이라는 점에서 결코 다르지 않아요.

한때 우리나라에서는 통일을 주장하면 탄압을 받던 시절이 있었습니다. 하지만 지금은 남북 간의 교류와 협력이 다각적인 방면에서 진행되고, 정상 간의 회담도 열렸어요. 2000년 6월 김대중 대통령과 김정일 국방위원장이 만나 정상 회담을 개최한 데 이어, 2007년 10월에는 노무현 대통령과 김정일 국방위원장이 만나 또다시 정상 회담을 가졌지요. 이런 단편적인 사실만 보더라도 얼마나 거국적인 발전이 이루어졌는지 알 수 있습니다.

남북 간의 정상 회담을 놓고 정부 차원에서 진행되고 있는 것이지, 어째서 국민의 권리를 실현하기 위한 일이냐고 되물을 수도 있어요. 하지만 남북 정상끼리 만나게 되는 과정을 살펴보면 국민의 투쟁이 밑거름이 되었다는 사실을 부인하기 어렵습니다. 게다가 통일을 이루려면 정부 차원에서 서로 합의하는 과정이 이루어져야 해요. 그러므로 이런 거대한 흐름 또한 국민의 권리 투쟁이라는 차원에서 바라볼 수 있지요.

통일 운동의 과정에서 가장 주목을 받은 것은 2007년 남북정상 회담이었어요. 이 정상 회담에서는 어떻게 '남북관계 발전과 평화번영을 위한 선언'을 하게 되었을까요?

남북이 분단된 이래 국민들은 통일의 정당성을 확보하기 위해 끊임없이 투쟁해 왔습니다. 통일의 정당성이 확보되면 다음 단계에서는 통일의 원칙에 대한 합의가 이루어져야 해요. 원칙이 없으면 혼란만 가중될 수 있기 때문이지요.

통일의 원칙에 대한 합의는 1972년 7 · 4 남북 공동성명에 의해 해결되었어요. 여기에서 남과 북은 크게 세 가지 통일 원칙에 합의했지요. 그것은 '첫째, 통일은 외세에 의존하거나 외세의 간섭을 받지 않고 자주적으로 해결해야 한다. 둘째, 통일은 서로 상대방을 반대하는 무력행사에 의거하지 않고 평화적인 방법으로 실현해야 한다. 셋째, 사상과 이념, 제도의 차이를 초월해 우선 하나의 민족으로서 민족적 대단결을 도모해야 한다'는 것이었어요. 자주적 입장에 서서 민족 대단결을 도모해 전쟁이 아닌 평화적인 방법으로 통일을 실현한다는 것이었지요.

이런 원칙에 관한 합의는 통일을 달성하는 데 커다란 진척을 보인 일이라고 평가할 수 있습니다. 통일에 대한 원칙이 합의되었으면 정치적·군사적인 충돌을 미연에 막고 대결 상태를 해소하는 등 긴장을 완화하면서 남북 간의 교류와 협력을 실질적으로 진행시켜야 해요.

통일의 분위기를 조성하는 것은 1991년 12월 13일 '남북 간의 화해와 불가침 및 교류 협력에 관한 합의서'에 의해 해결되었습니다. 여기에는 남북 간의 화해와 불가침, 그리고 교류와 협력을 위한 협의 사항이 담겨 있어요.

통일의 여건이 조성되었으면 그다음 단계에서는 통일 방안에 대한 합의가 뒤따라야 합니다. 그래야 지난날의 성과를 이어받아 더욱 발전시켜 나갈 수 있으니까요. 이런 중대한 문제는 남북의 실질적인 책임자가 만나야 풀 수 있는 문제예요.

김대중 대통령과 김정일 국방위원장은 2000년 6월 13일부터 6월 15일까지 평양에서 제1차 남북정상 회담을 열었어요. 여기서 역사적인 6·15 남북 공동선언이 발표되었지요.

남북은 6·15 남북 공동선언에서 '나라의 통일을 위한 남측의 연합제 안과 북측의 낮은 단계의 연방제 안이 서로 공통성이 있다고 인정하고 앞으로 이 방향에서 통일을 지향시켜 나가기로 했다'고 공표했습니다. 이는 남북이 통일 방안의 합의 도출에 성공했다는 것을 의미해요. 이로써 통일은 먼 미래의 일이 아닌 현실 가능한 당면 과제로 떠오르게 되었지요.

통일 방안이 합의된 다음에는 통일 정부의 구성과 권한 등을 분명하게 제시하면서 이를 위한 여건을 조성하고 일정을 잡아 나가는 것이 필요해요.

남북 정상은 2007년 10월 2일부터 4일까지 제2차 남북정상 회담을 가졌습니다. 노무현 대통령과 김정일 국방위원장은 '남북관계 발전과 평화번영을 위한 선언'에서 '6 · 15 남북 공동선언의 정신을 재확인하고 남북 관계 발전과 한반도 평화, 민족 공동의 번영과 통일을 실현하는 데 따른 제반 문제를 허심탄회하게 협의했다'고 밝혔어요. 아울러 '남과 북은 서해에서의 우발적 충돌 방지를 위해 공동 어로수역을 지정하고 이 수역을 평화 수역으로 만들기 위한 방안과 각종 협력 사업에 대한 군사적 보장 조치 문제 등 군사적 신뢰 구축 조치를 협의한다'고 공표했지요.

이렇게 남북은 통일의 구체적인 일정을 잡는 단계로 나아가고 있었어요. 어떤 측면에서 보면 늦은 감이 있다고 말할 수도 있습니다. 하지만 분단국가로 남아 있는 것을 자책하고만 있을 수는 없어요. 통일

개성 통일관 사거리
차가 거의 보이지 않는 통일관 사거리에서 아이들이 열을 지어 하교하고 있다. 사거리 오른쪽에 통일관이 있다.

김대중 대통령과 김정일 국방위원장은
분단 55년 만에 평양에서 첫 남북정
상 회담을 열었다. 남북의 두 정상은
2000년 6월 13일부터 6월 15일까지
회담을 가진 뒤 6 · 15 남북 공동 선언
을 발표했다. 〈연합뉴스〉 사진 제공

6 · 15 남북 공동선언

1.남과 북은 나라의 통일 문제를 그
주인인 우리 민족끼리 서로 힘을 합쳐
자주적으로 해결한다.

2. 남과 북은 나라의 통일을 위한 남측의
연합제 안과 북측의 낮은 단계의 연방제
안에 서로 공통성이 있다고 인정하고
앞으로 이 방향에서 통일을 지향한다.

3. 남과 북은 올해 8 · 15 즈음해
흩어진 가족, 친척 방문단을 교환하며
비전향 장기수 문제를 해결하는 등
인도적 문제를 조속히 해결한다.

4. 남과 북은 경제 협력을 통해 민족 경
제를 균형적으로 발전시키고 사회 · 문
화 · 체육 · 보건 · 환경 등 제반 분야의
협력과 교류를 활성화해 서로의 신뢰를
다진다.

5. 남과 북은 이상과 같은 합의 사항을
조속히 실천해 옮기기 위해 이른 시일
안에 당국 사이의 대화를 개최한다.

이 이루어지게 된 만큼 가장 모범적인 방식의 통일을 이루는 것이 지금 상황에서는 최선의 방책일 것입니다.

베트남의 통일은 전쟁을 통해 이루어졌는데, 이 과정에서 많은 사람들이 죽었어요. 독일의 통일은 흡수 통합 방식이어서 통일 비용이 만만치 않았지요. 예멘 인민 민주 공화국(사회주의 남예멘)과 예멘 아랍 공화국(자본주의 북예멘)은 1970년부터 긴장 상태로 대치하다가 1979년까지 전쟁을 치렀어요. 그 후 1989년에 정상 회담을 열어 통일 헌법을 마련하고 1990년 5월에 통일을 선포했지요. 하지만 다시 전쟁이 일어났고, 1994년 북예멘이 승리해 재통일을 이루었어요.

이처럼 통일이 이루어지더라도 방식이 잘못되면 엄청난 후유증을 겪을 수밖에 없습니다. 따라서 통일이 늦어지더라도 다른 민족이 겪었던 선례를 교훈 삼아 가장 모범적인 방식의 통일 방식을 찾아야 해요. 통일은 남북 모두가 이익을 취할 수 있는 방식으로 진행되어야 하지요.

개성의 남한 관광객
북한 당국은 통일관을 지어 개성을 찾은 남한 관광객에게 정갈하기로 유명한 놋그릇 13첩 반상기를 점심 식사로 제공했다. 곱게 차려 입은 북한 여성이 상차림에 대해 설명하고 있다.

김일성은 가짜인가 – 북한의 독재 체제 강화

한때 북한의 김일성이 보천보 전투를 승리로 이끈 김일성을 사칭한 것으로 알려진 적이 있습니다. 과연 진실은 무엇일까요?

1932년 동만주와 남만주, 북만주 일대에서 최현, 김일성, 이홍광 등의 주도 아래 항일 유격대가 조직되었습니다. 이들은 일본과 악질 지주에 대한 주민의 항일 의지가 높고 방어에 유리한 8개 지역에 광복구를 만들어 자치 정부를 세웠어요. 1934년 무렵에는 유격대원이 5,000명을 넘었지요. 일본군은 만주 파견군을 5만 명에서 40만 명으로 늘려 항일 유격대 토벌에 나섰지만 유격대의 완강한 저항으로 번번이 실패했어요.

김일성과 최현이 지휘하는 동북항일연군의 일부 병력이 1937년 6월 4일 함경남도 갑산군 보천면으로 진격해 경찰 주재소를 불사르고 수십 명의 일본군을 사살하는 전과를 올렸습니다. 보천보 전투는 국내 신문의 호외에 실려 전국적으로 알려지면서 김일성은 영웅적인 독립투사로 떠오르게 되었어요. 나아가 이러한 무장 투쟁은 김일성을 북한 최고 권력자의 자리에 올라서게 한 밑거름이 되었지요.

그런데 김일성의 본명이 김성주라는 이유 때문에 박정희 정부 당시 반공 정책과 맞물려 '북한 주석 김일성 가짜설'이 널리 유포되었어요. 이는 박정희가 일본군 장교로서 독립군 토벌 작전에 나선 전력이 있었기 때문에 김일성의 항일 경력을 부정하려고 벌인 일로 보기도 합니다. 어쨌든 김일성을 조작하려면 그와 관계를 맺고 있던 다른 사람들도 모두 조작해야 하는데, 그것은 불가능한 일이었어요. 남한이 김일성 가짜설을 유포해 진실을 왜곡했다면, 북한은 김일성의 항일 투쟁을 과대 포장해 신격화함으로써 진실을 왜곡했다고 볼 수 있지요.

광복 후 북한을 장악한 공산주의자들도 여러 계통이 있었어요. 소련에 의해 선택된 빨치산 계열인 김일성은 1930년대 후반 동북항일연군 당시 보천보 전투에서 승리해 갑산파라는 이름이 붙여졌지요.

중국 화베이 지역에서 중국 공산당의 일원으로 활동한 조선 독립동맹 계열의 공산주의자들은 연안파로 불렸습니다. 이 이름은 중국 공산당의 근거지인 옌안에서 나온 거예요. 김일성과 함께 김구 측을 상대로 남북 협상에 참가했던 김두봉이 연안파를 대표하는 인물이었고, 서울에서 조선 공산당을 이끌고 있던 박헌영은 국내파를 대표하는 인물이었어요. 소련에서 출생해 정통 공산주의 이론을 공부한 이민 2세의 소련파도 허가이를 필두로 당의 요직을 차지하고 있었지요.

김일성은 소련의 선택을 받고 있었지만 절대 권력을 장악한 것은 아니었어요. 이런 사실은 김구와 김규식을 상대로 김일성과 김두봉이 함께 4자 회담에 참여했던 것을 보면 잘 알 수 있지요.

김일성은 6·25 전쟁을 계기로 정적을 제거하면서 권력을 강화했어요. 먼저 박헌영의 남로당계 인사들에게 전쟁 실패의 책임을 뒤집어씌워 숙청하고 권력 기반을 한층 강화했지요. 전쟁이 시작된 직후에는 남로당이 남한에서 봉기해 남하하는 북한군과 손을 잡았어야 속전속결로 전쟁을 끝낼 수 있었는데, 그렇게 하지 못했다는 거예요. 결국 박헌영은 미 제국주의의 간첩이라는 죄목으로 처형되었습니다. 허가이도 박헌영과 파벌을 이루었다는 이유로 숙청했는데, 그는 숙청되는 즉시 자살했어요.

이로써 국내파 공산당은 전멸했고 소련파의 세력은 약화되었습니다. 하지만 연안파와 소련파는 권력을 강화하던 김일성에게 견제를 시도했어요. 스탈린이 죽은 뒤 집권한 흐루쇼프가 1956년 1인 독재

김일성 주석(1912~1994년)
박정희 정부 당시 반공 정책과 맞물려 김일성의 항일 투쟁 업적을 부정하는 '북한 주석 김일성 가짜설'이 널리 유포되었지만 이는 사실이 아니었다. 반면 북한은 김일성의 항일 투쟁을 과대 포장해 신격화했다.

대신 집단 지도 체제를 강조한 것이 계기가 되었지요. 김일성은 '반종파 투쟁'이라는 강력한 숙청 작업을 재개해 연안파와 소련파도 대대적으로 숙청했어요. 결국 김일성은 정적에 대한 끊임없는 숙청 작업을 통해 자신의 권력을 강화했습니다. 김일성은 영웅적인 독립투사로 이름을 날렸지만 권력 장악을 가로막는 세력에게는 무자비한 모습을 보인 것이지요.

체제 유지의 울타리에 갇힌 북한

북한은 전쟁으로 파괴된 산업 시설을 복구하기 위해 천리마운동을 전개했어요. 전후 복구와 자립적 민족 경제의 확립을 목표로 소련과 중국의 원조를 받아 중공업과 경공업을 모두 발전시키는 정책을 추진했지요. 농업에서는 협동화를 통해 생산력을 증대시켰어요. 천리마운동은 주민들의 생산 의욕을 고취시켜 경제 발전을 이루기 위한 의도도 있었지만 사상적인 개조를 통해 주민들을 공산주의적 인간형으로 개조하려는 의도도 있었습니다.

이 과정에서 사상 · 기술 · 문화의 3대 혁명이 강조되었어요. 사상 혁명의 강조는 김일성 1인 독재 체제의 확립에 이바지하고, 유일사상의 체제를 수립하는 데 토대가 되었지요. 그 결과 북한은 김일성 중심의 체제로 바뀌었어요.

1960년대 이후 소련과 중국은 사회주의 노선을 놓고 서로 갈등을 빚었습니다. 소련의 흐루쇼프가 서방과의 평화 공존을 언급한 이후 중국은 소련을 수정주의라고 비판했어요. 흐루쇼프와 그의 후임자인 브레즈네프가 프롤레타리아 계급 혁명 대신 평화적 방법에 의한 사회주의 건설을 추진한 것은 원래의 공산주의와 성격이 다르다는 이

사진으로 본 김일성

(오른쪽) 김정일, 김경희와 함께
김일성 양족에 큰아들인 김정일 국방위원
장과 여동생 김경희 노동당 경공업부장이
나란히 앉아있다. 김정일이 김일성종합대
학을 졸업한 뒤 노동당 조직 지도부에서
지도원으로 활동하던 1966년의 모습이다.

(아래) 김정일, 김정숙과 함께
김일성이 첫 번째 아내이자 김정일의 생
모인 김정숙, 김정일과 함께 앉아 있다.
김정숙은 1937년 6월 4일 김일성과 함께
보천보 전투를 승리로 이끈 것으로 알려
져 있다. 이 전투는 김일성이 지휘한 동북
항일 연국 병력이 함경북도 갑산군 보천
보 일대를 일시 점령한 사건이다.

북한 인민 위원회 선거 축하 행진

1946년 11월 3일 평양음악학교 학생들이 김일성과 스탈린의 초상화를 들고 북한 인민 위원회 선거를 축하하는 행진을 벌이고 있다.

중국군 부대 송별식 때의 김일성

김일성이 6 · 25 전쟁에 참전한 중국군 부대의 귀국 송별식에 모습을 드러냈다. 국군의 지연전과 미군의 참전으로 조급해진 김일성은 1950년 7월 20일 충청북도 수안보까지 내려와 북한군을 독려했다.

(왼쪽) 김일성과 박헌영

1948년 평양에서 개최된 남북
연석회의에 참석한 김일성(왼쪽)
과 박헌영이 회의장 바깥에서
담소를 나누고 있다. 김일성은
최대의 정적인 박헌영을 미 제
국주의의 간첩이라는 죄목으로
처형했다.

(아래) 정적들과 함께

1948년 여름 묘향산에서 김일성
(앞줄 왼쪽에서 두 번째), 박헌영
(앞줄 가운데), 허가이(앞줄 오른쪽
두 번째) 등이 기념 촬영을 했다.
김일성은 박헌영에게 전쟁 실패
의 책임을 전가해 처형하고 권
력 기반을 강화했다. 허가이도
박헌영과 파벌을 이루었다는 이
유로 숙청했다.

유였지요. 그런 중국을 소련은 교조주의라고 비판했어요. 세상이 바뀌었는데도 과거의 원칙만 고수한다는 것이지요.

이 와중에서 북한은 중국을 편들어 소련의 영향권에서 어느 정도 벗어날 수 있었어요. 북한은 중국과 소련 사이에서 등거리 외교를 구사하면서 독자적인 노선을 모색했지요. 이런 배경에서 1967년 북한의 통치 이념인 주체사상이 탄생했어요.

북한은 자주 외교의 이론적 배경인 주체사상에 따라 제3세계로의 접근을 시도했고, 1975년에는 비동맹국 회의에 가입했습니다. 북한은 노동당의 독재를 강화하기 위해 김일성 주체 노선을 강조하고, 김일성 신격화에 열을 올리는 한편 군수 산업 발전에 박차를 가했어요.

이와 함께 대남 정책에서는 남북 연방제 통일 방안을 제시했지만 한편으로는 무장 군인을 남파하는 등 무력 도발을 일으키기도 했습니다. 1987년 한국 승객 93명 등 115명이 희생된 KAL기 폭파 사건은 2006년 '국가정보원 과거사건 진실규명을 통한 발전위원회'가 북한이 지시한 사건이라고 규정했지요. 이라크의 바그다드에서 출발한 KAL 858기가 1987년 인도양 상공에서 실종된 이 사건으로 북한은 2008년 10월까지 미국의 테러 지원국 명단에 올랐어요.

7·4 남북 공동성명 직후 헌법을 개정해 1972년 12월 국가주석이 행정 및 군사 분야의 최고 지도자로서 절대 권력을 행사하는 국가주석제를 도입함으로써 수령 유일 체제가 완성되었습니다. 공교롭게도 7·4 남북 공동성명 이후 남한에서는 유신 체제가 형성되었지요.

북한은 유례를 찾아볼 수 없는 부자 세습으로 권력 승계를 이루었고, 이에 따라 김일성의 정책은 김정일에게로 이어졌습니다. 김정일은 1973년 조선 노동당 비서로 선출되면서 김일성의 후계자로 내정

되었지만 대외 활동은 삼가면서 3대 혁명소조 운동과 선전 선동 운동을 추진하면서 당내에서 영향력을 확대해 나갔어요. 1980년대에 당을 장악한 김정일은 1990년대에 들어와 당과 군을 중심으로 한 국가 권력 기관에서 김일성의 뒤를 잇는 실권자의 지위를 굳히게 되었지요. 김정일은 김일성이 죽은 뒤 1998년 개헌을 통해 주석제를 폐지하고 국방위원장에 취임함으로써 북한의 최고 지도자가 되었어요.

남한을 훨씬 앞섰던 북한의 경제는 1980년대 들어 전반적으로 침체되었어요. 1990년 이후에는 심각한 식량 부족으로 외국에서 원조를 받아야만 했지요. 이는 외부 원조의 감소, 에너지 자원의 부족, 사회 간접 자본의 낙후, 자립 경제 고수, 주체사상과 수령 유일 체제의 비합리성 등이 복합적으로 작용한 결과였다고 볼 수 있어요.

북한은 경제적 어려움을 해결하고자 합영법을 제정하고 외국 기업과의 합작과 자본 도입을 추진했지만 사회주의 체제의 불합리성으로 인해 효과를 거두지는 못했습니다. 외국인들이 북한의 개방과 평화 정책을 믿지 못하는 상황에서 자본을 투자하는 일은 애당초 불가능했지요.

김정일은 이렇게 자체적인 경제 회생이 불가능한 북한을 책임지게 되었어요. 하지만 체제 유지를 위해 경제적 어려움에도 불구하고 강성 대국 건설을 내세우면서 지속적으로 군사력을 강화해 나갔지요. 북한은 핵과 생화학 무기를 개발하는 한편, 미국으로부터 체제 안전을 보장받기 위해 '핵무기 개발을 막으려면 휴전 협정을 평화 협정으로 바꾸고 북한 체제를 인정할 것'을 요구했어요. 하지만 북한의 속셈을 잘 알고 있는 한국과 미국 그리고 주변국들은 북한이 먼저 행동으로 보여 줄

김정일 국방위원장(1942~2011)
북한에서는 '조선 로동당 총비서이시며 조선 민주주의 인민 공화국 국방위원회 위원장이신 우리 당과 우리 인민의 위대한 영도자 김정일 동지'로 부른다.

것을 요구하면서 긴장을 늦추지 않고 있는 상태이지요.

경제 면에서는 금강산 관광 허용, 개성공단 건설 추진, 중국 단둥과 북한 신의주의 경제특구 설치 합의 등의 개방 정책을 펴고 시장 기능을 일부 허용하는 등 변화를 모색했지만, 체제 유지에 급급한 북한으로서는 어느 것 하나 쉽지 않은 형국이에요. 북한 지도부의 자기희생 없이는 중국과 소련 방식의 개방 정책은 불가능한 것이나 다름없기 때문이지요. 나라가 국민을 위한 것이 아니라 개인을 위한 것이 될 때 그 폐해가 얼마나 큰지는 역사가 증명하고 있습니다.

세상은 공유의 힘으로 이루어진다

북한의 어려움은 결국 폐쇄적 독재에서 비롯되었어요. 민주화 과정에서 진통은 있었지만 자유 경제 체제를 민간 부문과 원활하게 접목해 관과 민의 경제 시너지 효과를 높이는 데 성공한 대한민국과는 대조적이라고 할 수 있지요.

대한민국이 짧은 기간에 상당 부분 민주화를 이루고, 국민 소득 2만 달러를 넘긴 것은 세계에서 유례를 찾아보기 힘든 성과입니다. 이렇게 대한민국이 눈부신 성장을 이룬 것은 묵묵히 자신의 자리에서 노력한 산업 역군들의 열정과 여러 기업의 통찰력이 있었기에 가능한 일이었어요. 이제 우리가 이룬 것들을 공유하고 이어 나가는 방식에 대해 고민하는 것은 기업가나 사회 지도층은 물론 국민 모두의 몫입니다. 바로 이것이 지금까지 우리에게 가장 결여된 것이 아니었을까요?

세상은 함께 사는 곳이고, 공유의 힘으로 이루어집니다. 이 공유에서 소외된 자들의 힘을 북돋우는 세상이 진정으로 함께 가는 세상일 거예요. 우리 모두가 역사의 주역이기 때문이지요.

노무현 전 대통령 영결식
노무현 대통령이 사망한 지 이틀 뒤인 2009년 5월 25일 장의위원회가 구성되어 5월 29일까지 국민장이
거행되었다. 2009년 5월 29일 서울 광장에서 치러진 영결식에는 50만 여 명의 시민들이 애도의 물결을
이루었다. 안도현 시인은 "고마워요 노무현, 우리가 바보라고 불러도 기꺼이 바보가 되어 줘서 고마워요.
고인은 바위에서 뛰어내려 붉은 꽃잎이 되었습니다. 그 꽃잎을 가슴으로 안아 주지 못해서 정말 죄송합니
다. 당신이 일어나야 평화가 꿈틀거릴 것입니다."라는 내용의 추모시를 낭독했다.

1:02
MB가 죽였다
이명박 사과, 내각 총사퇴
더 이상 죽이지 마라
진보신당
2009년 5월23일 故 노무현 전 대통령

남북통일을 기다리며

1945년 8·15 광복과 더불어 분단된 한반도는 6·25 전쟁을 겪은 뒤 다른 민족보다 서로를 더 증오하면서 분단이 완전히 고착화되었다. 김대중 정부와 노무현 정부 때 열린 두 차례의 정상 회담이 남북 화합의 희망을 보여 주었지만, 남북 통일은 아직 해결되지 않은 우리 민족의 과제다.

경의선 철도 중단점

경의선 장단역 증기 기관차
6·25 전쟁 때 폭격을 받아 탈선한 채 비무장 지대 안에서
반세기가 넘도록 방치되었던 남북 분단의 상징물 '장단역
철마'가 임진각 야외 전시장에 전시되어 있다. 이 증기
기관차는 1950년 12월 31일 군수 물자를 싣고 개성에서
평양으로 가던 중 중국군의 개입으로 황해도 한포역에서
후진해 돌아오다가 밤 10시경 장단역에 도착했을 때 파괴
되었다.

망배단과 자유의 다리

경기도 파주시 임진강의 남과 북을 잇는 자유의 다리는 6·25 전쟁 휴전
직후인 1953년 남북의 포로를 교환할 때 국군과 유엔군 포로들이 이 다
리를 건너 자유를 찾아 귀환했다 해서 붙여진 이름이다. 경의선 철교로
사용된 상하행 두 개 교량이 전쟁 중에 모두 파괴되어 포로 교환을 위해
이 다리를 임시로 설치했다. 1986년 9월에 조성된 망배단은 실향민들이
명절 때 와서 북녘의 고향을 향해 절을 하는 곳이다.

8-8 통일 운동과 북한

1 김대중 정부

- **국민의 정부**(1998~2003년) 외환 위기 극복 노력, 최초로 평화적(수평적) 여야 정권 교체, 민주주의와 시장 경제의 병행 발전 표방, 남북정상 회담 개최(2000년), 금강산 관광 추진
- **평화 유지군**(PKO) **파견** 1991년 다국적군으로 걸프 전쟁에 참가, 1993년 유엔군으로 소말리아에 파견

2 노무현 정부

- **참여 정부**(2003~2008년) 대통령 탄핵 사태(선거 중립 의무 위반이 발단이 됨, 헌법 재판소에서 탄핵소추안 기각 결정을 내림), 신행정 수도 건설 특별법 제정, 한미 FTA 체결, 제2차 남북정상 회담(2007년)
- **평화 유지군 파견** 2004년 이라크에 자이툰 부대 파병

3 북한의 정치

- **소련파와 연안파 축출** 소련파(소련 내 한인 출신들로 광복 후 소련이 북한 통치를 위해 정책적으로 양성한 인물들), 연안파(1940년대 중국 화베이 지방에서 조선 독립 동맹과 그 산하에 조선 의용군을 조직하고 무장 항일 투쟁을 전개했던 세력), 박헌영의 남로당 세력 등을 축출
- **주체사상의 등장**(1965년) 소련에서 스탈린 개인숭배 비판, 중국에서는 소련을 수정주의, 소련에서는 중국을 교조주의라고 비판 → 주체사상 정립, 김일성의 개인숭배 합리화
- **사회주의 헌법 제정**(1972년) 주체사상이 통치 이념으로 공식화, 국가주석제 신설
- **김정일의 권력 승계**(1980년) 3대 혁명소조 운동(사상·기술·문화의 운동), 김정일 개인숭배 본격화 → 제6차 조선 노동당 대회에서 후계 체제 공식화(1980년) → 국방위원장 취임(1993년) → 김일성 사망(1994년) 후 유훈 통치(1994~1997년) → 헌법 개정(1998년, 주석제 폐지, 국방위원장 권한 강화, 사회주의 강성 대국 표방)
- **북핵 문제** 국제 원자력 기구(IAEA)가 북한 핵 개발 의혹 제기(1992년) → 북한의 핵확산 금지조약(NPT) 탈퇴(1993년) → 북미 간 제네바 합의(1994년, 미국의 카터 정부는 북한 핵 동결을 조건으로 경수로형 원자로 발전소 2기 건립과 중유 지원을 약속) → 한반도 에너지 개발기구(KEDO)설립(1995년) → 미국의 부시 정부가 북한을 테러 지원 국가로 지목(2001년) → 6자 회담(2003년~, 한국·북한·미국·중국·일본·러시아)

4 북한의 경제

- **사회주의 경제 체제 구축** 경제부흥 3개년계획(1954~1956년, 목표를 초과 달성), 제1차 경제개발 5개년

계획(1957~1961년) 추진 → 천리마운동(1958년, 생산성 향상 운동 전개)
- **경제발전 7개년계획(1961~1967년)** 자본과 기술의 부족으로 목표 달성 실패, 중공업을 우선시해 소비재 공급에 차질을 빚음, 3개년 연장해 1970년까지 10개년계획으로 변경
- **합영법 제정(1984년)** 북한이 외국 자본과의 합작을 공식적으로 법제화한 최초의 법 → 나진 · 선봉 자유 무역 지대 설치(1991년)
- **대외 개방 확대** 신의주 특별행정부 기본법, 개성공업지구법, 금강산관광지구법 제정(2002년), 신의주 행정특구는 중국의 반대로 무산, 금강산과 개성특구는 남한의 투자로 본격 개발
- **7 · 1 경제관리 개선조치(2002년)** 가격 및 임금의 대폭 인상, 배급제의 단계적 폐지, 공장과 기업소의 경영 자율성 확대 등 자본주의 경제 체제를 일부 도입

5 통일 운동과 남북 관계

- **박정희 정부** 8 · 15 평화통일 구상선언(1970년), 선의의 경쟁 체제 제의 → 남북 적십자 회담(1971년), 이산가족 재회를 위해 회담 제안, 북한의 수락으로 제7차 본회담 → 7 · 4 남북 공동성명(1972년), 자주 · 평화 · 민족 대단결의 조국 통일 3대 원칙 합의 → 6 · 23 평화통일 외교정책선언(1973년), 남북한 유엔 동시 가입 제안 → 평화 통일 3대 기본 원칙(1974년), 북한에 상호 불가침 협정 제안
- **전두환 정부** 민족화합 민주통일 방안(1982년, 민족 통일 협의회 구성 → 통일 헌법 초안 작성 → 통일 정부 구성)
- **노태우 정부** 7 · 7 선언(1988년): 남북 동포 간의 상호 교류와 이산가족의 서신 왕래 및 상호 방문 적극 추진, 남북한 교역의 민족 내부 교역 간주 → 한민족 공동체 통일방안(1989년): 자주 · 평화 · 민주의 원칙 아래 통일의 중간 단계로 남북 국가 연합 제안 → 남북 기본 합의서(1991년): 남북 간의 화해와 불가침 및 교류 협력에 관한 합의서 → 한반도 비핵화 공동선언(1991년)
- **김영삼 정부** 한민족 공동체 건설을 위한 3단계 통일 방안(화해와 협력, 남북 연합, 통일 국가의 완성 방안 제시, 현재 남한의 통일 방안) → 북한의 NPT 탈퇴 및 김일성 사망으로 남북정상 회담 무산 → 남북 경제 교류(나진 · 선봉 개발에 참여, 경수로 건설 사업 추진)
- **김대중 정부** 대북 화해 협력 정책(햇볕 정책), 남북정상 회담과 6 · 15 남북 공동선언(2000년, 남측의 연합제 안과 북측의 연방제 안의 공통성으로 통일 방안 합의), 개성공단 설치
- **노무현 정부** 햇볕 정책 계승, 제2차 남북정상 회담과 남북관계 발전과 평화번영을 위한 선언(2007년 10월 4일), 북한의 핵 해결을 위한 6자 회담 추진

김대중 · 노무현 정부의 햇볕 정책을 평가해 보세요

햇볕 정책은 남북한의 교류와 협력을 증대하기 위한 대북한 포용 정책입니다. 경제 붕괴 직전에 있던 북한은 햇볕 정책으로 인해 숨통을 트게 됐지요. '햇볕 정책'이란 표현은 김대중 대통령이 1998년 4월 3일 영국을 방문했을 때 런던대학교에서 행한 연설에서 처음 사용했어요. 겨울 나그네의 외투를 벗게 만드는 것은 강한 바람(강경 정책)이 아니라, 따뜻한 햇볕(유화 정책)이라는 이솝 우화에서 인용한 말이지요.

미국은 제네바 협정을 통해 핵 개발을 동결시킨 후 경수로 원자력 발전소 건설 지원 등으로 유화 정책을 추구하고 있었어요. 이와 같은 상황에서 대북한 강경 정책을 지속하기 어려워진 김대중 정부는 북한이 개혁과 개방의 길로 나올 수 있도록 남북 기본 합의서에 따라 대북한 강경 정책에서 햇볕 정책으로 선회한 것이지요.

정부는 대북한 투자 규모의 제한을 완전히 폐지하고 투자 제한 업종을 최소화하는 '경제 협력 활성화 조치'를 취했어요. 이로써 남북한 비료 협상, 정주영 명예회장의 북한 방문, 금강산 관광개발사업, 개성 공단 조성 등 협력 사업이 추진되었지요. 하지만 우리에게 돌아온 것은 금강산 사업지구 폐쇄, 천안함 피격 사건, 연평도 포격 등이었어요.

1999년 6월 서해 연평도 인근에서 북한 경비정의 NLL 침범으로 인해 연평해전이 발발하자 햇볕 정책의 실질적 성과에 대한 논란이 일었어요. 2007년 7월 햇볕 정책을 부분적으로 동의하는 입장을 발표했던 한나라당도 2009년 북한의 핵 실험을 계기로 보수 단체들과 함께 햇볕 정책 책임론을 본격 거론하기 시작했어요.

2009년 6월 15일 한나라당 북핵 특위가 개최한 회의에서 윤덕민 외교안보연구원 교수는 "협상을 통해 북이 핵을 포기하도록 유도할 수 있다고 믿은 김대중 · 노무현 정부가 크게 판단 착오를 했다."고 비판했어요. 협상 의지가 없는 북한을 상대로 협상을 시도한 것 자체가 북한에게 핵 개발에 필요한 시간과 돈을 갖다 바친 셈이란 것이지요.

1997년 베이징 주재 한국총영사관을 통해 한국으로 망명한 황장엽 전 노동당 비서도 햇

볕 정책에 대해 부정적이었어요.

"어둠의 편이 된 햇볕은 어둠을 밝힐 수 없다. 북한 일반 경제와 군수 경제가 무너져 로켓포 생산도 중단했던 그 시절, 한국 정부가 조금만 더 기다렸더라면 훨씬 더 좋은 조건에서 남북 관계를 정립할 수 있었고, 핵 개발도 저지시킬 수 있었다."

황장엽은 '햇볕 정책이 북한의 핵 개발에 햇볕을 비추었다'고 생각한 것이지요. 김대중·노무현 정부는 햇볕 정책에 부정적인 황장엽을 달갑게 생각하지 않았어요. 그러니 황장엽의 조언이 먹혀들 리가 없었지요. 노무현 정부는 황장엽을 통일 정책 연구소 이사장에서 쫓아내기까지 했어요.

찾아보기